Cinco maestros:

Cuentos modernos de Hispanoamérica

Acknowledgments

    The editor wishes to thank the following persons and companies for permission to reprint the material appearing in this volume:

Jorge Luis Borges for "Borges y yo: from *Antología personal*, 2ª edición © 1966 by Editorial Sur, S.A.; "Deutsches Requiem" and "La intrusa" from *El Aleph*, 7ª impresión © Emecé Editores, S.A., 1957; and "El milagro secreto," "La muerte y la brújula," and "El Sur" from *Ficciones* © Emecé Editores, S. A., 1956. Reprinted by permission of author.

    Paul Blackburn, agent, for the stories of Julio Cortázar: "La salud de los enfermos," from *Todos los fuegos el fuego*, 6ª edición © 1968 Editorial Sudamericana, S.A.; "Axolotl" and "La noche boca arriba" from *Final del juego*, 5ª edición © 1966 Editorial Sudamericana, S.A.; and "Las babas del diablo" from *Las armas secretas*, 6ª edición © 1968 Editorial Sudamericana, S.A. Reprinted by permission of Paul Blackburn.

    Juan Rulfo for "Es que somos muy pobres," "El hombre," "¡Díles que no me maten!," "Luvina," and "No oyes ladrar los perros," from *EL llano en llamas* © 1953 Fondo de Cultura Económica. Reprinted by permission of the author.

    Brandt & Brandt for the stories of José Donoso: "Paeso" and "Santelices" from *Los mejores cuentos de José Donoso* © Empresa Editora Zig-Zag, S.A., 1965. Derechos reservados para todos los países. Inscripción N° 31.456 Santiago de Chile, 1966. Reprinted by permission of Brandt & Brandt .

    Agencia Literaria Carmen Balcells for the stories of Gabriel García Márquez: "Los funerales de la Mamá Grande," "La prodigiosa tarde de Baltazar," "La viuda de Montiel," and "La siesta del martes" from *Los funerales de la Mamá Grande* © Gabriel García Márquez. Reprinted by permission of Agencia Literaria Carmen Balcells.

Cinco Maestros:

Cuentos modernos de Hispanoamérica

Edited by Alexander Coleman

CENGAGE
Learning™

Australia • Brazil • Japan • Korea • Mexico • Singapore • Spain • United Kingdom • United States

CENGAGE
Learning™

Cinco Maestros: Cuentos modernos de Hispanoamerica
Edited by Alexander Coleman

Executive Editor: Michele Baird, Maureen Staudt, Michael Stranz

Project Development Editor: Linda de Stefano

Senior Marketing Coordinators: Sara Mercurio, Lindsay Shapiro

Production/Manufacturing Manager: Donna M. Brown

PreMedia Services Supervisor: Rebecca A. Walker

Rights & Permissions Specialist: Kalina Hintz

Cover Image: Getty Images

For product information and technology assistance, contact us at **Cengage Learning Customer & Sales Support, 1-800-354-9706**

For permission to use material from this text or product, submit all requests online at **www.cengage.com/permissions**
Further permissions questions can be emailed to **permissionrequest@cengage.com**

ISBN-13: 978-1-4130-7984-5

ISBN-10: 1-4130-7984-9

Cengage Learning
5191 Natorp Boulevard
Mason, Ohio 45040
USA

Cengage Learning is a leading provider of customized learning solutions with office locations around the globe, including Singapore, the United Kingdom, Australia, Mexico, Brazil, and Japan. Locate your local office at **international.cengage.com/region**

Cengage Learning products are represented in Canada by Nelson Education, Ltd.

Visit our corporate website at **www.cengage.com**

Printed in the United States of America
6 7 8 9 10   23 22 21 20 19

Preface

The five outstanding authors in this anthology have created remarkably distinctive worlds of their own, worlds that are well reflected in the stories included here. The stories representing each author might be said to function like a mobile: considered separately, they are unique and interesting pieces of art, while together they form a recognizable pattern and give an impression of the author's imaginative world. The anthology as a whole then becomes a collection of such literary mobiles, a vivid exhibition that testifies to the high level of brilliance achieved by contemporary Spanish-American fiction.

Jorge Luis Borges, an Argentine, has been placed first in this anthology for reasons not only of chronology but of eminence as well, for he is generally conceded to be Latin America's greatest living prose stylist and has produced an intriguing combination of metaphysical speculation and deeply sensitive perception. Just the locations of the stories included here point up the range of his imagination: a German prison after the Nuremberg judgments, Prague in the depths of the Nazi occupation, a seedy suburb of Buenos Aires, the limitless horizons of the Pampa, Borges' own study. These locations are symbolic, of course; the titanic struggles that Borges chronicles really take place in his own imagination, where life, death, and art are in controlled and subtly adjusted conflict. He must be read with care.

Julio Cortázar, also an Argentine, strongly and forcefully delineates the human profile of each of his characters, whereas in Borges character is always ruled by the idea of the story. Even so, Cortázar has a Borgian touch to him, as American readers were able to observe in his great success *Rayuela,* translated into English by Gregory Rabassa as *Hopscotch.* This massive investigation shows twentieth-century man playing the game of life, starting at the bottom of the block of squares with plain earth and hopefully ending in a heaven of his own devising, the top block of the game chalked out on any sidewalk in any part of the world. Games are essential in Cortázar, as are rituals and extrasensory perception; they give form to the inchoate, suggest that we may be more than temporal beings, and show us the blinding drama of the life of Everyman. The four stories included here, whether dramas of domesticity or depictions of Aztec horrors, show the imagination and energy of a first-rate intelligence confronting an inexplicable world.

Juan Rulfo needs only humane and concerned readers—the characters in these stories, contemporary peasants, hardly need interpretation, so forceful and stunning is their quiet and understated Spanish. Rulfo's writing presents a voice and vision of Mexico that is already a part of the timeless heritage of that country's literature.

The Chilean **José Donoso** has dedicated himself to portraying traditionalistic Santiago de Chile; his elaborate fictional studies of a disoriented and hapless bourgeoisie in the thrall of oppressive and lifeless conventions—the myriad effects of "a good upbringing"—are devastating. Donoso is a meticulous and obsessive realist with a marked talent for plumbing the depths of psychological derangement within a stiff and unyielding society. "Paseo" and "Santelices," the two long stories included here, may even remind the reader of the best of the stories by Henry James; for Boston, London, and Santiago de Chile, when depicted by such careful observers of the useless freedom of the mansion and the hard exigencies of daily existence, seem part of the same structure.

Gabriel García Márquez of Colombia takes as his particular subject a seedy, pathetic, yet very entertaining feudal empire, apparently the offspring of his childhood recollections of small-town life in Colombia and his Rabelaisian bent for distortion and comic exaggeration. This last characteristic is all the more welcome because the comic gift is relatively rare in Latin-American writing, even though we know that comedy can at times point up tragedy more effectively than works of unrelieved gravity. The four stories by García Márquez included here are enjoyable for their combination of the comic and the pathetic in a reflection of a wise sense of life.

The stories in this anthology, made more readily accessible for students by the addition of notes and vocabulary, deserve the adjective "superb"; they are examples of some of the very best writing by living authors, of different generations and different countries, and are all representative of the richness of contemporary Spanish-American writing.

Among the innumerable debts that I owe to colleagues and friends who helped me in the making of this anthology, I would like to cite above all the heroic efforts of Mrs. Jo Anne Engelbert, who compiled the vocabulary. I would also like to thank the Center for Inter-American Relations for their encouragement and support in the preparation of this volume.

Alexander Coleman

Contents

ix

✽ ✽ ✽

Jorge Luis Borges

ARGENTINA · b. 1899

Borges (he prefers to be called just that) is by now a common symbol of Argentinian culture of the twentieth century. He is unquestionably Argentina's most distinguished author, a writer whose significance goes well beyond the merely national or provincial. If he had never written anything, his existence would still have meaning, for his mind is a university and a library in itself—a lucid examiner of all the world's literatures and a wholly new synthesis of those literatures. Borges seems like the end product of an anguished spiritual gestation, of the crisis of identity that has wracked Argentina throughout the twentieth century. Some say that Borges is a citizen of everywhere and nowhere; in fact, his very own countrymen have often said this, implying that he was not sufficiently Argentinian. But really he is intensely Argentinian in his responses to literature. Buenos Aires is a Babel of cultures. Is it so surprising that Borges should be a specialist in Old Norse, the tango, gaucho poetry, Dante, Cervantes, Schopenhauer, Hawthorne, Emerson, De Quincey, Chesterton, and on and on?

Borges was born in Buenos Aires, but from the very beginning he was an avid student of literatures from other lands. His lifelong love for England ("I would have liked to have been an Englishman") was nurtured by his father, an unworldly amateur of the arts. By the time Borges was nine, he had read all of Dickens, Kipling, Mark Twain, Poe, and H. G. Wells. Soon he was to complete his English literary pantheon, which would not change at all in the next fifty years, with Samuel Johnson, Henry James, Thomas De Quincey, G. K. Chesterton, and Robert Louis Stevenson, the last three being special favorites of his.

The First World War broke out while Borges' family was on a tour of Europe. They took refuge in Switzerland for the duration of the conflict, and Borges completed his secondary education in Geneva, a city he loves almost as much as Buenos Aires. After the war he spent a few years in Spain before returning to Buenos Aires in 1921. When, in 1931, Victoria Ocampo founded Sur, *one of the most important "little magazines" in Latin America, Borges contributed frequently as short story writer, film and book reviewer, and translator of the American poets e. e. cummings, Hart Crane, John Peale Bishop, Wallace Stevens, and Delmore Schwartz. He also translated American and English fiction—difficult novels such as* Orlando *by Virginia Woolf and* The Wild Palms *by William Faulkner. In 1955, after the fall of the regime of the dictator Juan Perón, he was named director of the National Library and professor of English and American literature at the University of Buenos Aires. In 1961 he shared with the Irish-French playwright and novelist Samuel Beckett the* Prix Formentor, *a prestigious international publisher's prize. He taught at the University of Texas in the autumn of 1961 and in 1967 and 1968 gave the Charles Eliot Norton Lectures at Harvard University and made innumerable guest appearances at other American campuses.*

By the time of his Norton lectures Borges was almost blind, a wisp of a man with finely sculptured features, bushy eyebrows, and an erect and imperious bearing. He married in 1966, but until then his lifelong companion had been his mother, who read to him in all the European languages, transcribed his stories, essays, and poems, and guided him through the trials of his progressively weakening eyesight.

Borges' mature work is unequaled for its consistency and structural perfection. He never reproduces the world in his work, but creates another with the tools of the literary maker—words. For once in Latin-American literature there are no exploited Indians, no picturesque descriptions. There is not even any reality, for Borges' passions are wholly of the mind. Books are the only protagonists in his spiritual life, and he is an enthusiastic scavenger amid the history of men and ideas. What he said of Valéry may well be said of him: "He always prefers the lucid pleasures of thought and the secret adventures of order." At the same time Borges carries on a disengaged inspection of stupidity, fanaticism, and ignorance—in effect, a study, at a distance, of evil itself. This enterprise is strikingly evident in his first major work, Historia universal de la infamia, *which contains stylized biographies of a bizarre gallery of slave traders, gangsters, impersonators, and forgers. Villains, rebels, and fanatics of every stripe are an essential aspect of Borges' esthetic, along with innumerable knives, swords, and guns. This interest does not mean that Borges is a moralist, however; the social implications of evil bore him. Rather, he views evil itself as a shaping force of the world—not the only force, but one that has a terrible beauty and attractiveness to the onlooker. On a minor and more playful plane, Borges is fascinated by any kind of duplicity and trickery, perhaps because he is, like the trickster and the criminal, himself a master artificer. Goodness in Borges' world not only is uninteresting, but is often crushed and obliterated in the intricate intellectual machines that he fabricates in his stories. Often these machines are labyrinthian (by now a cliché with Borges), elaborate nets of ideas in which man is but a hapless figure. Borges' world is bloodless and thus totally coherent, leaving room for man, but just barely. The ideational content is often overpowering, crushing the man of flesh and bones. Characteristically, perhaps, Borges said, "Life and death have been lacking in my life," and "Few things have happened to me, and I have read a great many. Or rather, few things have happened to me more worth remembering than Schopenhauer's thought or the music of England's words."*

The stories chosen here represent a rather unusual selection. There is, even now, such a thing as a "Borges canon," including such stories as "Funes el memorioso," "Las ruinas circulares," and "Pierre Menard, autor del Quijote." I have chosen other stories in order to show another Borges, to my mind a more tragic and significant one. "Deutsches Requiem," for instance, is one of the clearest formulations in fiction of the apocalyptic mind of the Nazi; the confrontation of Borges' absolute lucidity with the murky strivings of Otto Dietrich zur Linde make for high drama. Borges' ironic view of the Third Reich is all the more devastating because it is set down in such a calm and uninvolved way. "La muerte y la brújula" is not held in high esteem by some critics, but Borges obviously thinks highly of it, choosing the story as the first selection in his Antología *personal. Rightly so; it is an unforgettable portrait of a myopic and overly clever intellectual trapped in a web of circumstance laid out for him by his archenemy. "El milagro secreto," another story with a Nazi scenario, is once again essentially apolitical in intent, giving us a moving portrait of a condemned man escaping from the endless circle of life into the timeless realm of art—all this as he faces the rifles of his Nazi executioners.*

Two dissimilar stories complete this selection. Borges' favorite, "El Sur," is at once the most perfectly wrought of his stories and, significantly enough, the least involved and arcane. Interpretation of the story, on the other hand, is a matter of endless speculation. The final selection, "La intrusa," is presented here for the first time in an American anthology and represents a new, brutally realistic vein in Borges' later work. Its theme, which explores the depths of degradation of two brothers in love with the same woman and with each other, marks a new path for Borges at the age of sixty-seven and a new experience for his attentive readers. As Borges said of the story just recently, "It doesn't make any difference whether it's any good or not—what is important is that it be different from anything I have done before."

These five stories are prefaced by the unforgettable self-portrait "Borges y yo," an effortless sketch which brings out the author's playful sense of schizophrenic duplicity—a play of the self and the other that is at the same time a metaphor for a total consciousness of the self. "Borges y yo" is a flawless mirror piece for Borges, the other Borges, and ourselves, observers of both. It is one of the most perfectly poised pages of prose in the literature of Latin America.

Borges y yo

Al otro, a Borges, es a quien le
ocurren las cosas. Yo camino por Buenos Aires y me demoro, acaso
ya mecánicamente,[1] para mirar el arco de un zaguán y la
puerta cancel; de Borges tengo noticias por el correo y veo su
nombre en una terna de profesores[2] o en un diccionario biográfico.
Me gustan los relojes de arena, los mapas, la tipografía del siglo
XVIII, las etimologías, el sabor del café y la prosa de Stevenson;[3]
el otro comparte esas preferencias, pero de un modo vanidoso que
las convierte en atributos de un actor. Sería exagerado afirmar
que nuestra relación es hostil; yo vivo, yo me dejo vivir,[4] para
que Borges pueda tramar su literatura y esa literatura me jus-
tifica. Nada me cuesta confesar que ha logrado ciertas páginas
válidas, pero esas páginas no me pueden salvar, quizá porque lo
bueno ya no es de nadie, ni siquiera del otro, sino del lenguaje

[1] **acaso ya mecánicamente:** almost mechanically now

[2] **terna de profesores:** group of professors (generally three) proposed as candidates for a major appointment in European universities

[3] **Stevenson:** Robert Louis Stevenson (1850–94), English writer, author of *Treasure Island,* one of Borges' favorites

[4] **yo . . . vivir:** I let myself live

o la tradición. Por lo demás, yo estoy destinado a perderme, definitivamente, y sólo algún instante de mí podrá sobrevivir en el otro. Poco a poco voy cediéndole todo, aunque me consta su perversa costumbre de falsear y magnificar.[5] Spinoza entendió que todas las cosas quieren perseverar en su ser; la piedra eternamente quiere ser piedra y el tigre un tigre. Yo he de quedar en Borges,[6] no en mí (si es que alguien soy), pero me reconozco menos en sus libros que en muchos otros o que en el laborioso rasgueo de una guitarra. Hace años yo traté de librarme de él y pasé de las mitologías del arrabal a los juegos con el tiempo y con lo infinito, pero esos juegos son de Borges ahora y tendré que idear otras cosas.[7] Así mi vida es una fuga y todo lo pierdo y todo es del olvido, o del otro.

No sé cuál de los dos escribe esta página.

[5] **aunque . . . magnificar:** although I am certain of his perverse habit of falsifying and exaggerating

[6] **Yo . . . Borges:** I'll remain in Borges

[7] **tendré . . . cosas:** I'll have to think up other things

Deutsches Requiem

❀

Aunque él me quitare la vida,
en él confiaré.

JOB 13:15

                                Mi nombre es Otto Dietrich zur
Linde. Uno de mis antepasados, Christoph zur Linde, murió
en la carga de caballería que decidió la victoria de Zorndorf.[1]
Mi bisabuelo materno, Ulrich Forkel, fue asesinado en la foresta
de Marchenoir[2] por francotiradores franceses, en los últimos días
de 1870; el capitán Dietrich zur Linde, mi padre, se distinguió
en el sitio de Namur,[3] en 1914, y, dos años después, en la travesía
del Danubio.* En cuanto a mí, seré fusilado por torturador y

[1] **Zorndorf:** Here Frederick the Great defeated the Russians on August 25, 1758, a decisive moment of the Seven Years War. The German name means "anger town," a consideration not entirely irrelevant for Borges.

[2] **Marchenoir:** general locale of a minor moment in the final stages of the Franco-Prussian War, where French troops under General Chanzy withstood a five-day German assault from December 7 to 11, 1870

[3] **Namur:** small Belgian town, scene of heavy fighting in both world wars

* Es significativa la omisión del antepasado más ilustre del narrador, el teólogo y hebraísta Johannes Forkel (1799–1846), que aplicó la dialéctica de Hegel a la cristología y cuya versión literal de algunos de los Libros Apócrifos mereció la censura de Hengstenberg y la aprobación de Thilo y Geseminus. *(Nota del editor.)* [*Unnumbered footnotes, marked with symbols, appear in the original Spanish editions of the stories.*]

9

asesino.[4] El tribunal ha procedido con rectitud; desde el principio, yo me he declarado culpable. Mañana, cuando el reloj de la prisión dé las nueve, yo habré entrado en la muerte; es natural que piense en mis mayores, ya que tan cerca estoy de su sombra, ya que de algún modo soy ellos.

Durante el juicio (que afortunadamente duró poco) no hablé; justificarme, entonces, hubiera entorpecido el dictamen[5] y hubiera parecido una cobardía. Ahora las cosas han cambiado; en esta noche que precede a mi ejecución, puedo hablar sin temor. No pretendo ser perdonado, porque no hay culpa en mí, pero quiero ser comprendido. Quienes sepan oirme,[6] comprenderán la historia de Alemania y la futura historia del mundo. Yo sé que casos como el mío, excepcionales y asombrosos ahora, serán muy en breve triviales. Mañana moriré, pero soy un símbolo de las generaciones del porvenir.

Nací en Marienburg, en 1908. Dos pasiones, ahora casi olvidadas, me permitieron afrontar con valor y aun con felicidad muchos años infaustos: la música y la metafísica. No puedo mencionar a todos mis bienhechores, pero hay dos nombres que no me resigno a omitir: el de Brahms[7] y el de Schopenhauer.[8] También frecuenté la poesía; a esos nombres quiero juntar otro vasto nombre germánico, William Shakespeare. Antes, la teología me interesó, pero de esa fantástica disciplina (y de la fe cristiana) me desvió para siempre Schopenhauer, con razones directas; Shakespeare y Brahms, con la infinita variedad de su mundo. Sepa quien se detiene maravillado, trémulo de ternura y de

[4] **En . . . asesino:** As for me, I will be shot for being a torturer and an assassin.

[5] **hubiera . . . dictamen:** would have delayed the sentence

[6] **Quienes sepan oirme:** Those who know enough to listen to me

[7] **Brahms:** Johannes Brahms (1833–97), German composer. Aside from his symphonies, chamber music, and songs, Brahms wrote the serene and moving "A German Requiem" (*Ein Deutsches Requiem*).

[8] **Schopenhauer:** Arthur Schopenhauer (1788–1860), German philosopher, author of *The World as Will and Idea*, whose philosophy of pessimism was founded upon the strife of individual wills, and who held that reality is, in effect, the imposition of man's will. Schopenhauer's view of ethics is reflected in Otto's relations with others.

gratitud, ante cualquier lugar de la obra de esos felices, que yo también me detuve ahí, yo el abominable.[9] Hacia 1927 entraron en mi vida Nietzsche[10] y Spengler.[11] Observa un escritor del siglo xviii que nadie quiere deber nada a sus contemporáneos; yo, para libertarme de una influencia que presentí opresora, escribí un artículo titulado *Abrechnung mit Spengler*,[12] en el que hacía notar que el monumento más inequívoco de los rasgos que el autor llama fáusticos no es el misceláneo drama de Goethe*[13] sino un poema redactado hace veinte siglos, el *De rerum natura*.[14] Rendí justicia, empero, a la sinceridad del filósofo de la historia, a su espíritu radicalmente alemán (*kerndeutsch*[15]), militar. En 1929 entré en el Partido.

Poco diré de mis años de aprendizaje. Fueron más duros para mí que para muchos otros, ya que[16] a pesar de no carecer de valor, me falta toda vocación de violencia. Comprendí, sin em-

[9] **Sepa . . . abominable:** He who pauses in wonder, moved with tenderness and gratitude, before any aspect of the work of those happy creators, let him know that I also paused there, I, the abominable.

[10] **Nietzsche:** Friedrich Nietzsche (1844–1900), German philosopher, whose most famous work was *Thus Spake Zarathustra* (1833), which condemned traditional Christianity as a code of slavish followers and advocated the superiority of natural aristocracy over the leveling tendencies of the democratic spirit. He is undeservedly associated with the bogus philosophy that accompanied the rise to power of the Nazis.

[11] **Spengler:** Oswald Spengler (1880–1936), German philosopher, whose cyclical theory of civilization as expressed in *The Decline of the West* (1918) gave rise to a sense of apocalypsis in many readers. Otto Dietrich zur Linde is, in this regard, an ardent Spenglerian.

[12] *Abrechnung mit Spengler:* "Getting Even with Spengler," a vengeful effort on Otto's part to break away from Spengler's abiding influence

* Otras naciones viven con inocencia, en sí y para sí como los minerales o los meteoros; Alemania es el espejo universal que a todas recibe, la conciencia del mundo (*das Weltbewusstsein*). Goethe es el prototipo de esa comprensión ecuménica. No lo censuro, pero no veo en él al hombre fáustico de la tesis de Spengler.

[13] **misceláneo . . . Goethe:** a slighting reference to *Faust*, by Goethe (1749–1832), generally recognized as Germany's greatest writer

[14] *De rerum natura:* a poem in hexameter verse by the Roman poet Lucretius. Founded on the tenets of Epicurean philosophy, the poem views man as lord of himself, and thus reflects disdain of the gods and of death. These heroics appeal to Otto.

[15] *kerndeutsch:* rock-ribbed German

[16] **ya que:** since

bargo, que estábamos al borde de un tiempo nuevo y que ese tiempo, comparable a las épocas iniciales del Islam o del Cristianismo, exigía hombres nuevos. Individualmente, mis camaradas me eran odiosos; en vano procuré razonar que para el alto fin que nos congregaba, no éramos individuos.

Aseveran los teólogos que si la atención del Señor se desviara un solo segundo de mi derecha mano que escribe, ésta recaería en la nada,[17] como si la fulminara un fuego sin luz. Nadie puede ser, digo yo, nadie puede probar una copa de agua o partir un trozo de pan, sin justificación. Para cada hombre, esa justificación es distinta; yo esperaba la guerra inexorable que probaría nuestra fe. Me bastaba saber que yo sería un soldado de sus batallas. Alguna vez temí que nos defraudaran la cobardía de Inglaterra y de Rusia. El azar, o el destino, tejió de otra manera mi porvenir: el primero de marzo de 1939, al oscurecer, hubo disturbios en Tilsit que los diarios no registraron; en la calle detrás de la sinagoga, dos balas me atravesaron la pierna, que fue necesario amputar.[*] Días después, entraban en Bohemia nuestros ejércitos; cuando las sirenas lo proclamaron, yo estaba en el sedentario hospital, tratando de perderme y de olvidarme en los libros de Schopenhauer. Símbolo de mi vano destino, dormía en el reborde de la ventana un gato enorme y fofo.

En el primer volumen de *Parerga und Paralipomena*[18] releí que todos los hechos que pueden ocurrirle a un hombre, desde el instante de su nacimiento hasta el de su muerte, han sido prefijados por él. Así, toda negligencia es deliberada, todo casual encuentro una cita, toda humillación una penitencia, todo fracaso una misteriosa victoria, toda muerte un suicidio. No hay consuelo más hábil que el pensamiento de que hemos elegido nuestras desdichas; esa teleología individual nos revela un orden secreto y prodigiosamente nos confunde con la divinidad. ¿Qué ignorado propósito (cavilé) me hizo buscar ese atardecer, esas balas y esa mutilación? No el temor de la guerra, yo lo sabía; algo más profundo. Al fin creí entender. Morir por una religión

[17] **recaería . . . nada:** would fall into nothingness

[*] Se murmura que las consecuencias de esa herida fueron muy graves. (*Nota del editor.*)

[18] ***Parerga und Paralipomena:*** a collection of Schopenhauer's occasional papers published in 1851

es más simple que vivirla con plenitud; batallar en Éfeso[19] contra
las fieras es menos duro (miles de mártires oscuros lo hicieron)
que ser Pablo, siervo de Jesucristo; un acto es menos que todas
las horas de un hombre. La batalla y la gloria son *facilidades*;[20]
más ardua que la empresa de Napoleón fue la de Raskolnikov.[21]
El siete de febrero de 1941 fui nombrado subdirector del campo
de concentración de Tarnowitz.

El ejercicio de ese cargo no me fue grato; pero no pequé
nunca de negligencia. El cobarde se prueba entre las espadas; el
misericordioso, el piadoso, busca el examen de las cárceles y del
dolor ajeno. El nazismo, intrínsecamente, es un hecho moral, un
despojarse del viejo hombre, que está viciado, para vestir el
nuevo. En la batalla esa mutación es común, entre el clamor de
los capitanes y el vocerío; no así en un torpe calabozo, donde nos
tienta con antiguas ternuras la insidiosa piedad. No en vano
escribo esa palabra; la piedad por el hombre superior es el último
pecado de Zarathustra. Casi lo cometí (lo confieso) cuando nos
remitieron de Breslau[22] al insigne poeta David Jerusalem.

Era éste un hombre de cincuenta años. Pobre de bienes de este
mundo, perseguido, negado, vituperado, había consagrado su
genio a cantar la felicidad. Creo recordar que Albert Soergel,
en la obra *Dichtung der Zeit*,[23] lo equipara con Whitman. La
comparación no es feliz; Whitman celebra el universo de un
modo previo, general, casi indiferente; Jerusalem se alegra de
cada cosa, con minucioso amor. No comete jamás enumeraciones,
catálogos. Aún puedo repetir muchos hexámetros de aquel hondo
poema que se titula *Tse Yang, pintor de tigres*, que está como
rayado de tigres, que está como cargado y atravesado de tigres
transversales y silenciosos. Tampoco olvidaré el soliloquio *Rosencrantz*[24] *habla con el Ángel*, en el que un prestamista londinense
del siglo XVI vanamente trata, al morir, de vindicar sus culpas,

---

[19] **Éfeso:** Ephesus, an ancient city of Ionia in Asia Minor. The Apostle Paul
wrote to the Christians of Ephesus in the *Epistle to the Ephesians*.

[20] *facilidades:* facilities, convenient means toward predetermined ends

[21] **Raskolnikov:** anti-hero of Dostoyevsky's *Crime and Punishment*

[22] **Breslau:** former capital city of lower Silesia, now a part of Poland under the
name Wroclaw

[23] *Dichtung der Zeit:* a study of contemporary poetry

[24] *Rosencrantz:* one of the fawning and treacherous courtiers in *Hamlet*

sin sospechar que la secreta justificación de su vida es haber inspirado a uno de sus clientes (que lo ha visto una sola vez y a quien no recuerda) el carácter de Shylock.[25] Hombre de memorables ojos, de piel cetrina, de barba casi negra, David Jerusalem era el prototipo del judío sefardí,[26] si bien pertenecía a los depravados y aborrecidos Ashkenazim.[27] Fui severo con él; no permití que me ablandaran ni la compasión ni su gloria. Yo había comprendido hace muchos años que no hay cosa en el mundo que no sea germen de un Infierno posible; un rostro, una palabra, una brújula, un aviso de cigarrillos, podrían enloquecer a una persona, si ésta no lograra olvidarlos. ¿No estaría loco un hombre que continuamente se figurara[28] el mapa de Hungría? Determiné aplicar ese principio al régimen disciplinario de nuestra casa[29] y*... A fines de 1942, Jerusalem perdió la razón; el primero de marzo de 1943, logró darse muerte.†

Ignoro si Jerusalem comprendió que si yo lo destruí, fue para destruir mi piedad. Ante mis ojos, no era un hombre, ni siquiera un judío; se había transformado en el símbolo de una detestada zona de mi alma. Yo agonicé con él, yo morí con él, yo de algún modo me he perdido con él; por eso, fui implacable.

Mientras tanto, giraban sobre nosotros los grandes días y las grandes noches de una guerra feliz. Había en el aire que respirábamos un sentimiento parecido al amor. Como si bruscamente el mar estuviera cerca, había un asombro y una exaltación en la sangre. Todo, en aquellos años, era distinto; hasta el sabor del sueño. (Yo, quizá, nunca fuí plenamente feliz, pero es sabido

---

[25] **Shylock:** the grasping moneylender in *The Merchant of Venice*

[26] **judío sefardí:** a descendant of the Jews expelled from Spain and Portugal in 1492

[27] **Ashkenazim:** Jews of northern and middle Europe

[28] **se figurara:** would imagine

[29] **casa:** concentration camp

* Ha sido inevitable, aquí, omitir unas líneas. (*Nota del editor.*)

† Ni en los archivos ni en la obra de Soergel figura el nombre de Jerusalem. Tampoco lo registran las historias de la literatura alemana. No creo, sin embargo, que se trate de un personaje falso. Por orden de Otto Dietrich zur Linde fueron torturados en Tarnowitz muchos intelectuales judíos, entre ellos la pianista Emma Rosenzweig. "David Jerusalem" es tal vez un símbolo de varios individuos. Nos dicen que murió el primero de marzo de 1943; el primero de marzo de 1939, el narrador fué herido en Tilsit. (*Nota del editor.*)

que la desventura requiere paraísos perdidos.) No hay hombre que no aspire a la plenitud, es decir a la suma de experiencias de que un hombre es capaz; no hay hombre que no tema ser defraudado de alguna parte de ese patrimonio infinito. Pero todo lo ha tenido mi generación, porque primero le fue deparada la gloria y después la derrota.

En octubre o noviembre de 1942, mi hermano Friedrich pereció en la segunda batalla de El Alamein, en los arenales egipcios; un bombardeo aéreo, meses después, destrozó nuestra casa natal; otro, a fines de 1943, mi laboratorio. Acosado por vastos continentes, moría el Tercer Reich; su mano estaba contra todos y las manos[30] de todos contra él. Entonces, algo singular ocurrió, que ahora creo entender. Yo me creía capaz de apurar la copa[31] de la cólera, pero en las heces me detuvo un sabor no esperado, el misterioso y casi terrible sabor de la felicidad. Ensayé diversas explicaciones; no me bastó ninguna. Pensé: *Me satisface la derrota, porque secretamente me sé culpable y sólo puede redimirme el castigo.* Pensé: *Me satisface la derrota, porque es un fin y yo estoy muy cansado.* Pensé: *Me satisface la derrota, porque ha ocurrido, porque está innumerablemente unida a todos los hechos que son, que fueron, que serán, porque censurar o deplorar un solo hecho real es blasfemar del universo.* Esas razones ensayé, hasta dar con[32] la verdadera.

Se ha dicho que todos los hombres nacen aristotélicos o platónicos.[33] Ello equivale a declarar que no hay debate de carácter abstracto que no sea un momento de la polémica de Aristóteles y Platón; a través de los siglos y latitudes, cambian los nombres, los dialectos, las caras, pero no los eternos antagonistas. También la historia de los pueblos registra una continuidad secreta. Arminio, cuando degolló en una ciénaga las legiones de Varo,[34]

---

[30] **manos:** refers to the allies

[31] **apurar la copa:** to empty a glass

[32] **dar con:** to arrive at

[33] **aristotélicos o platónicos:** a reference to the two basic poles of conflict in Greek philosophy—the followers of Aristotle (384–322 B.C.) arguing for the inseparability of form and matter in reality, the followers of Plato (427?–347? B.C.) stressing the importance of the abstract and permanent idea or form behind all the diverse phenomena of reality

[34] **Arminio . . . Varo:** Arminius (d. 21 A.D.), former citizen of Rome, de-

no se sabía precursor de un Imperio Alemán; Lutero,[35] traductor
de la Biblia, no sospechaba que su fin era forjar un pueblo que
destruyera para siempre la Biblia; Christoph zur Linde, a quien
mató una bala moscovita en 1758, preparó de algún modo las
victorias de 1914; Hitler creyó luchar por *un país*, pero luchó
por todos, aun por aquellos que agredió y detestó. No importa
que su yo lo ignorara;[36] lo sabían su sangre, su voluntad. El
mundo se moría de judaísmo y de esa enfermedad del judaísmo,
que es la fe de Jesús; nosotros le enseñamos la violencia y la fe
de la espada. Esa espada nos mata y somos comparables al hechicero que teje un laberinto y que se ve forzado a errar[37] en
él hasta el fin de sus días o a David que juzga a un desconocido
y lo condena a muerte y oye después la revelación: *Tú eres aquel
hombre*. Muchas cosas hay que destruir para edificar el nuevo
orden; ahora sabemos que Alemania era una de esas cosas. Hemos
dado algo más que nuestra vida, hemos dado la suerte de nuestro
querido país. Que otros maldigan y otros lloren;[38] a mí me
regocija que nuestro don sea orbicular y perfecto.

Se cierne ahora sobre el mundo una época implacable. Nosotros la forjamos, nosotros que ya somos su víctima. ¿Qué importa que Inglaterra sea el martillo y nosotros el yunque? Lo
importante es que rija la violencia,[39] no las serviles timideces
cristianas. Si la victoria y la injusticia y la felicidad no son para
Alemania, que sean para otras naciones. Que el cielo exista,[40]
aunque nuestro lugar sea el infierno.

Miro mi cara en el espejo para saber quién soy, para saber
cómo me portaré dentro de unas horas, cuando me enfrente con
el fin. Mi carne puede tener miedo; yo, no.

---

stroyed the army of P. Quintilius Varus (Varo) during the campaign east of
the Rhine.

[35] **Lutero:** Martin Luther (1483–1546), German leader of the Protestant re-
formation, whose translation of the Bible into German is acknowledged to
be a major force in the development of German as a literary language.

[36] **No . . . ignorara:** It does not matter that his *I* (i.e., his consciousness) didn't
know about it

[37] **errar:** to wander

[38] **Que . . . lloren:** Let others curse and weep

[39] **que . . . violencia:** that violence reign

[40] **Que . . . exista:** Let heaven exist

CUESTIONARIO

1. ¿Por qué le importaban tanto sus antepasados a Otto Dietrich zur Linde?

2. ¿Sentía él parentesco con ellos? ¿Cómo?

3. ¿Por qué quiere contarnos su vida? Según él, ¿qué importancia tendrá?

4. ¿Se burla Borges de su personaje cuando éste habla de Shakespeare como un "vasto nombre germánico"?

5. ¿Cómo justificó Otto su ingreso en el partido nazi?

6. ¿Por qué quería la guerra?

7. ¿Qué representaba el gato que Otto vio en el hospital?

8. Después de leer el primer volumen de Schopenhauer, ¿qué conclusiones sacó Otto sobre su falta de participación en la guerra?

9. ¿Cómo describió el nazismo? Según él, ¿había lugar para gente piadosa?

10. ¿Quién fue David Jerusalem?

11. ¿Qué representaba David Jerusalem para Otto?

12. ¿Qué les ocurrió a los demás miembros de su familia?

13. ¿Cómo se explica a sí mismo su derrota?

14. ¿Por qué glorificaba el poder de la espada?

15. ¿Qué significa el último párrafo?

PREGUNTA GENERAL

¿Qué conclusiones podríamos sacar en cuanto a la actitud de Borges hacia su personaje Otto Dietrich zur Linde? ¿Podemos vislumbrar lo que piensa o lo que siente Borges, a pesar de su aparente objetividad?

El milagro secreto

Y Dios lo hizo morir durante cien años
y luego lo animó y le dijo:
—¿Cuánto tiempo has estado aquí?
—Un día o parte de un día, respondió.

ALCORÁN, II 261.[1]

La noche del catorce de marzo de 1939, en un departamento de la Zeltnergasse de Praga,[2] Jaromir Hladík, autor de la inconclusa tragedia *Los enemigos,* de una *Vindicación de la eternidad* y de un examen de las indirectas fuentes judías de Jakob Boehme,[3] soñó con un largo ajedrez.[4] No lo disputaban dos individuos sino dos familias ilustres; la partida había sido entablada hace muchos siglos; nadie era capaz de nombrar el olvidado premio, pero se murmuraba que era enorme y quizá infinito; las piezas y el tablero estaban en una torre secreta; Jaromir (en el sueño) era el primogénito de una de las familias hostiles; en los relojes resonaba la hora de la impostergable jugada; el soñador corría

---

[1] **Alcorán:** the Koran, sacred book of Islam
[2] **Praga:** Prague, the capital city of Czechoslovakia
[3] **Jakob Boehme:** (1575–1624) German religious mystic
[4] **soñó . . . ajedrez:** dreamed of a lengthy game of chess

por las arenas de un desierto lluvioso y no lograba recordar las figuras ni las leyes del ajedrez. En ese punto, se despertó. Cesaron los estruendos de la lluvia y de los terribles relojes. Un ruido acompasado y unánime, cortado por algunas voces de mando, subía de la Zeltnergasse. Era el amanecer; las blindades vanguardias[5] del Tercer Reich entraban en Praga. El diecinueve, las autoridades recibieron una denuncia; el mismo diecinueve, al atardecer, Jaromir Hladík fue arrestado. Lo condujeron a un cuartel aséptico y blanco, en la ribera opuesta del Moldau.[6] No pudo levantar uno solo de los cargos de la Gestapo: su apellido materno era Jaroslavski, su sangre era judía, su estudio sobre Boehme era judaizante,[7] su firma dilataba el censo final de una protesta contra el Anschluss.[8] En 1928, había traducido el *Sepher Yezirah*[9] para la editorial Hermann Barsdorf; el efusivo catálogo de esa casa había exagerado comercialmente el renombre del traductor; ese catálogo fue hojeado por Julius Rothe, uno de los jefes en cuyas manos estaba la suerte de Hladík. No hay hombre que, fuera de su especialidad, no sea crédulo; dos o tres adjetivos en letra gótica[10] bastaron para que Julius Rothe admitiera la preeminencia de Hladík y dispusiera que lo condenaran a muerte, *pour encourager les autres.*[11] Se fijó el día veintinueve de marzo, a las nueve a.m. Esa demora (cuya importancia apreciará después el lector) se debía al deseo administrativo de obrar impersonal y pausadamente, como los vegetales y los planetas.

El primer sentimiento de Hladík fue de mero terror. Pensó que no lo hubieran arredrado la horca, la decapitación o el

---

[5] **blindadas vanguardias:** This "armored vanguard" is the spearhead of Hitler's invasion of Czechoslovakia in 1938.

[6] **Moldau:** the river Moldau, longest in Czechoslovakia

[7] **judaizante:** written from a Jewish point of view

[8] **Anschluss:** a German term meaning "junction," most often applied to the annexation of Austria to Germany by Hitler in 1938

[9] *Sepher Yezirah:* the Book of Creation, a major source of cabalistic thought

[10] **letra gótica:** gothic characters

[11] *pour . . . autres:* French, to encourage the others. Cf. Voltaire's *Candide,* chapter XXIII: *"Dans ce pays-ci, il est bon de tuer de temps en temps un amiral pour encourager les autres."* Borges takes over Voltaire's ironic usage, making the intent of the phrase closer to "to terrify the others."

degüello,[12] pero que morir fusilado era intolerable. En vano se redijo que el acto puro y general de morir era lo temible, no las circunstancias concretas. No se cansaba de imaginar esas circunstancias: absurdamente procuraba agotar todas las variaciones. Anticipaba infinitamente el proceso, desde el insomne amanecer hasta la misteriosa descarga. Antes del día prefijado por Julius Rothe, murió centenares de muertes, en patios cuyas formas y cuyos ángulos fatigaban la geometría,[13] ametrallado por soldados variables, en número cambiante, que a veces lo ultimaban desde lejos; otras, desde muy cerca. Afrontaba con verdadero temor (quizá con verdadero coraje) esas ejecuciones imaginarias; cada simulacro duraba unos pocos segundos; cerrado el círculo, Jaromir interminablemente volvía a las trémulas vísperas de su muerte. Luego reflexionó que la realidad no suele coincidir con las previsiones; con lógica perversa infirió que prever un detalle circunstancial es impedir que éste suceda. Fiel a esa débil magia, inventaba, *para que no sucedieran*,[14] rasgos atroces; naturalmente, acabó por temer que esos rasgos fueran proféticos. Miserable en la noche, procuraba afirmarse de algún modo en la sustancia fugitiva del tiempo. Sabía que éste se precipitaba[15] hacia el alba del día veintinueve; razonaba en voz alta: *Ahora estoy en la noche del veintidós; mientras dure esta noche (y seis noches más) soy invulnerable, inmortal.* Pensaba que las noches de sueño eran piletas hondas y oscuras en las que podía sumergirse. A veces anhelaba con impaciencia la definitiva descarga, que lo redimiría, mal o bien, de su vana tarea de imaginar. El veintiocho, cuando el último ocaso reverberaba en los altos barrotes, lo desvió de esas consideraciones abyectas la imagen de su drama *Los enemigos*.

Hladík había rebasado los cuarenta años. Fuera de algunas amistades y de muchas costumbres, el problemático ejercicio de la literatura constituía su vida; como todo escritor, medía las virtudes de los otros por lo ejecutado por ellos[16] y pedía que los

---

[12] **no . . . degüello:** he would not have feared the gallows, the block, or the knife

[13] **fatigaban la geometría:** exhausted all geometric possibilities

[14] *para . . . sucedieran:* so that they actually might not occur

[15] **éste se precipitaba:** time was rushing

[16] **lo . . . ellos:** what they had done

otros lo midieran por lo que vislumbraba o planeaba. Todos los libros que había dado a la estampa le infundían un complejo arrepentimiento. En sus exámenes de la obra de Boehme, de Abenesra[17] y de Fludd,[18] había intervenido esencialmente la mera aplicación; en su traducción del *Sepher Yezirah*, la negligencia, la fatiga y la conjetura. Juzgaba menos deficiente, tal vez, la *Vindicación de la eternidad*: el primer volumen historia las diversas eternidades que han ideado los hombres, desde el inmóvil Ser de Parménides[19] hasta el pasado modificable de Hinton; el segundo niega (con Francis Bradley[20]) que todos los hechos del universo integran una serie temporal. Arguye que no es infinita la cifra de las posibles experiencias del hombre y que basta una sola "repetición" para demostrar que el tiempo es una falacia... Desdichadamente, no son menos falaces los argumentos que demuestran esa falacia; Hladík solía recorrerlos con cierta desdeñosa perplejidad. También había redactado una serie de poemas expresionistas; éstos, para confusión del poeta, figuraron en una antología de 1924 y no hubo antología posterior que no los heredara. De todo ese pasado equívoco y lánguido quería redimirse Hladík con el drama en verso *Los enemigos*. (Hladík preconizaba el verso, porque impide que los espectadores olviden la irrealidad, que es condición del arte.)

Este drama observaba las unidades de tiempo, de lugar y de acción; transcurría en Hradcany,[21] en la biblioteca del barón de Roemerstadt, en una de las últimas tardes del siglo diecinueve. En la primera escena del primer acto, un desconocido visita a Roemerstadt. (Un reloj da las siete, una vehemencia de último sol exalta los cristales, el aire trae una apasionada y reconocible música húngara.) A esta visita siguen otras; Roemerstadt no

---

[17] **Abenesra:** Abraham Ibn Ezra (1098–1164), Jewish grammarian, poet, philosopher, and astronomer, model for Robert Browning's poem "Rabbi Ben Ezra"

[18] **Fludd:** Robert Fludd (1574–1637), English mystic philosopher, student of the alchemist Paracelsus (1493–1541)

[19] **inmóvil . . . Parménides:** Parmenides (b. *ca.* 514 B.C.), Greek philosopher of the Eleatic school, argued that "being" is permanent and immovable, the only true reality, and thus that change is always illusory.

[20] **Francis Bradley:** (1864–1924) English philosopher whose major work, *Appearance and Reality*, propounded a theory of absolute idealism in a world of appearances. Bradley has had a profound effect upon Borges.

[21] **Hradcany:** the royal residence on the west bank of the Moldau in Prague

conoce las personas que lo importunan, pero tiene la incómoda impresión de haberlos visto ya, tal vez en un sueño. Todos exageradamente lo halagan, pero es notorio —primero para los espectadores del drama, luego para el mismo barón— que son enemigos secretos, conjurados para perderlo. Roemerstadt logra detener o burlar sus complejas intrigas; en el diálogo, aluden a su novia, Julia de Weidenau, y a un tal Jaroslav Kubin, que alguna vez la importunó con su amor. Este, ahora, se ha enloquecido y cree ser Roemerstadt... Los peligros arrecian; Roemerstadt, al cabo del segundo acto, se ve en la obligación de matar a un conspirador. Empieza el tercer acto, el último. Crecen gradualmente las incoherencias: vuelven actores que parecían descartados ya de la trama; vuelve, por un instante, el hombre matado por Roemerstadt. Alguien hace notar que no ha atardecido: el reloj da las siete, en los altos cristales reverbera el sol occidental, el aire trae una apasionada música húngara. Aparece el primer interlocutor y repite las palabras que pronunció en la primera escena del primer acto. Roemerstadt le habla sin asombro; el espectador entiende que Roemerstadt es el miserable Jaroslav Kubin. El drama no ha ocurrido: es el delirio circular que interminablemente vive y revive Kubin.

Nunca se había preguntado Hladík si esa tragicomedia de errores era baladí o admirable, rigurosa o casual. En el argumento que he bosquejado intuía la invención más apta para disimular sus defectos y para ejercitar sus felicidades, la posibilidad de rescatar (de manera simbólica) lo fundamental de su vida. Había terminado ya el primer acto y alguna escena del tercero; el carácter métrico de la obra le permitía examinarla continuamente, rectificando los hexámetros, sin el manuscrito a la vista. Pensó que aun le faltaban dos actos y que muy pronto iba a morir. Habló con Dios en la oscuridad. *Si de algún modo existo, si no soy una de tus repeticiones y erratas, existo como autor de* Los enemigos. *Para llevar a término ese drama, que puede justificarme y justificarte, requiero un año más. Otórgame esos días, Tú de quien son los siglos y el tiempo.* Era la última noche, la más atroz, pero diez minutos después el sueño lo anegó como un agua oscura.

Hacia el alba, soñó que se había ocultado en una de las naves de la biblioteca del Clementinum. Un bibliotecario de gafas negras le preguntó: ¿*Qué busca?* Hladík le replicó: *Busco a Dios.* El bibliotecario le dijo: *Dios está en una de las letras de una de las páginas de uno de los cuatrocientos mil tomos del Clementinum. Mis padres y los padres de mis padres han buscado esa letra; yo me he quedado ciego buscándola.* Se quitó las gafas y Hladík vio los ojos, que estaban muertos. Un lector entró a devolver un atlas. *Este atlas es inútil,* dijo, y se lo dio a Hladík. Éste lo abrió al azar. Vio un mapa de la India, vertiginoso. Bruscamente seguro, tocó una de las mínimas letras. Una voz ubicua le dijo: *El tiempo de tu labor ha sido otorgado.* Aquí Hladík se despertó.

Recordó que los sueños de los hombres pertenecen a Dios y que Maimónides[22] ha escrito que son divinas las palabras de un sueño, cuando son distintas y claras y no se puede ver quién las dijo. Se vistió; dos soldados entraron en la celda y le ordenaron que los siguiera.

Del otro lado de la puerta, Hladík había previsto un laberinto de galerías, escaleras y pabellones. La realidad fue menos rica: bajaron a un traspatio por una sola escalera de fierro. Varios soldados —alguno de uniforme desabrochado— revisaban una motocicleta y la discutían. El sargento miró el reloj: eran las ocho y cuarenta y cuatro minutos. Había que esperar que dieran las nueve.[23] Hladík, más insignificante que desdichado, se sentó en un montón de leña. Advirtió que los ojos de los soldados rehuían los suyos. Para aliviar la espera, el sargento le entregó un cigarrillo. Hladík no fumaba; lo aceptó por cortesía o por humildad. Al encenderlo, vio que le temblaban las manos. El día se nubló; los soldados hablaban en voz baja como si él ya estuviera muerto. Vanamente, procuró recordar a la mujer cuyo símbolo era Julia de Weidenau...

El piquete se formó, se cuadró. Hladík, de pie contra la pared del cuartel, esperó la descarga. Alguien temió que la pared que-

---

[22] **Maimónides:** Moses Maimonides (1135–1204), Spanish rabbi, physician, philosopher, and scholar, most famous for his *Guide to the Perplexed*, in which the principle of creation, a proof of God's existence, and other metaphysical problems are treated

[23] **Había ... nueve:** They had to wait until nine o'clock.

dara maculada de sangre; entonces le ordenaron al reo que avanzara unos pasos. Hladík, absurdamente, recordó las vacilaciones preliminares de los fotógrafos. Una pesada gota de lluvia rozó una de las sienes de Hladík y rodó lentamente por su mejilla; el sargento vociferó la orden final. El universo físico se detuvo.

Las armas convergían sobre Hladík, pero los hombres que iban a matarlo estaban inmóviles. El brazo del sargento eternizaba un ademán inconcluso.[24] En una baldosa del patio una abeja proyectaba una sombra fija. El viento había cesado, como en un cuadro. Hladík ensayó un grito, una sílaba, la torsión de una mano. Comprendió que estaba paralizado. No le llegaba ni el más tenue rumor del impedido mundo.[25] Pensó *estoy en el infierno, estoy muerto.* Pensó *estoy loco.* Pensó *el tiempo se ha detenido.* Luego reflexionó que en tal caso, también se hubiera detenido su pensamiento. Quiso ponerlo a prueba: repitió (sin mover los labios) la misteriosa cuarta égloga de Virgilio.[26] Imaginó que los ya remotos soldados compartían su angustia; anheló comunicarse con ellos. Le asombró no sentir ninguna fatiga, ni siquiera el vértigo de su larga inmovilidad. Durmió, al cabo de un plazo indeterminado. Al despertar, el mundo seguía inmóvil y sordo. En su mejilla perduraba la gota de agua; en el patio, la sombra de la abeja; el humo del cigarrillo que había tirado no acababa nunca de dispersarse. Otro "día" pasó, antes que Hladík entendiera.

Un año entero había solicitado de Dios para terminar su labor: un año le otorgaba su omnipotencia. Dios operaba para él un milagro secreto: lo mataría el plomo germánico, en la hora determinada, pero en su mente un año transcurriría entre la orden y la ejecución de la orden. De la perplejidad pasó al estupor, del estupor a la resignación, de la resignación a la súbita gratitud.

No disponía de otro documento que la memoria; el apren-

---

[24] **ademán inconcluso:** incomplete gesture
[25] **impedido mundo:** the world brought to a halt
[26] **cuarta . . . Virgilio:** the fourth eclogue by Virgil, Roman poet and author of the *Aeneid,* which prophesized the birth of a child who would introduce a new golden age. It is often regarded as prophetic of the coming of Christ.

dizaje de cada hexámetro que agregaba[27] le impuso un afortunado rigor que no sospechan quienes aventuran y olvidan párrafos interinos y vagos. No trabajó para la posteridad ni aun para Dios, de cuyas preferencias literarias poco sabía. Minucioso, inmóvil, secreto, urdió en el tiempo su alto laberinto invisible. Rehizo el tercer acto dos veces. Borró algún símbolo demasiado evidente: las repetidas campanadas, la música. Ninguna circunstancia lo importunaba. Omitió, abrevió, amplificó; en algún caso, optó por la versión primitiva. Llegó a querer el patio, el cuartel; uno de los rostros que lo enfrentaban modificó su concepción del carácter de Roemerstadt. Descubrió que las arduas cacofonías que alarmaron tanto a Flaubert son meras supersticiones visuales: debilidades y molestias de la palabra escrita, no de la palabra sonora... Dio término a su drama: no le faltaba ya resolver sino un solo epíteto. Lo encontró; la gota de agua resbaló en su mejilla. Inició un grito enloquecido, movió la cara, la cuádruple descarga lo derribó.

Jaromir Hladík murió el veintinueve de marzo, a las nueve y dos minutos de la mañana.

1943.

CUESTIONARIO

1. Describa brevemente el sueño de Hladík.

2. ¿Por qué condenaron a Hladík? ¿Qué había hecho?

3. ¿Cómo anticipaba Hladík su propio fusilamiento?

4. ¿Por qué le importaba tanto la literatura?

5. En cuanto a su obra Los enemigos, *¿por qué quería que fuera la mejor que había escrito?*

6. Describa las incoherencias de la trama de la obra.

7. ¿Qué pasó cuando el sargento dio la orden?

---

[27] **aprendizaje ... agregaba:** training which he acquired from each added hexameter

8. *¿Qué hizo Hladík durante el año que Dios le había otorgado?*

9. *¿Le importaba a Hladík que su drama no estuviera escrito?*

10. *Al final, ¿cómo sabemos que Hladík ha vuelto al mundo de la cronología temporal?*

PREGUNTA GENERAL

Describa la teoría de la creación artística de Hladík.

La muerte y la brújula

A *Mandie Molina Vedia*

De los muchos problemas que ejercitaron la temeraria perspicacia de Lönnrot, ninguno tan extraño —tan rigurosamente extraño, diremos— como la periódica serie de hechos de sangre[1] que culminaron en la quinta de Triste-le-Roy, entre el interminable olor de los eucaliptos. Es verdad que Erik Lönnrot no logró impedir el último crimen, pero es indiscutible que lo previó. Tampoco adivinó la identidad del infausto asesino de Yarmolinsky, pero sí la secreta morfología de la malvada serie y la participación de Red Scharlach, cuyo segundo apodo es Scharlach el Dandy. Ese criminal (como tantos) había jurado por su honor la muerte de Lönnrot, pero éste nunca se dejó intimidar.[2] Lönnrot se creía un puro razonador, un Auguste Dupin,[3] pero algo de aventurero había en él y hasta de tahur.

---

[1] **hechos de sangre:** crimes

[2] **se dejó intimidar:** let himself be intimidated

[3] **Auguste Dupin:** the amateur detective of Paris who appears in Edgar Allan Poe's "The Murders in the Rue Morgue," "The Mystery of Marie Roget," and "The Purloined Letter"

El primer crimen ocurrió en el Hôtel du Nord —ese alto prisma que domina el estuario cuyas aguas tienen el color del desierto. A esa torre (que muy notoriamente reúne la aborrecida blancura de un sanatorio, la numerada divisibilidad de una cárcel y la apariencia general de una casa mala[4]) arribó el día tres de diciembre el delegado de Podólsk al Tercer Congreso Talmúdico,[5] doctor Marcelo Yarmolinsky, hombre de barba gris y ojos grises. Nunca sabremos si el Hôtel du Nord le agradó: lo aceptó con la antigua resignación que le había permitido tolerar tres años de guerra en los Cárpatos y tres mil años de opresión y de pogroms. Le dieron un dormitorio en el piso R, frente a la *suite* que no sin esplendor ocupaba el Tetrarca de Galilea. Yarmolinsky cenó, postergó para el día siguiente el examen de la desconocida ciudad, ordenó en un *placard* [6] sus muchos libros y sus muy pocas prendas, y antes de media noche apagó la luz. (Así lo declaró el *chauffeur* del Tetrarca, que dormía en la pieza contigua.) El cuatro, a las 11 y 3 minutos a.m., lo llamó por teléfono un redactor de la *Yidische Zaitung*;[7] el doctor Yarmolinsky no respondió; lo hallaron en su pieza, ya levemente oscura la cara, casi desnudo bajo una gran capa anacrónica. Yacía no lejos de la puerta que daba al corredor; una puñalada profunda le había partido el pecho. Un par de horas después, en el mismo cuarto, entre periodistas, fotógrafos y gendarmes, el comisario Treviranus y Lönnrot debatían con serenidad el problema.

—No hay que buscarle tres pies al gato[8] —decía Treviranus, blandiendo un imperioso cigarro—. Todos sabemos que el Tetrarca de Galilea posee los mejores zafiros del mundo. Alguien, para robarlos, habrá penetrado[9] aquí por error. Yarmolinsky se ha levantado; el ladrón ha tenido que matarlo. ¿Qué le parece?

—Posible, pero no interesante —respondió Lönnrot—. Usted replicará que la realidad no tiene la menor obligación de ser

---

[4] **casa mala:** bordello
[5] **Tercer Congreso Talmúdico:** A gathering of scholars dedicated to the study of the Talmud, the sacred book of Orthodox Jewry
[6] *placard:* French, bureau
[7] **Yidische Zaitung:** the Yiddish language daily
[8] **No . . . gato:** Don't look for complications
[9] **habrá penetrado:** probably broke in

interesante. Yo le replicaré que la realidad puede prescindir de esa obligación, pero no las hipótesis. En la que usted ha improvisado, interviene copiosamente el azar. He aquí un rabino muerto; yo preferiría una explicación puramente rabínica, no los imaginarios percances de un imaginario ladrón.

Treviranus repuso con mal humor:

—No me interesan las explicaciones rabínicas; me interesa la captura del hombre que apuñaló a este desconocido.

—No tan desconocido —corrigió Lönnrot—. Aquí están sus obras completas. —Indicó en el *placard* una fila de altos volúmenes: una *Vindicación de la cábala*;[10] un *Examen de la filosofía de Robert Fludd*; una traducción literal del *Sepher Yezirah*; una *Biografía del Baal Shem*;[11] una *Historia de la secta de los Hasidim*; una monografía (en alemán) sobre el Tetragrámaton;[12] otra, sobre la nomenclatura divina del Pentateuco.[13] El comisario los miró con temor, casi con repulsión. Luego, se echó a reir.

—Soy un pobre cristiano —repuso—. Llévese todos esos mamotretos, si quiere; no tengo tiempo que perder en supersticiones judías.

—Quizá este crimen pertenece a la historia de las supersticiones judías —murmuró Lönnrot.

—Como el cristianismo —se atrevió a completar el redactor de la *Yidische Zaitung*. Era miope, ateo y muy tímido.

Nadie le contestó. Uno de los agentes había encontrado en la pequeña máquina de escribir una hoja de papel con esta sentencia inconclusa:

La primera letra del Nombre ha sido articulada

Lönnrot se abstuvo de sonreir. Bruscamente bibliófilo o hebraísta, ordenó que le hicieran un paquete con los libros del

[10] *cábala:* in Jewish mystic thought, an approach to sacred scripture which presumes that every word and letter has an occult meaning

[11] *Baal Shem:* Baal Shem-Tov (1700–1760), principal leader of the Hasidim, a conservative sect that opposed a broader interpretation of the Talmud

[12] **Tetragrámaton:** tetragrammaton, the four consonants of the ancient Hebrew name for God, often spelled JHVH, considered too sacred to pronounce aloud

[13] **Pentateuco:** the first five books of the Old Testament, also known as the Book of Moses

muerto y los llevó a su departamento. Indiferente a la investigación policial, se dedicó a estudiarlos. Un libro en octavo mayor[14]
le reveló las enseñanzas de Israel Baal Shem-Tov fundador de la
secta de los Piadosos; otro, las virtudes y terrores del Tetragrámaton, que es el inefable Nombre de Dios; otro, la tesis de que Dios
tiene un nombre secreto, en el cual está compendiado (como en
la esfera de cristal que los persas atribuyen a Alejandro de Macedonia)[15] su noveno atributo, la eternidad —es decir, el conocimiento inmediato de todas las cosas que serán, que son y que han sido
en el universo. La tradición enumera noventa y nueve nombres de
Dios; los hebraístas atribuyen ese imperfecto número al mágico
temor de las cifras pares;[16] los Hasidim razonan que ese hiato
señala un centésimo nombre —el Nombre Absoluto.

De esa erudición lo distrajo, a los pocos días, la aparición del
redactor de la *Yidische Zaitung*. Éste quería hablar del asesinato;
Lönnrot prefirió hablar de los diversos nombres de Dios; el
periodista declaró en tres columnas que el investigador Erik
Lönnrot se había dedicado a estudiar los nombres de Dios para
dar con el nombre del asesino. Lönnrot, habituado a las simplifi-
caciones del periodismo, no se indignó. Uno de esos tenderos que
han descubierto que cualquier hombre se resigna a comprar
cualquier libro, publicó una edición popular de la *Historia de
la secta de los Hasidim*.

El segundo crimen ocurrió la noche del tres de enero, en el
más desamparado y vacío de los huecos suburbios occidentales
de la capital. Hacia el amanecer, uno de los gendarmes que vigilan
a caballo esas soledades vio en el umbral de una antigua pinturería un hombre emponchado, yacente. El duro rostro estaba como
enmascarado de sangre; una puñalada profunda le había rajado
el pecho. En la pared, sobre los rombos amarillos y rojos, había
unas palabras en tiza. El gendarme las deletreó... Esa tarde,
Treviranus y Lönnrot se dirigieron a la remota escena del crimen.
A izquierda y a derecha del automóvil, la ciudad se desinte-

---

[14] **octavo mayor:** refers to the binding process, where each large sheet is folded
eight times and then bound and cut, giving a page size of approximately
6 by 9 inches

[15] **Alejandro de Macedonia:** Alexander the Great (356–323 B.C.), conqueror of
Asia Minor, Egypt, and parts of India

[16] **cifras pares:** even numbers

graba;[17] crecía el firmamento y ya importaban poco las casas y mucho un horno de ladrillos o un álamo. Llegaron a su pobre destino: un callejón final de tapias rosadas que parecían reflejar de algún modo la desaforada puesta de sol. El muerto ya había sido identificado. Era Daniel Simón Azevedo, hombre de alguna fama en los antiguos arrabales del Norte, que había ascendido de carrero a guapo electoral,[18] para degenerar después en ladrón y hasta en delator. (El singular estilo de su muerte les pareció adecuado: Azevedo era el último representante de una generación de bandidos que sabía el manejo del puñal, pero no del revólver.) Las palabras de tiza eran las siguientes:

La segunda letra del Nombre ha sido articulada.

El tercer crimen ocurrió la noche del tres de febrero. Poco antes de la una, el teléfono resonó en la oficina del comisario Treviranus. Con ávido sigilo, habló un hombre de voz gutural; dijo que se llamaba Ginzberg (o Ginsburg) y que estaba dispuesto a comunicar, por una remuneración razonable, los hechos de los dos sacrificios de Azevedo y de Yarmolinsky. Una discordia de silbidos y de cornetas ahogó la voz del delator. Después, la comunicación se cortó. Sin rechazar aún la posibilidad de una broma (al fin, estaban en carnaval) Treviranus indagó que le habían hablado desde *Liverpool House,* taberna de la Rue de Toulon —esa calle salobre en la que conviven el cosmorama[19] y la lechería, el burdel y los vendedores de biblias. Treviranus habló con el patrón. Éste (Black Finnegan, antiguo criminal irlandés, abrumado y casi anulado por la decencia) le dijo que la última persona que había empleado el teléfono de la casa era un inquilino, un tal Gryphius,[20] que acababa de salir con unos amigos. Treviranus fue en seguida a *Liverpool House.* El patrón le comunicó lo siguiente: Hace ocho días, Gryphius había tomado una pieza en los altos del bar. Era un hombre de rasgos

[17] **ciudad se desintegraba:** the city turned into scattered lots and houses
[18] **había . . . electoral:** had risen from wagon driver to ward heeler
[19] **cosmorama:** an exhibition of scenes from various parts of the world
[20] **Gryphius:** It is not entirely irrelevant to point out that Andreas Gryphius (1616–64), German poet and dramatist, was able to write fluently in three languages.

afilados, de nebulosa barba gris, trajeado pobremente de negro; Finnegan (que destinaba esa habitación a un empleo que Treviranus adivinó) le pidió un alquiler sin duda excesivo; Gryphius inmediatamente pagó la suma estipulada. No salía casi nunca; cenaba y almorzaba en su cuarto; apenas si le conocían la cara en el bar. Esa noche, bajó a telefonear al despacho de Finnegan. Un cupé cerrado se detuvo ante la taberna. El cochero no se movió del pescante;[21] algunos parroquianos recordaron que tenía máscara de oso. Del cupé bajaron dos arlequines; eran de reducida estatura y nadie pudo no observar que estaban muy borrachos. Entre balidos de cornetas, irrumpieron en el escritorio de Finnegan; abrazaron a Gryphius, que pareció reconocerlos, pero que les respondió con frialdad; cambiaron unas palabras en yiddish —él en voz baja, gutural, ellos con voces falsas, agudas— y subieron a la pieza del fondo. Al cuarto de hora bajaron los tres, muy felices; Gryphius, tambaleante, parecía tan borracho como los otros. Iba, alto y vertiginoso, en el medio, entre los arlequines enmascarados. (Una de las mujeres del bar recordó los losanges amarillos, rojos y verdes.) Dos veces tropezó; dos veces lo sujetaron los arlequines. Rumbo a la dársena inmediata, de agua rectangular,[22] los tres subieron al cupé y desaparecieron. Ya en el estribo del cupé, el último arlequín garabateó una figura obscena y una sentencia en una de las pizarras de la recova. Treviranus vio la sentencia. Era casi previsible: decía:

La última de las letras del Nombre ha sido articulada.

Examinó, después, la piecita de Gryphius-Ginzberg. Había en el suelo una brusca estrella de sangre; en los rincones, restos de cigarrillos de marca húngara; en un armario, un libro en latín —el *Philologus hebraeograecus* (1739) de Leusden— con varias notas manuscritas. Treviranus lo miró con indignación e hizo buscar a Lönnrot. Éste, sin sacarse el sombrero, se puso a leer, mientras el comisario interrogaba a los contradictorios testigos

---

[21] **pescante:** driver's seat

[22] **agua rectangular:** one of the few local touches in the story. All the docks of Buenos Aires are called *dársenas* and have a rectangular shape, enclosing the water on three sides (the commercial docks in Puerto Nuevo, just north of the center of the city) or four sides (*dársena norte* and *dársena sur*).

del secuestro posible. A las cuatro salieron. En la torcida Rue de Toulon, cuando pisaban las serpentinas muertas[23] del alba, Treviranus dijo:

—¿Y si la historia de esta noche fuera un simulacro?

Erik Lönnrot sonrió y le leyó con toda gravedad un pasaje (que estaba subrayado) de la disertación trigésima tercera del *Philologus: Dies Judaeorum incipit a solis occasu usque ad solis occasum diei sequentis.* Esto quiere decir —agregó—, *El día hebreo empieza al anochecer y dura hasta el siguiente anochecer.*

El otro ensayó una ironía.

—¿Ese dato es el más valioso que usted ha recogido esta noche?

—No. Más valiosa es una palabra que dijo Ginzberg.[24]

Los diarios de la tarde no descuidaron esas desapariciones periódicas. *La Cruz de la Espada*[25] las contrastó con la admirable disciplina y el orden del último Congreso Eremítico; Ernst Palast, en *El Mártir*,[26] reprobó "las demoras intolerables de un pogrom clandestino y frugal, que ha necesitado tres meses para liquidar tres judíos"; la *Yidische Zeitung* rechazó la hipótesis horrorosa de un complot antisemita, "aunque muchos espíritus penetrantes no admiten otra solución del triple misterio"; el más ilustre de los pistoleros del Sur, Dandy Red Scharlach, juró que en su distrito nunca se producirían crímenes de ésos y acusó de culpable negligencia al comisario Franz Treviranus.

Éste recibió, la noche del primero de marzo, un imponente sobre sellado. Lo abrió: el sobre contenía una carta firmada *Baruj Spinoza* y un minucioso plano de la ciudad, arrancado notoriamente de un Baedeker. La carta profetizaba que el tres de marzo no habría un cuarto crimen, pues la pinturería del Oeste, la taberna de la Rue de Toulon y el Hôtel du Nord eran "los vértices perfectos de un triángulo equilátero y místico"; el plano demostraba en tinta roja la regularidad de ese triángulo. Treviranus leyó con resignación ese argumento *more geometrico*[27] y mandó la carta y el plano a casa de Lönnrot —indiscutible merecedor de tales locuras.

[23] **serpentinas muertas:** unfurled rolls of crepe from the carnival
[24] **Más . . . Ginzberg:** *See* p. 31, l. 18.
[25] *La . . . Espada:* Borges' version of a fascist newspaper
[26] *El Mártir:* quite obviously anti-semitic
[27] *more geometrico:* of a geometric method

Erik Lönnrot las estudió. Los tres lugares, en efecto, eran equidistantes. Simetría en el tiempo (3 de diciembre, 3 de enero, 3 de febrero); simetría en el espacio, también... Sintió, de pronto, que estaba por descifrar el misterio. Un compás y una brújula completaron esa brusca intuición. Sonrió, pronunció la palabra *Tetragrámaton* (de adquisición reciente) y llamó por teléfono al comisario. Le dijo:

—Gracias por ese triángulo equilátero que usted anoche me mandó. Me ha permitido resolver el problema. Mañana viernes los criminales estarán en la cárcel; podemos estar muy tranquilos.

—Entonces ¿no planean un cuarto crimen?

—Precisamente porque planean un cuarto crimen, podemos estar muy tranquilos. —Lönnrot colgó el tubo. Una hora después, viajaba en un tren de los Ferrocarriles Australes,[28] rumbo a la quinta abandonada de Triste-le-Roy. Al sur de la ciudad de mi cuento fluye un ciego riachuelo de aguas barrosas, infamado de curtiembres[29] y de basuras. Del otro lado hay un suburbio fabril donde, al amparo de un caudillo barcelonés, medran los pistoleros. Lönnrot sonrió al pensar que el más afamado —Red Scharlach— hubiera dado cualquier cosa por conocer esa clandestina visita. Azevedo fue compañero de Scharlach; Lönnrot consideró la remota posibilidad de que la cuarta víctima fuera Scharlach. Después, la desechó... Virtualmente, había descifrado el problema; las meras cirunstancias, la realidad (nombres, arrestos, caras, trámites judiciales y carcelarios), apenas le interesaban ahora. Quería pasear, quería descansar de tres meses de sedentaria investigación. Reflexionó que la explicación de los crímenes estaba en un triángulo anónimo y en una polvorienta palabra griega. El misterio casi le pareció cristalino; se abochornó de haberle dedicado cien días.

El tren paró en una silenciosa estación de cargas. Lönnrot bajó. Era una de esas tardes desiertas que parecen amaneceres. El aire de la turbia llanura era húmedo y frío. Lönnrot echó a andar por el campo. Vio perros, vio un furgón en una vía muerta,[30] vio el horizonte, vio un caballo plateado que bebía el agua crapu-

---

[28] **Ferrocarriles Australes:** Southern Railways

[29] **curtiembres:** tanneries

[30] **furgón . . . muerta:** car on a siding

losa de un charco. Oscurecía cuando vio el mirador rectangular de la quinta de Triste-le-Roy, casi tan alto como los negros eucaliptos que lo rodeaban. Pensó que apenas un amanecer y un ocaso (un viejo resplandor en el oriente y otro en el occidente) lo separaban de la hora anhelada por los buscadores del Nombre. Una herrumbrada verja definía el perímetro irregular de la quinta. El portón principal estaba cerrado. Lönnrot, sin mucha esperanza de entrar, dio toda la vuelta. De nuevo ante el portón infranqueable, metió la mano entre los barrotes, casi maquinalmente, y dio con el pasador. El chirrido del hierro lo sorprendió. Con una pasividad laboriosa, el portón entero cedió.

Lönnrot avanzó entre los eucaliptos, pisando confundidas generaciones de rotas hojas rígidas. Vista de cerca, la casa de la quinta de Triste-le-Roy abundaba en inútiles simetrías y en repeticiones maniáticas: a una Diana glacial en un nicho lóbrego correspondía en un segundo nicho otra Diana;[31] un balcón se reflejaba en otro balcón; dobles escalinatas se abrían en doble balaustrada. Un Hermes[32] de dos caras proyectaba una sombra monstruosa. Lönnrot rodeó la casa como había rodeado la quinta. Todo lo examinó; bajo el nivel de la terraza vio una estrecha persiana.

La empujó: unos pocos escalones de mármol descendían a un sótano. Lönnrot, que ya intuía las preferencias del arquitecto, adivinó que en el opuesto muro del sótano había otros escalones. Los encontró, subió, alzó las manos y abrió la trampa de salida.

Un resplandor lo guió a una ventana. La abrió: una luna amarilla y circular definía en el triste jardín dos fuentes cegadas.[33] Lönnrot exploró la casa. Por antecomedores y galerías salió a patios iguales y repetidas veces al mismo patio. Subió por escaleras polvorientas a antecámaras circulares; infinitamente se multiplicó en espejos opuestos; se cansó de abrir o entreabrir ventanas que le revelaban, afuera, el mismo desolado jardín desde varias alturas y varios ángulos; adentro, muebles con fundas amarillas y arañas embaladas en tarlatán. Un dormitorio lo detuvo; en ese dormitorio, una sola flor en una copa de porcelana; al

[31] **Diana:** unfortunately for Lönnrot, the goddess of the hunt
[32] **Hermes:** messenger of the gods, also the god of invention and cunning
[33] **cegadas:** covered

primer roce los pétalos antiguos se deshicieron. En el segundo piso, en el último, la casa le pareció infinita y creciente. *La casa no es tan grande,* pensó. *La agrandan la penumbra, la simetría, los espejos, los muchos años, mi desconocimiento, la soledad.* Por una escalera espiral llegó al mirador. La luna de esa tarde atravesaba los losanges de las ventanas; eran amarillos, rojos y verdes. Lo detuvo un recuerdo asombrado y vertiginoso.

Dos hombres de pequeña estatura, feroces y fornidos, se arrojaron sobre él y lo desarmaron; otro, muy alto, lo saludó con gravedad y le dijo:

—Usted es muy amable. Nos ha ahorrado una noche y un día.

Era Red Scharlach. Los hombres maniataron a Lönnrot. Éste, al fin, encontró su voz.

—Scharlach ¿usted busca el Nombre Secreto?

Scharlach seguía de pie, indiferente. No había participado en la breve lucha, apenas si alargó la mano para recibir el revólver de Lönnrot. Habló; Lönnrot oyó en su voz una fatigada victoria, un odio del tamaño del universo, una tristeza no menor que aquel odio.

—No —dijo Scharlach—. Busco algo más efímero y deleznable, busco a Erik Lönnrot. Hace tres años, en un garito de la Rue de Toulon, usted mismo arrestó, e hizo encarcelar a mi hermano. En un cupé, mis hombres me sacaron del tiroteo con una bala policial en el vientre. Nueve días y nueve noches agonicé en esta desolada quinta simétrica; me arrasaba la fiebre, el odioso Jano[34] bifronte que mira los ocasos y las auroras daba horror a mi ensueño y a mi vigilia. Llegué a abominar de mi cuerpo, llegué a sentir que dos ojos, dos manos, dos pulmones, son tan monstruosos como dos caras. Un irlandés trató de convertirme a la fe de Jesús; me repetía la sentencia de los *goím.*[35] Todos los caminos llevan a Roma. De noche, mi delirio se alimentaba de esa metáfora: yo sentía que el mundo es un laberinto, del cual era imposible huir, pues todos los caminos, aunque fingieran ir al norte o al sur, iban realmente a Roma, que era también la

---

[34] **Jano:** the Roman god Janus, who presided over all beginnings, whether in space or in time. He is traditionally depicted as having two bearded faces back to back.

[35] *goím:* plural of goy, i.e., a non-Jewish person, a gentile

cárcel cuadrangular donde agonizaba mi hermano y la quinta de Triste-le-Roy. En esas noches yo juré por el dios que ve con dos caras y por todos los dioses de la fiebre y de los espejos tejer un laberinto en torno del hombre que había encarcelado a mi hermano. Lo he tejido y es firme: los materiales son un heresiólogo[36] muerto, una brújula, una secta del siglo xviii, una palabra griega, un puñal, los rombos de una pinturería.

El primer término de la serie me fue dado por el azar. Yo había tramado con algunos colegas —entre ellos, Daniel Azevedo— el robo de los zafiros del Tetrarca. Azevedo nos traicionó: se emborrachó con el dinero que le habíamos adelantado y acometió la empresa el día antes.[37] En el enorme hotel se perdió; hacia las dos de la mañana irrumpió en el dormitorio de Yarmolinsky. Éste, acosado por el insomnio, se había puesto a escribir. Verosímilmente, redactaba unas notas o un artículo sobre el Nombre de Dios; había escrito ya las palabras *La primera letra del Nombre ha sido articulada*. Azevedo le intimó silencio; Yarmolinsky alargó la mano hacia el timbre que despertaría todas las fuerzas del hotel; Azevedo le dio una sola puñalada en el pecho. Fue casi un movimiento reflejo; medio siglo de violencia le había enseñado que lo más fácil y seguro es matar... A los diez días yo supe por la *Yidische Zaitung* que usted buscaba en los escritos de Yarmolinsky la clave de la muerte de Yarmolinsky. Leí la *Historia de la secta de los Hasidim*; supe que el miedo reverente de pronunciar el Nombre de Dios había originado la doctrina de que ese Nombre es todopoderoso y recóndito. Supe que algunos Hasidim, en busca de ese Nombre secreto, habían llegado a cometer sacrificios humanos... Comprendí que usted conjeturaba que los Hasidim habían sacrificado al rabino; me dediqué a justificar esa conjetura.

Marcelo Yarmolinsky murió la noche del tres de diciembre; para el segundo "sacrificio" elegí la del tres de enero. Murió en el Norte; para el segundo "sacrificio" nos convenía un lugar del Oeste. Daniel Azevedo fue la víctima necesaria. Merecía la muerte: era un impulsivo, un traidor; su captura podía aniquilar todo el plan. Uno de los nuestros lo apuñaló; para vincular su

---

[36] **heresiólogo:** writer on heresies
[37] **acometió ... antes:** did the job a day early

cadáver al anterior, yo escribí encima de los rombos de la pinturería *La segunda letra del Nombre ha sido articulada.* El tercer "crimen" se produjo el tres de febrero. Fue, como Treviranus adivinó, un mero simulacro. Gryphius-Ginzberg-Ginsburg soy yo; una semana interminable sobrellevé (suplementado por una tenue barba postiza) en ese perverso cubículo de la Rue de Toulon, hasta que los amigos me secuestraron. Desde el estribo del cupé, uno de ellos escribió en un pilar *La última de las letras del Nombre ha sido articulada.* Esa escritura divulgó que la serie de crímenes era *triple.* Así lo entendió el público; yo, sin embargo, intercalé repetidos indicios para que usted, el razonador Erik Lönnrot, comprendiera que es *cuádruple.* Un prodigio en el Norte, otros en el Este y en el Oeste, reclaman un cuarto prodigio en el Sur; el Tetragrámaton —el Nombre de Dios, JHVH— consta de *cuatro* letras; los arlequines y la muestra del pinturero sugieren *cuatro* términos. Yo subrayé cierto pasaje en el manual de Leusden; ese pasaje manifiesta que los hebreos computaban el día de ocaso a ocaso; ese pasaje da a entender que las muertes ocurrieron el *cuatro* de cada mes. Yo mandé el triángulo equilátero a Treviranus. Yo presentí que usted agregaría el punto que falta. El punto que determina un rombo perfecto, el punto que prefija el lugar donde una exacta muerte lo espera. Todo lo he premeditado, Erik Lönnrot, para atraerlo a usted a las soledades de Triste-le-Roy.

Lönnrot evitó los ojos de Scharlach. Miró los árboles y el cielo subdivididos en rombos turbiamente amarillos, verdes y rojos. Sintió un poco de frío y una tristeza impersonal, casi anónima. Ya era de noche; desde el polvoriento jardín subió el grito inútil de un pájaro. Lönnrot consideró por última vez el problema de las muertes simétricas y periódicas.

—En su laberinto sobran tres líneas —dijo por fin—. Yo sé de un laberinto griego que es una línea única, recta. En esa línea se han perdido tantos filósofos que bien puede perderse un mero *detective.* Scharlach, cuando en otro avatar[38] usted me dé caza, finja (o cometa) un crimen en A, luego un segundo crimen en B, a 8 kilómetros de A, luego un tercer crimen en C, a 4 kilómetros de A y de B, a mitad de camino entre los dos. Aguárdeme después

---

[38] **avatar:** incarnation

en D, a 2 kilómetros de A y de C, de nuevo a mitad de camino. Máteme en D, como ahora va a matarme en Triste-le-Roy.

—Para la otra vez que lo mate —replicó Scharlach— le prometo ese laberinto, que consta de una sola línea recta y que es invisible, incesante.

Retrocedió unos pasos. Después, muy cuidadosamente, hizo fuego.

1942.

CUESTIONARIO

1. ¿Cuántos elementos "triples" se encuentran en el segundo párrafo?

2. ¿En qué circunstancias murió el doctor Marcelo Yarmolinsky?

3. Lönnrot no quería que interviniera el azar. ¿Qué quería, entonces?

4. ¿Qué es el Tetragrámaton?

5. Describa brevemente el reportaje que publicó el redactor de la Yidische Zaitung *después de su entrevista con Lönnrot.*

6. ¿Quién fue la segunda víctima, y qué trazas dejó el asesino?

7. ¿Por qué emplea el autor la palabra "sacrificios", refiriéndose a las muertes de Azevedo y Yarmolinsky?

8. Describa brevemente la carrera criminal de Black Finnegan.

9. ¿Cómo estaban vestidos los arlequines?

10. Según Lönnrot, ¿qué significaba el acontecimiento en la Liverpool House?

11. ¿Por qué pensaba Lönnrot que habría otro crimen en el Sur?

12. La simetría de la casa de Triste-le-Roy es otra metáfora para la lógica y el orden por los cuales Lönnrot tenía una manía dominante. ¿Cómo expresa Borges esta manía?

13. ¿Por qué quería vengarse Red Scharlach?

14. ¿Por qué es la línea recta el peor laberinto de todos?

15. ¿Qué significa la frase "Todos los caminos llevan a Roma" en este cuento?

PREGUNTA GENERAL

"La muerte y la brújula" es, en efecto, un juego entre el número par y el número impar, entre el rectángulo y el triángulo. En un ensayo breve, describa cómo se extiende este conflicto a otras dimensiones hasta alcanzar un tema trascendental, es decir, el conflicto entre la razón y la vida.

El Sur

❀

El hombre que desembarcó en Buenos Aires en 1871 se llamaba Johannes Dahlmann y era pastor de la iglesia evangélica; en 1939, uno de sus nietos, Juan Dahlmann, era secretario de una biblioteca municipal en la calle Córdoba y se sentía hondamente argentino. Su abuelo materno había sido aquel Francisco Flores, del 2 de infantería de línea,[1] que murió en la frontera de Buenos Aires, lanceado por indios de Catriel; en la discordia de sus dos linajes, Juan Dahlmann (tal vez a impulso de la sangre germánica) eligió el de ese antepasado romántico, o de muerte romántica. Un estuche con el daguerrotipo de un hombre inexpresivo y barbado, una vieja espada, la dicha y el coraje de ciertas músicas, el hábito de estrofas del *Martín Fierro*,[2] los años, el desgano y la soledad, fomentaron ese criollismo algo voluntario, pero nunca ostentoso. A costa de algunas privaciones, Dahlmann había logrado salvar el casco de una estancia en el Sur, que fue de los Flores; una de las costumbres de su memoria era la imagen de los eucaliptos balsámicos y de la larga casa rosada que alguna vez fue carmesí. Las tareas y

[1] 2 . . . **línea**: second infantry division

[2] *Martín Fierro*: the classic poem of the gauchos by José Hernández (1834–86)

41

acaso la indolencia lo retenían en la ciudad. Verano tras verano se contentaba con la idea abstracta de posesión y con la certidumbre de que su casa estaba esperándolo, en un sitio preciso de la llanura. En los últimos días de febrero de 1939, algo le aconteció.

Ciego a las culpas, el destino puede ser despiadado con las mínimas distracciones. Dahlmann había conseguido, esa tarde, un ejemplar descabalado de las *Mil y Una Noches* de Weil;[3] ávido de examinar ese hallazgo, no esperó que bajara el ascensor y subió con apuro las escaleras; algo en la oscuridad le rozó la frente ¿un murciélago, un pájaro? En la cara de la mujer que le abrió la puerta vio grabado el horror, y la mano que se pasó por la frente salió roja de sangre. La arista de un batiente[4] recién pintado que alguien se olvidó de cerrar le había hecho esa herida. Dahlmann logró dormir, pero a la madrugada estaba despierto y desde aquella hora el sabor de todas las cosas fue atroz. La fiebre lo gastó y las ilustraciones de las *Mil y Una Noches* sirvieron para decorar pesadillas. Amigos y parientes lo visitaban y con exagerada sonrisa le repetían que lo hallaban muy bien. Dahlmann los oía con una especie de débil estupor y le maravillaba que no supieran que estaba en el infierno. Ocho días pasaron, como ocho siglos. Una tarde, el médico habitual se presentó con un médico nuevo y lo condujeron a un sanatorio de la calle Ecuador, porque era indispensable sacarle una radiografía. Dahlmann, en el coche de plaza[5] que los llevó, pensó que en una habitación que no fuera la suya podría, al fin, dormir. Se sintió feliz y conversador; en cuanto llegó, lo desvistieron, le raparon la cabeza, lo sujetaron con metales a una camilla, lo iluminaron hasta la ceguera y el vértigo, lo auscultaron y un hombre enmascarado le clavó una aguja en el brazo. Se despertó con náuseas, vendado, en una celda que tenía algo de pozo[6] y, en los días y noches que siguieron a la operación pudo entender que apenas había estado, hasta entonces, en un arrabal del infierno. El hielo no dejaba en su boca el menor rastro de frescura. En esos días, Dahlmann minuciosamente se odió; odió su identidad, sus necesidades corporales, su

---

[3] *Mil* . . . **Weil:** a German edition of the *Thousand and One Nights*
[4] **arista** . . . **batiente:** edge of a doorway
[5] **coche de plaza:** taxi
[6] **tenía** . . . **pozo:** resembled the bottom of a well

humillación, la barba que le erizaba la cara. Sufrió con estoicismo las curaciones, que eran muy dolorosas, pero cuando el cirujano le dijo que había estado a punto de morir de una septicemia,[7] Dahlmann se echó a llorar, condolido de su destino. Las miserias físicas y la incesante previsión de las malas noches no le habían dejado pensar en algo tan abstracto como la muerte. Otro día, el cirujano le dijo que estaba reponiéndose y que, muy pronto, podría ir a convalecer a la estancia. Increíblemente, el día prometido llegó.

A la realidad le gustan las simetrías y los leves anacronismos; Dahlmann había llegado al sanatorio en un coche de plaza y ahora un coche de plaza lo llevaba a Constitución.[8] La primera frescura del otoño, después de la opresión del verano, era como un símbolo natural de su destino rescatado de la muerte y la fiebre. La ciudad, a las siete de la mañana, no había perdido ese aire de casa vieja que le infunde la noche; las calles eran como largos zaguanes, las plazas como patios. Dahlmann la reconocía con felicidad y con un principio de vértigo; unos segundos antes de que las registraran sus ojos,[9] recordaba las esquinas, las carteleras, las modestas diferencias de Buenos Aires. En la luz amarilla del nuevo día, todas las cosas regresaban a él.

Nadie ignora que el Sur empieza del otro lado de Rivadavia.[10] Dahlmann solía repetir que ello no es una convención y que quien atraviesa esa calle entra en un mundo más antiguo y más firme. Desde el coche buscaba entre la nueva edificación, la ventana de rejas, el llamador, el arco de la puerta, el zaguán, el íntimo patio.

En el *hall* [11] de la estación advirtió que faltaban treinta minutos. Recordó bruscamente que en un café de la calle Brasil (a pocos metros de la casa de Yrigoyen[12]) había un enorme gato que se dejaba acariciar por la gente, como una divinidad desdeñosa.

---

[7] **septicemia:** blood poisoning
[8] **Constitución:** the train station in Buenos Aires for points south
[9] **segundos . . . ojos:** just a few seconds before his eyes actually saw them
[10] **Rivadavia:** Avenida Rivadavia, a major artery of Buenos Aires, bisecting the city in an east-west direction
[11] *hall:* waiting room
[12] **Yrigoyen:** Hipólito Irigoyen (1852–1933), President of the Republic of Argentina, 1916–22 and 1928–30. Borges spells his name with a *Y*, but the president himself used an *I;* both spellings are common.

Entró. Ahí estaba el gato, dormido. Pidió una taza de café, la endulzó lentamente, la probó (ese placer le había sido vedado en la clínica) y pensó, mientras alisaba el negro pelaje, que aquel contacto era ilusorio y que estaban como separados por un cristal, porque el hombre vive en el tiempo, en la sucesión, y el mágico animal, en la actualidad, en la eternidad del instante.

A lo largo del penúltimo andén el tren esperaba. Dahlmann recorrió los vagones y dio con[13] uno casi vacío. Acomodó en la red[14] la valija; cuando los coches arrancaron, la abrió y sacó, tras alguna vacilación, el primer tomo de las *Mil y Una Noches*. Viajar con este libro, tan vinculado a la historia de su desdicha, era una afirmación de que esa desdicha había sido anulada y un desafío alegre y secreto a las frustradas fuerzas del mal.

A los lados del tren, la ciudad se desgarraba en suburbios; esta visión y luego la de jardines y quintas demoraron el principio de la lectura. La verdad es que Dahlmann leyó poco; la montaña de piedra imán y el genio que ha jurado matar a su bienhechor eran, quién lo niega, maravillosos,[15] pero no mucho más que la mañana y que el hecho de ser.[16] La felicidad lo distraía de Shahrazad y de sus milagros superfluos; Dahlmann cerraba el libro y se dejaba simplemente vivir.

El almuerzo (con el caldo servido en boles de metal reluciente, como en los ya remotos veraneos de la niñez) fue otro goce tranquilo y agradecido.

Mañana me despertaré en la estancia, pensaba, y era como si a un tiempo fuera dos hombres: el que avanzaba por el día otoñal y por la geografía de la patria, y el otro, encarcelado en un sanatorio y sujeto a metódicas servidumbres. Vio casas de ladrillo sin revocar, esquinadas y largas, infinitamente mirando pasar los trenes; vio jinetes en los terrosos caminos; vio zanjas y lagunas y hacienda; vio largas nubes luminosas que parecían de mármol, y todas estas cosas eran casuales, como sueños de la llanura. También creyó reconocer árboles y sembrados que no hubiera podido

---

[13] **dio con:** happened upon
[14] **la red:** baggage rack made of netting
[15] **montaña . . . maravillosos:** refers to stories in the *Thousand and One Nights*
[16] **hecho de ser:** the fact of being alive

nombrar, porque su directo conocimiento de la campaña era harto inferior a[17] su conocimiento nostálgico y literario. Alguna vez durmió y en sus sueños estaba el ímpetu del tren. Ya el blanco sol intolerable de las doce del día era el sol amarillo que precede al anochecer y no tardaría en ser rojo. También el coche era distinto; no era el que fue en Constitución, al dejar el andén: la llanura y las horas lo habían atravesado y transfigurado. Afuera la móvil sombra del vagón se alargaba hacia el horizonte. No turbaban la tierra elemental ni poblaciones ni otros signos humanos. Todo era vasto, pero al mismo tiempo era íntimo y, de alguna manera, secreto. En el campo desaforado, a veces no había otra cosa que un toro. La soledad era perfecta y tal vez hostil, y Dahlmann pudo sospechar que viajaba al pasado y no sólo al Sur. De esa conjetura fantástica lo distrajo el inspector, que, al ver su boleto, le advirtió que el tren no lo dejaría en la estación de siempre sino en otra, un poco anterior y apenas conocida por Dahlmann. (El hombre añadió una explicación que Dahlmann no trató de entender ni siquiera de oir, porque el mecanismo de los hechos no le importaba.)

El tren laboriosamente se detuvo, casi en medio del campo. Del otro lado de las vías quedaba la estación, que era poco más que un andén con un cobertizo. Ningún vehículo tenían, pero el jefe opinó que tal vez pudiera conseguir uno en un comercio que le indicó a unas diez, doce, cuadras.

Dahlmann aceptó la caminata como una pequeña aventura. Ya se había hundido el sol, pero un esplendor final exaltaba la viva y silenciosa llanura, antes de que la borrara la noche. Menos para no fatigarse que para hacer durar esas cosas, Dahlmann caminaba despacio, aspirando con grave felicidad el olor del trébol.

El almacén, alguna vez, había sido punzó, pero los años habían mitigado para su bien ese color violento. Algo en su pobre arquitectura le recordó un grabado en acero,[18] acaso de una vieja edición de *Pablo y Virginia*.[19] Atados al palenque había unos

---

[17] **harto inferior a:** much less than

[18] **grabado en acero:** steel engraving

[19] ***Pablo y Virginia:*** *Paul et Virginie*, idyllic novel by Bernardin de Saint-Pierre (1737–1814), strongly influenced by the thought of Jean Jacques Rousseau

caballos. Dahlmann, adentro, creyó reconocer al patrón; luego comprendió que lo había engañado su parecido con uno de los empleados del sanatorio. El hombre, oído el caso,[20] dijo que le haría atar la jardinera;[21] para agregar otro hecho a aquel día y para llenar ese tiempo, Dahlmnn resolvió comer en el almacén.

En una mesa comían y bebían ruidosamente unos muchachones, en los que Dahlmann, al principio, no se fijó. En el suelo, apoyado en el mostrador, se acurrucaba, inmóvil como una cosa, un hombre muy viejo. Los muchos años lo habían reducido y pulido como las aguas a una piedra o las generaciones de los hombres a una sentencia. Era oscuro, chico y reseco, y estaba como fuera del tiempo, en una eternidad. Dahlmann registró con satisfacción la vincha, el poncho de bayeta, el largo chiripá y la bota de potro y se dijo, rememorando inútiles discusiones con gente de los partidos del Norte o con entrerrianos, que gauchos de ésos ya no quedan más que en el Sur.[22]

Dahlmann se acomodó junto a la ventana. La oscuridad fue quedándose con el campo,[23] pero su olor y sus rumores aún le llegaban entre los barrotes de hierro. El patrón le trajo sardinas y después carne asada; Dahlmann las empujó con unos vasos de vino tinto. Ocioso, paladeaba el áspero sabor y dejaba errar la mirada por el local, ya un poco soñolienta. La lámpara de kerosén pendía de uno de los tirantes;[24] los parroquianos de la otra mesa eran tres: dos parecían peones de chacra;[25] otro, de rasgos achinados[26] y torpes, bebía con el chambergo[27] puesto. Dahlmann, de pronto, sintió un level roce en la cara. Junto al vaso ordinario de vidrio turbio, sobre una de las rayas del mantel, había una bolita de miga. Eso era todo, pero alguien se la había tirado.

[20] **oído el caso:** after having heard Dahlmann's request

[21] **atar la jardinera:** hitch up the mare

[22] **Dahlmann . . . Sur:** Dahlmann noted with satisfaction the kerchief, the flannel poncho, the long leg cloth, and the boots, and told himself, as he remembered futile discussions with people from the Northern part of the country or from the province of Entre Ríos, that gauchos like those no longer existed outside of the South.

[23] **oscuridad . . . campo:** Darkness was taking over the countryside

[24] **tirantes:** crossbeams

[25] **chacra:** ranch

[26] **rasgos achinados:** rustic facial features

[27] **chambergo:** type of hat worn by gauchos

Los de la otra mesa parecían ajenos a él. Dahlmann, perplejo, decidió que nada había ocurrido y abrió el volumen de las *Mil y Una Noches*, como para tapar la realidad. Otra bolita lo alcanzó a los pocos minutos, y esta vez los peones se rieron. Dahlmann se dijo que no estaba asustado, pero que sería un disparate que él, un convaleciente, se dejara arrastrar[28] por desconocidos a una pelea confusa. Resolvió salir; ya estaba de pie cuando el patrón se le acercó y lo exhortó con voz alarmada:

—Señor Dahlmann, no les haga caso a esos mozos, que están medio alegres.[29]

Dahlmann no se extrañó de que el otro, ahora, lo conociera, pero sintió que estas palabras conciliadoras agravaban, de hecho, la situación. Antes, la provocación de los peones era a una cara accidental,[30] casi a nadie; ahora iba contra él y contra su nombre y lo sabrían los vecinos. Dahlmann hizo a un lado[31] al patrón, se enfrentó con los peones y les preguntó qué andaban buscando.

El compadrito de la cara achinada se paró, tambaleándose. A un paso de Juan Dahlmann, lo injurió a gritos, como si estuviera muy lejos. Jugaba a exagerar su borrachera y esa exageración era una ferocidad y una burla. Entre malas palabras y obscenidades, tiró al aire un largo cuchillo, lo siguió con los ojos, lo barajó, e invitó a Dahlmann a pelear. El patrón objetó con trémula voz que Dahlmann estaba desarmado. En ese punto, algo imprevisible ocurrió.

Desde un rincón, el viejo gaucho extático, en el que Dahlmann vio una cifra del Sur (del Sur que era suyo), le tiró una daga desnuda que vino a caer a sus pies. Era como si el Sur hubiera resuelto que Dahlmann aceptara el duelo. Dahlmann se inclinó a recoger la daga y sintió dos cosas. La primera, que ese acto casi instintivo lo comprometía a pelear. La segunda, que el arma, en su mano torpe, no serviría para defenderlo, sino para justificar que lo mataran. Alguna vez había jugado con un puñal, como todos los hombres, pero su esgrima no pasaba de una noción de que los golpes deben ir hacia arriba y con el filo para

---

[28] **se dejara arrastrar:** would let himself be dragged
[29] **alegres:** here, drunk
[30] **era . . . accidental:** was directed toward a victim chosen at random
[31] **hizo . . . lado:** pushed aside

adentro. *No hubieran permitido en el sanatorio que me pasaran estas cosas,*[32] pensó.

—Vamos saliendo —dijo el otro.

Salieron, y si en Dahlmann no había esperanza, tampoco había temor. Sintió, al atravesar el umbral, que morir en una pelea a cuchillo, a cielo abierto y acometiendo, hubiera sido una liberación para él, una felicidad y una fiesta, en la primera noche del sanatorio, cuando le clavaron la aguja. Sintió que si él, entonces, hubiera podido elegir o soñar su muerte, ésta es la muerte que hubiera elegido o soñado.

Dahlmann empuña con firmeza el cuchillo, que acaso no sabrá manejar,[33] y sale a la llanura.

CUESTIONARIO

1. Describa los antepasados de Dahlmann.

2. ¿Qué recuerdos tenía del Sur?

3. ¿Cómo se hirió?

4. ¿Fue grave la herida?

5. ¿Sufrió mucho?

6. ¿Adónde fue para la recuperación?

7. ¿Qué libro llevó consigo?

8. ¿Qué es lo que vio a lo largo del viaje?

9. ¿Creía Dahlmann que también haría un viaje al pasado?

10. Describa el almacén en que entró Dahlmann.

11. ¿Por qué quería pelear el otro?

12. ¿Quién tiró una daga a Dahlmann?

13. ¿Qué sintió Dahlmann al salir del almacén?

14. ¿Quería morir Dahlmann?

15. ¿Recuerda usted otro cuento de Borges donde la violencia ocurre en el Sur?

[32] *No . . . cosas:* They wouldn't have let such things happen to me in the sanatorium

[33] **acaso . . . manejar:** perhaps won't know how to use

PREGUNTA GENERAL

Las últimas frases del cuento indican que Dahlmann va a morir—así que el cuento se desprende del mundo cronológico y espacial para luego dar un salto hacia lo infinito. ¿Por qué se resignó Dahlmann fatalmente a lo que creía ser su destino?

❄

La intrusa

❄

II Reyes 1 : 26[1]

Dicen (lo cual es improbable)
que la historia fue referida por Eduardo, el menor de los Nelson,
en el velorio de Cristián, el mayor, que falleció de muerte natural, hacia mil ochocientos noventa y tantos, en el partido de
Morón.[2] Lo cierto es que alguien la oyó de alguien, en el decurso
de esa larga noche perdida, entre mate y mate, y la repitió a
Santiago Dabove, por quien la supe. Años después, volvieron a
contármela en Turdera,[3] donde había acontecido. La segunda
versión, algo más prolija, confirmaba en suma la de Santiago,
con las pequeñas variaciones y divergencias que son del caso.[4]
La escribo ahora porque en ella se cifra, si no me engaño, un
breve y trágico cristal de la índole de los orilleros antiguos.[5] Lo

[1] **II Reyes 1:26:** I grieve for thee, my brother Jonathan: exceeding beautiful
and amiable to me above the love of women. As mother loveth her only son,
so did I love thee. (Douay version)

[2] **partido de Morón:** A suburb of Buenos Aires, some twelve miles due west
from the center

[3] **Turdera:** another suburb, fifteen miles southwest of Buenos Aires

[4] **son del caso:** only to be expected

[5] **orilleros antiguos:** old people living in the suburbs at the turn of the century

haré con probidad, pero ya preveo que cederé a la tentación literaria de acentuar o agregar algún pormenor.

En Turdera los llamaban los Nilsen. El párroco me dijo que su predecesor recordaba, no sin sorpresa, haber visto en la casa de esa gente una gastada Biblia de tapas negras, con caracteres góticos; en las últimas páginas entrevió nombres y fechas manuscritas. Era el único libro que había en la casa. La azarosa crónica de los Nilsen, perdida como todo se perderá. El caserón, que ya no existe, era de ladrillo sin revocar;[6] desde el zaguán se divisaban un patio de baldosa colorada y otro de tierra. Pocos, por lo demás, entraron ahí; los Nilsen defendían su soledad. En las habitaciones desmanteladas dormían en catres; sus lujos eran el caballo, el apero, la daga de hoja corta, el atuendo rumboso de los sábados[7] y el alcohol pendenciero. Sé que eran altos, de melena rojiza. Dinamarca o Irlanda, de las que nunca oirían hablar, andaban por la sangre de esos dos criollos. El barrio los temía a los Colorados;[8] no es imposible que debieran alguna muerte.[9] Hombro a hombro pelearon una vez a la policía. Se dice que el menor tuvo un altercado con Juan Iberra, en el que no llevó la peor parte, lo cual, según los entendidos, es mucho. Fueron troperos, cuarteadores, cuatreros y alguna vez tahures.[10] Tenían fama de avaros, salvo cuando la bebida y el juego los volvían generosos. De sus deudos nada se sabe ni de dónde vinieron. Eran dueños de una carreta y una yunta de bueyes.

Físicamente diferían del compadraje[11] que dio su apodo forajido a la Costa Brava. Esto, y lo que ignoramos, ayuda a comprender lo unidos que fueron. Malquistarse con uno era contar con dos enemigos.

Los Nilsen eran calaveras, pero sus episodios amorosos habían sido hasta entonces de zaguán o de casa mala. No faltaron, pues, comentarios cuando Cristián llevó a vivir con él a Juliana Burgos.

---

[6] **ladrillo sin revocar:** bare brick

[7] **atuendo . . . sábados:** Saturday night brawls

[8] **los Colorados:** the redheads

[9] **no . . . muerte:** they were probably responsible for someone's death

[10] **Fueron . . . tahures:** They were drovers, hide skinners, horse thieves, and at times gamblers.

[11] **compadraje:** gang

Es verdad que ganaba así una sirvienta, pero no es menos cierto que la colmó de horrendas baratijas[12] y que la lucía en las fiestas. En las pobres fiestas de conventillo,[13] donde la quebrada y el corte[14] estaban prohibidos y donde se bailaba, todavía, con mucha luz. Juliana era de tez morena y de ojos rasgados; bastaba que alguien la mirara, para que se sonriera. En un barrio modesto, donde el trabajo y el descuido gastan a las mujeres, no era mal parecida.

Eduardo los acompañaba al principio. Después emprendió un viaje a Arrecifes por no sé qué negocio; a su vuelta llevó a la casa una muchacha, que había levantado por el camino, y a los pocos días la echó. Se hizo más hosco; se emborrachaba solo en el almacén y no se daba con nadie. Estaba enamorado de la mujer de Cristián. El barrio, que tal vez lo supo antes que él, previó con alevosa alegría la rivalidad latente de los hermanos.

Una noche, al volver tarde de la esquina, Eduardo vio el oscuro de Cristián[15] atado al palenque. En el patio, el mayor estaba esperándolo con sus mejores pilchas.[16] La mujer iba y venía con el mate en la mano. Cristián le dijo a Eduardo:

—Yo me voy a una farra en lo de Farías.[17] Ahí la tenés a la Juliana; si la querés, usala.

El tono era entre mandón y cordial. Eduardo se quedó un tiempo mirándolo; no sabía qué hacer. Cristián se levantó, se despidió de Eduardo, no de Juliana, que era una cosa, montó a caballo y se fue al trote, sin apuro.

Desde aquella noche la compartieron. Nadie sabrá los pormenores de esa sórdida unión, que ultrajaba las decencias del arrabal. El arreglo anduvo bien por unas semanas, pero no podía durar. Entre ellos, los hermanos no pronunciaban el nombre de Juliana, ni siquiera para llamarla, pero buscaban, y encontraban razones para no estar de acuerdo. Discutían la venta de unos cueros, pero lo que discutían era otra cosa. Cristián solía alzar

---

[12] **la . . . baratijas:** lavished cheap trinkets upon her
[13] **fiestas de conventillo:** tenement parties
[14] **quebrada . . . corte:** bumping and grinding
[15] **oscuro de Cristián:** Cristián's dark horse
[16] **pilchas:** get-up
[17] **farra . . . Farías:** dance at Farías' house

la voz y Eduardo callaba. Sin saberlo, estaban celándose. En el duro suburbio, un hombre no decía, ni se decía, que una mujer pudiera importarle, más allá del deseo y la posesión, pero los dos estaban enamorados. Esto, de algún modo, los humillaba.

Una tarde, en la plaza de Lomas, Eduardo se cruzó con Juan Iberra, que lo felicitó por ese primor que se había agenciado.[18] Fue entonces, creo, que Eduardo lo injurió. Nadie, delante de él, iba hacer burla de Cristián.

La mujer atendía a los dos con sumisión bestial; pero no podía ocultar alguna preferencia, sin duda por el menor, que no había rechazado la participación, pero que no la había dispuesto.[19]

Un día, le mandaron a la Juliana que sacara dos sillas al primer patio y que no apareciera por ahí, porque tenían que hablar. Ella esperaba un diálogo largo y se acostó a dormir la siesta, pero al rato la recordaron. Le hicieron llenar una bolsa con todo lo que tenía, sin olvidar el rosario de vidrio y la crucecita que le había dejado su madre. Sin explicarle nada la subieron a la carreta y emprendieron un silencioso y tedioso viaje. Había llovido; los caminos estaban muy pesados y serían las once de la noche cuando llegaron a Morón. Ahí la vendieron a la patrona del prostíbulo. El trato ya estaba hecho; Cristián cobró la suma y la dividió después con el otro.

En Turdera, los Nilsen, perdidos hasta entonces en la maraña (que también era una rutina) de aquel monstruoso amor, quisieron reanudar su antigua vida de hombres entre hombres. Volvieron a las trucadas, al reñidero, a las juergas casuales.[20] Acaso, alguna vez, se creyeron salvados, pero solían incurrir, cada cual por su lado, en injustificadas o harto justificadas ausencias. Poco antes de fin de año el menor dijo que tenía que hacer en la Capital. Cristián se fue a Morón; en el palenque de la casa que sabemos reconoció al overo de Eduardo. Entró; adentro estaba el otro, esperando turno. Parece que Cristián le dijo:

—De seguir así,[21] los vamos a cansar a los pingos. Más vale que la tengamos a mano.

[18] **primor . . . agenciado:** the nice thing that he had gotten hold of
[19] **no . . . dispuesto:** hadn't arranged it
[20] **trucadas . . . casuales:** card games, cock fights, occasional sprees
[21] **De seguir así:** If we go on like this

Habló con la patrona, sacó unas monedas del tirador y se la llevaron. La Juliana iba con Cristián; Eduardo espoleó al overo para no verlos.

Volvieron a lo que ya se ha dicho. La infame solución había fracasado; los dos habían cedido a la tentación de hacer trampa. Caín[22] andaba por ahí, pero el cariño entre los Nilsen era muy grande —¡quién sabe qué rigores y qué peligros habían compartido!— y prefirieron desahogar su exasperación con ajenos. Con un desconocido, con los perros, con la Juliana, que había traído la discordia.

El mes de marzo estaba por concluir y el calor no cejaba. Un domingo (los domingos la gente suele recogerse temprano) Eduardo, que volvía del almacén vio que Cristián uncía los bueyes. Cristián le dijo:

—Vení; tenemos que dejar unos cueros en lo del Pardo;[23] ya los cargué; aprovechemos la fresca.

El comercio del Pardo quedaba, creo, más al Sur; tomaron por el Camino de las Tropas;[24] después, por un desvío. El campo iba agrandándose con la noche.

Orillaron un pajonal; Cristián tiró el cigarro que había encendido y dijo sin apuro:

—A trabajar, hermano. Después nos ayudarán los caranchos. Hoy la maté. Que se quede[25] aquí con sus pilchas, ya no hará más perjuicios.

Se abrazaron, casi llorando. Ahora los ataba otro vínculo: la mujer tristemente sacrificada y la obligación de olvidarla.

CUESTIONARIO

1. ¿Cómo sabe el narrador de los hechos referidos?

2. Describa brevemente a los Nilsen.

[22] **Caín:** Cain, son of Adam and Eve, murderer of his brother Abel (Gen. 4)
[23] **lo del Pardo:** Pardo's market
[24] **Camino . . . Tropas:** cattle route
[25] **Que se quede:** Let her lie

3. *¿Qué pasó cuando el menor peleó con Juan Iberra?*
4. *¿Cómo trataba Cristián a Juliana Burgos?*
5. *¿Por qué se desesperaba Eduardo?*
6. *¿Cómo resolvió el conflicto Cristián?*
7. *¿Cómo se escondían mutuamente el conflicto?*
8. *¿Qué hicieron los dos con Juliana?*
9. *¿En qué sentido podemos decir que el autor cuenta la historia de Abel y Caín otra vez en este cuento?*
10. *¿Por qué tenía que morir Juliana?*

PREGUNTA GENERAL

¿En qué sentido sería justo decir que Juliana Burgos es la verdadera protagonista del cuento, aunque participa poco en el desarrollo de la trama, quedándose así medio dibujada la figura?

Julio Cortázar

ARGENTINA • b. 1914

*Julio Cortázar is an Argentinian
writer whose spiritual displacement aligns him with a whole spectrum
of twentieth-century literary exiles who knew that exile is tantamount
to consciousness, a painful but absolutely unavoidable necessity. Exile
was Cortázar's birthright—he was born in 1914 of Argentinian parents
in Brussels. After an erratic career as a secondary-school and college
teacher in Argentina, he made his break for Paris, where he has resided
since 1951 with his wife. Both are free-lance translators for UNESCO
and spend their summers in southern France.*

*Having read Borges, one is prepared for Cortázar; in a sense,
Cortázar is Borges' hijo espiritual. Basic spiritual affinities between the
two writers are not difficult to discern. In his novels and in the magnificent stories presented here, Cortázar delights, like Borges, in ma-
nipulating a playful world of his own creation. In this world, where
the sense of life is a function of sprightly speculation on the part of
the author-maker, man is more of an archetypal figure than a rough-
and-ready figure drawn from life; he is alone, and he is very conscious
of the fact that he senses himself to be just one incarnation of a past
and future man. Cortázar is less bookish and considerably more human
than Borges, but he does share with his compatriot from an earlier
generation the exuberant eclecticism that seems to flower best in the
hothouse of Buenos Aires literary life. He also resembles Borges in
the way he hides in a maze of cosmopolitan configurations his fascination with Argentina, which is his own country but also a society to
which he remains something of a stranger even while residing there.
The comparison of Cortázar with Borges soon breaks down, however.
Whereas Borges' world begins and ends with books, Cortázar's literary
universe is of greater amplitude and is more palpably humane, almost
in spite of the imposing metaphysical baggage that the stories are
sometimes forced to carry.*

*Cortázar's stories start in a disarmingly conversational way, with
plenty of local touches, be the setting Paris, Buenos Aires, or New*

York. But something somehow always goes awry just when we least expect it: a motorcyclist in an accident is thrown whole centuries back in time to become the victim of Aztec ritual sacrifice; another man seemingly cannot help but become a salamander. These things happen as if they were everyday occurrences; they are told to us by Cortázar in his jocular way, but in the end he is not at all a joker. An ardent student of Surrealism, Cortázar takes playful liberties with time and space, bringing us a world of terror and anguish just below the world we think we know. He delights in games and labyrinths that often seem nonsensical, but that constitute, like all nonsense, a purposeful system, a special world where the rules are different from those we are used to. Cortázar works with roads and maps devised by himself; they can carry us a considerable distance, but we have to be willing to make the trip in the first place. For Cortázar, a story is a means by which we can work our way out of a total absurdity, a kind of magic charm that gives us a glimpse of a dimension of existence other than the merely spatial or chronological.

Cortázar's stories always have imbedded in them a quality of tautness and tension. As he explains it, "The tension isn't in the execution of the story, though of course it remains trapped in the tissue, from where it is later transmitted to the reader. The tension as such precedes the story. Sometimes it takes six months of tension to produce a long story that comes out in a single night. I think that shows in some of my stories. The best are packed full of a sort of explosive charge." * *Humor, oddly enough, is the key to this taut yet playful universe. It is worth remembering that Cortázar is a magnificently gifted literary comic, an infrequent phenomenon in Latin-American writing. Cortázar offers us no belly laughs, but rather a way of looking at the world. He has the ability to suggest the full breadth of fantasy and futility in each one of us by scrutinizing situations from radically different points of view.*

Often the shifting points of view in Cortázar's stories involve a play between the self and the other. In "Axolotl," for example, the hero gradually becomes transfixed by the Mexican salamanders that he sees; they begin to represent to him a new ideal of existential quietude, and in that representation they suddenly become the man himself. Man turns into animal, animal into man, until he is on the other side of

---

* Luis Harss and Barbara Dohmann, *Into the Mainstream* (New York: Harper & Row, 1967), p. 222.

the glass, now a salamander, looking out at himself looking at himself. The story is an amusing and pathetic joke, of course, but it is typical of the play of doubles so frequent in Cortázar's work. Sometimes the play can take on the dimensions of a drawing-room comedy, as in "La salud de los enfermos"; another time it brings a mythic dimension to the life and possible death of a motorcyclist, in "La noche boca arriba." But whatever guise this endless play of the self and the other takes, Cortázar never loses the unified drama of the existence of the individual, the sense that each man's life is an allegory of a single experience from which he comes and to which he is destined to go.

La salud de los enfermos

❀

Cuando inesperadamente tía Clelia se sintió mal, en la familia hubo un momento de pánico y por varias horas nadie fue capaz de reaccionar y discutir un plan de acción, ni siquiera tío Roque que encontraba siempre la salida más atinada.[1] A Carlos lo llamaron por teléfono a la oficina, Rosa y Pepa despidieron a los alumnos de piano y solfeo,[2] y hasta tía Clelia se preocupó más por mamá que por ella misma. Estaba segura de que lo que sentía no era grave, pero a mamá no se le podían dar noticias inquietantes con su presión y su azúcar; de sobra[3] sabían todos que el doctor Bonifaz había sido el primero en comprender y aprobar que le ocultaran a mamá lo de Alejandro. Si tía Clelia tenía que guardar cama era necesario encontrar alguna manera de que mamá no sospechara que estaba enferma, pero ya lo de Alejandro se había vuelto tan difícil y ahora se agregaba esto; la menor equivocación, y acabaría por saber la verdad. Aunque la casa era grande, había que tener en cuenta el oído tan afinado de mamá y su inquietante capacidad para adivinar dónde

---

[1] **salida más atinada:** wisest solution

[2] **alumnos . . . solfeo:** students of piano and sight reading

[3] **de sobra:** moreover

estaba cada uno. Pepa, que había llamado al doctor Bonifaz desde el teléfono de arriba, avisó a sus hermanos que el médico vendría lo antes posible y que dejaran entornada la puerta cancel[4] para que entrase sin llamar. Mientras Rosa y tío Roque atendían a tía Clelia que había tenido dos desmayos y se quejaba de un insoportable dolor de cabeza, Carlos se quedó con mamá para contarle las novedades del conflicto diplomático con el Brasil y leerle las últimas noticias. Mamá estaba de buen humor esa tarde y no le dolía la cintura[5] como casi siempre a la hora de la siesta. A todos les fue preguntando qué les pasaba que parecían tan nerviosos, y en la casa se habló de la baja presión[6] y de los efectos nefastos de los mejoradores en el pan.[7] A la hora del té vino tío Roque a charlar con mamá, y Carlos pudo darse un baño y quedarse a la espera del médico. Tía Clelia seguía mejor, pero le costaba moverse en la cama y ya casi no se interesaba por lo que tanto la había preocupado al salir del primer vahído. Pepa y Rosa se turnaron junto a ella, ofreciéndole té y agua sin que les contestara; la casa se apaciguó con el atardecer y los hermanos se dijeron que tal vez lo de tía Clelia no era grave, y que a la tarde siguiente volvería a entrar en el dormitorio de mamá como si no le hubiese pasado nada.

Con Alejandro las cosas habían sido mucho peores, porque Alejandro se había matado en un accidente de auto a poco de llegar a Montevideo donde lo esperaban en casa de un ingeniero amigo. Ya hacía casi un año de eso, pero siempre seguía siendo el primer día para los hermanos y los tíos, para todos menos para mamá, ya que para mamá Alejandro estaba en el Brasil donde una firma de Recife[8] le había encargado la instalación de una fábrica de cemento. La idea de preparar a mamá, de insinuarle que Alejandro había tenido un accidente y que estaba levemente herido, no se les había ocurrido siquiera después de las prevenciones del doctor Bonifaz. Hasta María Laura, más allá de toda comprensión en esas primeras horas, había admitido que no era

---

[4] **puerta cancel:** storm door
[5] **cintura:** stomach region
[6] **baja presión:** low blood pressure
[7] **mejoradores . . . pan:** new ingredients in the bread
[8] **Recife:** capital of the Brazilian state of Pernambuco

posible darle la noticia a mamá. Carlos y el padre de María Laura viajaron al Uruguay para traer el cuerpo de Alejandro, mientras la familia cuidaba como siempre de mamá que ese día estaba dolorida y difícil. El club de ingeniería aceptó que el velorio se hiciera en su sede[9] y Pepa, la más ocupada con mamá, ni siquiera alcanzó a ver el ataúd de Alejandro mientras los otros se turnaban de hora en hora y acompañaban a la pobre María Laura perdida en un horror sin lágrimas. Como casi siempre, a tío Roque le tocó pensar.[10] Habló de madrugada con Carlos, que lloraba silenciosamente a su hermano con la cabeza apoyada en la carpeta verde de la mesa del comedor donde tantas veces habían jugado a las cartas. Después se les agregó tía Clelia, porque mamá dormía toda la noche y no había que preocuparse por ella. Con el acuerdo tácito de Rosa y de Pepa, decidieron las primeras medidas, empezando por el secuestro de *La Nación* —a veces mamá se animaba a leer el diario unos minutos— y todos estuvieron de acuerdo con lo que había pensado el tío Roque. Fue así como[11] una empresa brasileña contrató a Alejandro para que pasara un año en Recife, y Alejandro tuvo que renunciar en pocas horas a sus breves vacaciones en casa del ingeniero amigo, hacer su valija y saltar al primer avión. Mamá tenía que comprender que eran nuevos tiempos, que los industriales no entendían de sentimientos, pero Alejandro ya encontraría la manera de tomarse una semana de vacaciones a mitad de año y bajar a Buenos Aires. A mamá le pareció muy bien todo eso, aunque lloró un poco y hubo que darle a respirar sus sales. Carlos, que sabía hacerla reir, le dijo que era una vergüenza que llorara por el primer éxito del benjamín de la familia, y que a Alejandro no le hubiera gustado enterarse de que recibían así la noticia de su contrato. Entonces mamá se tranquilizó y dijo que bebería un dedo de málaga[12] a la salud de Alejandro. Carlos salió bruscamente a buscar el vino, pero fue Rosa quien lo trajo y quien brindó con mamá.

La vida de mamá era bien penosa, y aunque poco se quejaba había que hacer todo lo posible por acompañarla y distraerla.

[9] **aceptó . . . sede:** let them use the clubhouse for the wake
[10] **le tocó pensar:** he was called upon to do the thinking
[11] **Fue así como:** They made it so that
[12] **dedo de málaga:** touch of wine

Cuando al día siguiente del entierro de Alejandro se extrañó de que María Laura no hubiese venido a visitarla como todos los jueves, Pepa fue por la tarde a casa de los Novalli para hablar con María Laura. A esa hora tío Roque estaba en el estudio de un abogado amigo, explicándole la situación; el abogado prometió escribir inmediatamente a su hermano que trabajaba en Recife (las ciudades no se elegían al azar en casa de mamá) y organizar lo de la correspondencia. El doctor Bonifaz ya había visitado como por casualidad a mamá, y después de examinarle la vista la encontró bastante mejor pero le pidió que por unos días se abstuviera de leer los diarios. Tía Clelia se encargó de comentarle las noticias más interesantes; por suerte a mamá no le gustaban los noticieros radiales porque eran vulgares y a cada rato había avisos de remedios nada seguros que la gente tomaba contra viento y marea y así les iba.[13]

María Laura vino el viernes por la tarde y habló de lo mucho que tenía que estudiar para los exámenes de arquitectura.

—Sí, mi hijita —dijo mamá, mirándola con afecto—. Tenés los ojos colorados de leer, y eso es malo. Ponete unas compresas con hamamelis,[14] que es lo mejor que hay.

Rosa y Pepa estaban ahí para intervenir a cada momento en la conversación, y María Laura pudo resistir y hasta sonrió cuando mamá se puso a hablar de ese pícaro de novio[15] que se iba tan lejos y casi sin avisar. La juventud moderna era así, el mundo se había vuelto loco y todos andaban apurados y sin tiempo para nada. Después mamá se perdió en las ya sabidas anécdotas de padres y abuelos, y vino el café y después entró Carlos con bromas y cuentos, y en algún momento tío Roque se paró en la puerta del dormitorio y los miró con su aire bonachón, y todo pasó como tenía que pasar hasta la hora del descanso de mamá.

La familia se fue habituando, a María Laura le costó más pero en cambio sólo tenía que ver a mamá los jueves; un día llegó la primera carta de Alejandro (mamá se había extrañado ya dos veces de su silencio) y Carlos se la leyó al pie de la cama. A Alejandro le había encantado Recife, hablaba del puerto, de

---

[13] **así les iba:** so that's the way things went
[14] **compresas con hamamelis:** witch-hazel compresses
[15] **ese . . . novio:** that worthless fiancé

los vendedores de papagayos y del sabor de los refrescos, a la familia se le hacía agua la boca cuando se enteraba de que los ananás no costaban nada,[16] y que el café era de verdad [17] y con una fragancia... Mamá pidió que le mostraran el sobre, y dijo que habría que darle la estampilla al chico de los Marolda que era filatelista, aunque a ella no le gustaba nada que los chicos anduvieran con las estampillas porque después no se lavaban las manos y las estampillas habían rodado por todo el mundo.

—Les pasan la lengua para pegarlas —decía siempre mamá— y los microbios quedan ahí y se incuban, es sabido. Pero dásela lo mismo, total ya tiene tantas que una más...

Al otro día mamá llamó a Rosa y le dictó una carta para Alejandro, preguntándole cuándo iba a poder tomarse vacaciones y si el viaje no le costaría demasiado. Le explicó cómo se sentía y le habló del ascenso que acababan de darle a Carlos y del premio que había sacado uno de los alumnos de piano de Pepa. También le dijo que María Laura la visitaba sin faltar ni un solo jueves, pero que estudiaba demasiado y que eso era malo para la vista. Cuando la carta estuvo escrita, mamá la firmó al pie con un lápiz, y besó suavemente el papel. Pepa se levantó con el pretexto de ir a buscar un sobre, y tía Clelia vino con las pastillas de las cinco[18] y unas flores para el jarrón de la cómoda.

Nada era fácil, porque en esa época la presión de mamá subio todavía más y la familia llegó a preguntarse si no habría alguna influencia inconsciente, algo que desbordaba del comportamiento de todos ellos, una inquietud y un desánimo que hacían daño a mamá a pesar de las precauciones y la falsa alegría. Pero no podía ser, porque a fuerza de fingir las risas[19] todos habían acabado por reírse de veras con mamá, y a veces se hacían bromas y se tiraban manotazos aunque no estuvieran con ella, y después se miraban como si se despertaran bruscamente, y Pepa se ponía muy colorada y Carlos encendía un cigarrillo con la cabeza gacha. Lo único importante en el fondo era que pasara el tiempo

[16] **a . . . nada:** their mouths all watered when they found out that pineapples cost practically nothing
[17] **café . . . verdad:** coffee was genuine
[18] **pastillas . . . cinco:** pills to be taken at five o'clock
[19] **porque . . . risas:** because by forcing themselves to laugh

y que mamá no se diese cuenta de nada. Tío Roque había hablado con el doctor Bonifaz, y todos estaban de acuerdo en que había que continuar indefinidamente la comedia piadosa, como la calificaba tía Clelia. El único problema eran las visitas de María Laura porque mamá insistía naturalmente en hablar de Alejandro, quería saber si se casarían apenas él volviera de Recife o si ese loco de hijo iba a aceptar otro contrato lejos y por tanto tiempo. No quedaba más remedio que entrar a cada momento en el dormitorio y distraer a mamá, quitarle a María Laura que se mantenía muy quieta en su silla, con las manos apretadas hasta hacerse daño,[20] pero un día mamá le preguntó a tía Clelia por qué todos se precipitaban en esa forma cuando María Laura venía a verla, como si fuera la única ocasión que tenían de estar con ella. Tía Clelia se echó a reir y le dijo que todos veían un poco a Alejandro en María Laura, y que por eso les gustaba estar con ella cuando venía.

—Tenés razón, María Laura es tan buena —dijo mamá—. El bandido de mi hijo no se la merece, creeme.

—Mirá quién habla —dijo tía Clelia—. Si se te cae la baba[21] cuando nombrás a tu hijo.

Mamá también se puso a reir, y se acordó de que en esos días iba a llegar carta de Alejandro. La carta llegó y tío Roque la trajo junto con el té de las cinco. Esa vez mamá quiso leer la carta y pidió sus anteojos de ver cerca. Leyó aplicadamente, como si cada frase fuera un bocado que había que dar vueltas y vueltas paladeándolo.

—Los muchachos de ahora no tienen respeto —dijo sin darle demasiada importancia—. Está bien que en mi tiempo no se usaban esas máquinas,[22] pero yo no me hubiera atrevido jamás a escribir así a mi padre, ni vos tampoco.

—Claro que no —dijo tío Roque—. Con el genio que tenía el viejo.[23]

—A vos no se te cae nunca eso del viejo,[24] Roque. Sabés que

---

[20] **hasta hacerse daño:** so much so that she was hurting herself

[21] **Si . . . baba:** You are completely overwhelmed with joy

[22] **máquinas:** typewriters

[23] **Con . . . viejo:** With the temper the old man had.

[24] **A . . . viejo:** You never understood the old man. The *vos* form of address, although it looks plural, is actually singular in intent. It is used most fre-

no me gusta oírtelo decir, pero te da igual. Acordate cómo se ponía mamá.

—Bueno, está bien. Lo de viejo[25] es una manera de decir, no tiene nada que ver con el respeto.

—Es muy raro —dijo mamá, quitándose los anteojos y mirando las molduras del cielo raso—. Ya van cinco o seis cartas de Alejandro, y en ninguna me llama... Ah, pero es un secreto entre los dos. Es raro, sabés. ¿Por qué no me ha llamado así ni una sola vez?

—A lo mejor al muchacho le parece tonto escribírtelo. Una cosa es que te diga... ¿cómo te dice?...

—Es un secreto —dijo mamá—. Un secreto entre mi hijito y yo.

Ni Pepa ni Rosa sabían de ese nombre, y Carlos se encogió de hombros cuando le preguntaron.

—¿Qué querés, tío? Lo más que puedo hacer es falsificarle la firma. Yo creo que mamá se va a olvidar de eso, no te lo tomés tan a pecho.[26]

A los cuatro o cinco meses, después de una carta de Alejandro en la que explicaba lo mucho que tenía que hacer (aunque estaba contento porque era una gran oportunidad para un ingeniero joven), mamá insistió en que ya era tiempo de que se tomara unas vacaciones y bajara a Buenos Aires.[27] A Rosa, que escribía la respuesta de mamá, le pareció que dictaba más lentamente, como si hubiera estado pensando mucho cada frase.

—Vaya a saber si el pobre podrá venir —comentó Rosa como al descuido—. Sería una lástima que se malquiste con la empresa justamente ahora que le va tan bien y está tan contento.

Mamá siguió dictando como si no hubiera oído. Su salud dejaba mucho que desear y le hubiera gustado ver a Alejandro, aunque sólo fuese por unos días. Alejandro tenía que pensar también en María Laura, no porque ella creyese que descuidaba

<hr>

quently in Argentina to replace *tú* and accompanies a radical alteration in verb conjugation, giving such forms as *querés* for *quieres*, *tenés* for *tienes*. The command forms, often used by Cortázar, are also rather distant from orthodox peninsular Spanish: *escribile vos* for *escríbele tú*, *decile vos* for *dile tú*, etc.

[25] **Lo de viejo:** Saying "the old man"
[26] **a pecho:** to heart
[27] **bajara ... Aires:** come down to Buenos Aires

a su novia, pero un cariño no vive de palabras bonitas y promesas a la distancia. En fin, esperaba que Alejandro le escribiera pronto con buenas noticias. Rosa se fijó que mamá no besaba el papel después de firmar, pero que miraba fijamente la carta como si quisiera grabársela en la memoria. "Pobre Alejandro", pensó Rosa, y después se santiguó bruscamente sin que mamá la viera.

—Mirá —le dijo tío Roque a Carlos cuando esa noche se quedaron solos para su partida de dominó—, yo creo que esto se va a poner feo.[28] Habrá que inventar alguna cosa plausible, o al final se dará cuenta.

—Qué sé yo, tío. Lo mejor será que Alejandro conteste de una manera que la deje contenta por un tiempo más. La pobre está tan delicada, no se puede ni pensar en...

—Nadie habló de eso, muchacho. Pero yo te digo que tu madre es de las que no aflojan. Está en la familia, che.[29]

Mamá leyó sin hacer comentarios la respuesta evasiva de Alejandro, que trataría de conseguir vacaciones apenas entregara[30] el primer sector instalado de la fábrica. Cuando esa tarde llegó María Laura, le pidió que intercediera para que Alejandro viniese aunque no fuera más que una semana a Buenos Aires. María Laura le dijo después a Rosa que mamá se lo había pedido en el único momento en que nadie más podía escucharla. Tío Roque fue el primero en sugerir lo que todos habían pensado ya tantas veces sin animarse a decirlo por lo claro, y cuando mamá le dictó a Rosa otra carta para Alejandro, insistiendo en que viniera, se decidió que no quedaba más remedio que hacer la tentativa y ver si mamá estaba en condiciones de recibir una primera noticia desagradable. Carlos consultó al doctor Bonifaz, que aconsejó prudencia y unas gotas.[31] Dejaron pasar el tiempo necesario, y una tarde tío Roque vino a sentarse a los pies de la cama de mamá, mientras Rosa cebaba un mate[32] y miraba por la ventana del balcón, al lado de la cómoda de los remedios.

—Fijate que ahora empiezo a entender un poco por qué este

[28] **yo . . . feo:** I think that this is going to become unmanageable

[29] **che:** a frequent interjection in Argentinian Spanish, resembling at times the American *hey*

[30] **apenas entregara:** just as soon as he finishes up

[31] **gotas:** sedative

[32] **cebaba un mate:** prepared some tea

diablo de sobrino no se decide a venir a vernos —dijo tío Roque—. Lo que pasa es que no te ha querido afligir, sabiendo que todavía no estás bien.

Mamá lo miró como si no comprendiera.

—Hoy telefonearon los Novalli, parece que María Laura recibió noticias de Alejandro. Está bien, pero no va a poder viajar por unos meses.

—¿Por qué no va a poder viajar? —preguntó mamá.

—Porque tiene algo en un pie, parece. En el tobillo, creo. Hay que preguntarle a María Laura para que diga lo que pasa. El viejo Novalli habló de una fractura o algo así.

—¿Fractura de tobillo? —dijo mamá.

Antes de que tío Roque pudiera contestar, ya Rosa estaba con el frasco de sales.[33] El doctor Bonifaz vino en seguida, y todo pasó en unas horas, pero fueron horas largas y el doctor Bonifaz no se separó de la familia hasta entrada la noche. Recién dos días después mamá se sintió lo bastante repuesta como para pedirle a Pepa que le escribiera a Alejandro. Cuando Pepa, que no había entendido bien, vino como siempre con el block y la lapicera, mamá cerró los ojos y negó con la cabeza.

—Escribile vos, nomás. Decile que se cuide.

Pepa obedeció, sin saber por qué escribía una frase tras otra puesto que mamá no iba a leer la carta. Esa noche le dijo a Carlos que todo el tiempo, mientras escribía al lado de la cama de mamá, había tenido la absoluta seguridad de que mamá no iba a leer ni a firmar esa carta. Seguía con los ojos cerrados y no los abrió hasta la hora de la tisana;[34] parecía haberse olvidado, estar pensando en otras cosas.

Alejandro contestó con el tono más natural del mundo, explicando que no había querido contar lo de la fractura para no afligirla. Al principio se habían equivocado y le habían puesto un yeso[35] que hubo de cambiar, pero ya estaba mejor y en unas semanas podría empezar a caminar. En total tenía para unos dos meses, aunque lo malo era que su trabajo se había retrasado una barbaridad[36] en el peor momento, y...

[33] **frasco de sales:** bottle of smelling salts
[34] **hora . . . tisana:** time for her herb tea
[35] **yeso:** plaster cast
[36] **se . . . barbaridad:** had gotten badly delayed

Carlos, que leía la carta en voz alta, tuvó la impresión de que mamá no lo escuchaba como otras veces. De cuando en cuando miraba el reloj, lo que en ella era signo de impaciencia. A las siete Rosa tenía que traerle el caldo con las gotas del doctor Bonifaz, y eran las siete y cinco.

—Bueno —dijo Carlos, doblando la carta—. Ya ves que todo va bien, al pibe[37] no le ha pasado nada serio.

—Claro —dijo mamá—. Mirá, decile a Rosa que se apure, querés.

A María Laura, mamá le escuchó atentamente las explicaciones sobre la fractura de Alejandro, y hasta le dijo que le recomendara unas fricciones que tanto bien le habían hecho a su padre cuando la caída[38] del caballo en Matanzas. Casi en seguida, como si formara parte de la misma frase, preguntó si no le podían dar unas gotas de agua de azahar,[39] que siempre le aclaraban la cabeza.

La primera en hablar fue María Laura, esa misma tarde. Se lo dijo a Rosa en la sala, antes de irse, y Rosa se quedó mirándola como si no pudiera creer lo que había oído.

—Por favor —dijo Rosa—. ¿Cómo podés imaginarte una cosa así?

—No me la imagino, es la verdad —dijo María Laura—. Y yo no vuelvo más, Rosa, pídanme lo que quieran, pero yo no vuelvo a entrar en esa pieza.

En el fondo a nadie le pareció demasiado absurda la fantasía de María Laura, pero tía Clelia resumió el sentimiento de todos cuando dijo que en una casa como la de ellos un deber era un deber. A Rosa le tocó ir a lo de los Novalli, pero María Laura tuvo un ataque de llanto tan histérico que no quedó más remedio que acatar su decisión; Pepa y Rosa empezaron esa misma tarde a hacer comentarios sobre lo mucho que tenía que estudiar la pobre chica y lo cansada que estaba. Mamá no dijo nada, y cuando llegó el jueves no preguntó por María Laura. Ese jueves se cumplían diez meses de la partida de Alejandro al Brasil. La empresa estaba tan satisfecha de sus servicios, que unas semanas

[37] **pibe:** kid
[38] **cuando la caída:** at the time of his fall
[39] **agua de azahar:** citrus water

después le propusieron una renovación del contrato por otro año, siempre que aceptara irse de inmediato a Belén[40] para instalar otra fábrica. A tío Roque le parecía eso formidable, un gran triunfo para un muchacho de tan pocos años.

—Alejandro fue siempre el más inteligente —dijo mamá—. Así como Carlos es el más tesonero.

—Tenés razón —dijo tío Roque, preguntándose de pronto qué mosca le habría picado aquel día a María Laura—. La verdad es que te han salido unos hijos que valen la pena, hermana.

—Oh, sí, no me puedo quejar. A su padre le hubiera gustado verlos ya grandes. Las chicas, tan buenas, y el pobre Carlos, tan de su casa.

—Y Alejandro, con tanto porvenir.

—Ah, sí —dijo mamá.

—Fijate nomás en ese nuevo contrato que le ofrecen... En fin, cuando estés con ánimo le contestarás a tu hijo; debe andar con la cola entre las piernas pensando que la noticia de la renovación no te va a gustar.

—Ah, sí —repitió mamá, mirando al cielo raso—. Decile a Pepa que le escriba, ella ya sabe.

Pepa escribió, sin estar muy segura de lo que debía decirle a Alejandro, pero convencida de que siempre era mejor tener un texto completo para evitar contradicciones en las respuestas. Alejandro, por su parte, se alegró mucho de que mamá comprendiera la oportunidad que se le presentaba. Lo del tobillo iba muy bien, apenas pudiera pediría vacaciones para venirse a estar con ellos una quincena.[41] Mamá asintió con un leve gesto, y preguntó si ya había llegado *La Razón* para que Carlos le leyera los telegramas. En la casa todo se había ordenado sin esfuerzo, ahora que parecían haber terminado los sobresaltos y la salud de mamá se mantenía estacionaria. Los hijos se turnaban para acompañarla; tío Roque y tía Clelia entraban y salían en cualquier momento. Carlos le leía el diario a mamá por la noche, y Pepa por la mañana. Rosa y tía Clelia se ocupaban de los medicamentos y los baños; tío Roque tomaba mate en su cuarto dos o tres veces al día. Mamá no estaba nunca sola, no preguntaba nunca por

[40] **Belén:** Belém, chief port on the Amazon basin in Brazil
[41] **quincena:** fortnight

María Laura; cada tres semanas recibía sin comentarios las noticias de Alejandro; le decía a Pepa que contestara y hablaba de otra cosa, siempre inteligente y atenta y alejada.

Fue en esa época cuando tío Roque empezó a leerle las noticias de la tensión con el Brasil. Las primeras las había escrito en los bordes del diario, pero mamá no se preocupaba por la perfección de la lectura y después de unos días tío Roque se acostumbró a inventar en el momento. Al principio acompañaba los inquietantes telegramas con algún comentario sobre los problemas que eso podía traerle a Alejandro y a los demás argentinos en el Brasil, pero como mamá no parecía preocuparse dejó de insistir aunque cada tantos días agravaba un poco la situación. En las cartas de Alejandro se mencionaba la posibilidad de una ruptura de relaciones, aunque el muchacho era el optimista de siempre y estaba convencido de que los cancilleres arreglarían el litigio.

Mamá no hacía comentarios, tal vez porque aún faltaba mucho para que Alejandro pudiera pedir licencia, pero una noche le preguntó bruscamente al doctor Bonifaz si la situación con el Brasil era tan grave como decían los diarios.

—¿Con el Brasil? Bueno, sí, las cosas no andan muy bien —dijo el médico—. Esperemos que el buen sentido de los estadistas. . .

Mamá lo miraba como sorprendida de que le hubiese respondido sin vacilar. Suspiró levemente, y cambió la conversación. Esa noche estuvo más animada que otras veces, y el doctor Bonifaz se retiró satisfecho. Al otro día se enfermó tía Clelia; los desmayos parecían cosa pasajera, pero el doctor Bonifaz habló con tío Roque y aconsejó que internaran a tía Clelia en un sanatorio. A mamá, que en ese momento escuchaba las noticias del Brasil que le traía Carlos con el diario de la noche, le dijeron que tía Clelia estaba con una jaqueca[42] que no la dejaba moverse de la cama. Tuvieron toda la noche para pensar en lo que harían, pero tío Roque estaba como anonadado[43] después de hablar con el doctor Bonifaz, y a Carlos y a las chicas les tocó decidir. A Rosa se le ocurrió lo de la quinta de Manolita

---

[42] **estaba . . . jaqueca:** had a headache
[43] **anonadado:** overwhelmed

Valle[44] y el aire puro; al segundo día de la jaqueca de tía Clelia, Carlos llevó la conversación con tanta habilidad que fue como si mamá en persona hubiera aconsejado una temporada en la quinta de Manolita que tanto bien le haría a Clelia. Un compañero de oficina de Carlos se ofreció para llevarla en su auto, ya que el tren era fatigoso con esa jaqueca. Tía Clelia fue la primera en querer despedirse de mamá, y entre Carlos y tío Roque la llevaron pasito a paso para que mamá le recomendase que no tomara frío en esos autos de ahora y que se acordara del laxante de frutas cada noche.

—Clelia estaba muy congestionada —le dijo mamá a Pepa por la tarde—. Me hizo mala impresión, sabés.

—Oh, con unos días en la quinta se va a reponer lo más bien. Estaba un poco cansada estos meses; me acuerdo de que Manolita le había dicho que fuera a acompañarla a la quinta.

—¿Sí? Es raro, nunca me lo dijo.

—Por no afligirte, supongo.

—¿Y cuánto tiempo se va a quedar, hijita?

Pepa no sabía, pero ya le preguntarían al doctor Bonifaz que era el que había aconsejado el cambio de aire. Mamá no volvió a hablar del asunto hasta algunos días después (tía Clelia acababa de tener un síncope en el sanatorio, y Rosa se turnaba con tío Roque para acompañarla).

—Me pregunto cuándo va a volver Clelia —dijo mamá.

—Vamos, por una vez que la pobre se decide a dejarte y a cambiar un poco de aire. . .

—Sí, pero lo que tenía no era nada, dijeron ustedes.

—Claro que no es nada. Ahora se estará quedando por gusto, o por acompañar a Manolita; ya sabés cómo son de amigas.

—Telefoneá a la quinta y averiguá cuándo va a volver —dijo mamá.

Rosa telefoneó a la quinta, y le dijeron que tía Clelia estaba mejor, pero que todavía se sentía un poco débil, de manera que iba a aprovechar para quedarse. El tiempo estaba espléndido en Olavarría.

—No me gusta nada eso —dijo mamá—. Clelia ya tendría que haber vuelto.

[44] **A . . . Valle:** Rosa thought of Manolita Valle's country house

—Por favor, mamá, no te preocupés tanto. ¿Por qué no te mejorás vos lo antes posible, y te vas con Clelia y Manolita a tomar sol a la quinta?

—¿Yo? —dijo mamá, mirando a Carlos con algo que se parecía al asombro, al escándalo, al insulto. Carlos se echó a reir para disimular lo que sentía (tía Clelia estaba gravísima, Pepa acababa de telefonear) y la besó en la mejilla como a una niña traviesa.

—Mamita tonta —dijo, tratando de no pensar en nada.

Esa noche mamá durmió mal y desde el amanecer preguntó por Clelia, como si a esa hora se pudieran tener noticias de la quinta (tía Clelia acababa de morir y habían decidido velarla en la funeraria). A las ocho llamaron a la quinta desde el teléfono de la sala, para que mamá pudiera escuchar la conversación, y por suerte tía Clelia había pasado bastante buena noche aunque el médico de Manolita aconsejaba que se quedase mientras siguiera el buen tiempo. Carlos estaba muy contento con el cierre de la oficina por inventario y balance, y vino en piyama a tomar mate al pie de la cama de mamá y a darle conversación.

—Mirá —dijo mamá—, yo creo que habría que escribirle a Alejandro que venga a ver a su tía. Siempre fue el preferido de Clelia, y es justo que venga.

—Pero si tía Clelia no tiene nada, mamá. Si Alejandro no ha podido venir a verte a vos, imaginate...

—Allá él[45] —dijo mamá—. Vos escribile y decile que Clelia está enferma y que debería venir a verla.

—Pero, ¿cuántas veces te vamos a repetir que lo de tía Clelia no es grave?

—Si no es grave, mejor. Pero no te cuesta nada escribirle.

Le escribieron esa misma tarde y le leyeron la carta a mamá. En los días en que debía llegar la respuesta de Alejandro (tía Clelia seguía bien, pero el médico de Manolita insistía en que aprovechara el buen aire de la quinta), la situación diplomática con el Brasil se agravó todavía más y Carlos le dijo a mamá que no sería raro que las cartas de Alejandro se demoraran.

—Parecería a propósito —dijo mamá—. Ya vas a ver que tampoco podrá venir él.

Ninguno de ellos se decidía a leerle la carta de Alejandro.

---

[45] **Allá él:** That's his business

Reunidos en el comedor, miraban al lugar vacío de tía Clelia, se miraban entre ellos, vacilando.

—Es absurdo —dijo Carlos—. Ya estamos tan acostumbrados a esta comedia, que una escena más o menos...

—Entonces llevásela vos[46] —dijo Pepa, mientras se le llenaban los ojos de lágrimas y se los secaba con la servilleta.

—Qué querés, hay algo que no anda. Ahora cada vez que entro en su cuarto estoy como esperando una sorpresa, una trampa, casi.

—La culpa la tiene María Laura —dijo Rosa—. Ella nos metió la idea en la cabeza y ya no podemos actuar con naturalidad. Y para colmo tía Clelia...

—Mirá, ahora que lo decís se me ocurre que convendría hablar con María Laura —dijo tío Roque—. Lo más lógico sería que viniera después de sus exámenes y le diera a tu madre la noticia de que Alejandro no va a poder viajar.

—Pero, ¿a vos no te hiela la sangre que mamá no pregunte más por María Laura, aunque Alejandro la nombra en todas sus cartas?

—No se trata de la temperatura de mi sangre —dijo tío Roque—. Las cosas se hacen o no se hacen, y se acabó.[47]

A Rosa le llevó dos horas convencer a María Laura, pero era su mejor amiga y María Laura los quería mucho, hasta a mamá aunque le diera miedo. Hubo que preparar una nueva carta, que María Laura trajo junto con un ramo de flores y las pastillas de mandarina que le gustaban a mamá. Sí, por suerte ya habían terminado los exámenes peores, y podría irse unas semanas a descansar a San Vicente.

—El aire del campo te hará bien —dijo mamá—. En cambio a Clelia... ¿Hoy llamaste a la quinta, Pepa? Ah, sí, recuerdo que me dijiste... Bueno, ya hace tres semanas que se fue Clelia, y mirá vos...

María Laura y Rosa hicieron los comentarios del caso, vino la bandeja del té, y María Laura le leyó a mamá unos párrafos de la carta de Alejandro con la noticia de la internación provisional de todos los técnicos extranjeros, y la gracia que le hacía estar alojado en un espléndido hotel por cuenta del gobierno,

---

[46] **Entonces llevásela vos:** Then *you* act it out
[47] **se acabó:** that's it

a la espera de que los cancilleres arreglaran el conflicto. Mamá no hizo ninguna reflexión, bebió su taza de tilo[48] y se fue adormeciendo. Las muchachas siguieron charlando en la sala, más aliviadas. María Laura estaba por irse cuando se le ocurrió lo del teléfono y se lo dijo a Rosa. A Rosa le parecía que también Carlos había pensado en eso, y más tarde le habló a tío Roque, que se encogió de hombros. Frente a cosas así no quedaba más remedio que hacer un gesto y seguir leyendo el diario. Pero Rosa y Pepa se lo dijeron también a Carlos, que renunció a encontrarle explicación a menos de aceptar lo que nadie quería aceptar.

—Ya veremos —dijo Carlos—. Todavía puede ser que se le ocurra y nos lo pida. En ese caso. . .

Pero mamá no pidió nunca que le llevaran el teléfono para hablar personalmente con tía Clelia. Cada mañana preguntaba si había noticias de la quinta, y después se volvía a su silencio donde el tiempo parecía contarse por dosis de remedios y tazas de tisana. No le desagradaba que tío Roque viniera con *La Razón* para leerle las últimas noticias del conflicto con el Brasil, aunque tampoco parecía preocuparse si el diariero llegaba tarde o tío Roque se entretenía más que de costumbre con un problema de ajedrez. Rosa y Pepa llegaron a convencerse de que a mamá la tenía sin cuidado[49] que le leyeran las noticias, o telefonearan a la quinta, o trajeran una carta de Alejandro. Pero no se podía estar seguro porque a veces mamá levantaba la cabeza y las miraba con la mirada profunda de siempre, en la que no había ningún cambio, ninguna aceptación. La rutina los abarcaba a todos, y para Rosa telefonear a un agujero negro en el extremo del hilo era tan simple y cotidiano como para tío Roque seguir leyendo falsos telegramas sobre un fondo de anuncios de remates o noticias de fútbol, o para Carlos entrar con las anécdotas de su visita a la quinta de Olavarría y los paquetes de frutas que les mandaban Manolita y tía Clelia. Ni siquiera durante los últimos meses de mamá cambiaron las costumbres, aunque poca importancia tuvieran ya. El doctor Bonifaz les dijo que por suerte mamá no sufriría nada y que se apagaría[50] sin sentirlo. Pero

---

[48] **taza de tilo:** linden tea
[49] **la . . . cuidado:** did not care
[50] **se apagaría:** she would pass away

mamá se mantuvo lúcida hasta el fin, cuando ya los hijos la rodeaban sin poder fingir lo que sentían.

—Qué buenos fueron conmigo —dijo mamá—. Todo ese trabajo que se tomaron para que no sufriera.

Tío Roque estaba sentado junto a ella y le acarició jovialmente la mano, tratándola de tonta.[51] Pepa y Rosa, fingiendo buscar algo en la cómoda, sabían ya que María Laura había tenido razón; sabían lo que de alguna manera habían sabido siempre.

—Tanto cuidarme... —dijo mamá, y Pepa apretó la mano de Rosa, porque al fin y al cabo esas dos palabras volvían a poner todo en orden, restablecían la larga comedia necesaria. Pero Carlos, a los pies de la cama, miraba a mamá como si supiera que iba a decir algo más.

—Ahora podrán descansar —dijo mamá—. Ya no les daremos[52] más trabajo.

Tío Roque iba a protestar, a decir algo, pero Carlos se le acercó y le apretó violentamente el hombro. Mamá se perdía poco a poco en una modorra, y era mejor no molestarla.

Tres días después del entierro llegó la última carta de Alejandro, donde como siempre preguntaba por la salud de mamá y de tía Clelia. Rosa, que la había recibido, la abrió y empezó a leerla sin pensar, y cuando levantó la vista porque de golpe las lágrimas la cegaban, se dio cuenta de que mientras la leía había estado pensando en cómo habría que darle a Alejandro la noticia de la muerte de mamá.

CUESTIONARIO

1. ¿Cómo reaccionó la familia cuando la tía Clelia se puso enferma?

2. ¿Por qué era tan rara la situación?

3. ¿Qué fue de Alejandro?

4. ¿Dónde tuvo lugar el velorio de Alejandro?

[51] **tratándola de tonta:** treating her like a child
[52] **Ya . . . daremos:** *Ya no le daré*

5. ¿Cómo escondían el tío Roque y los demás la verdad de la muerte de Alejandro?

6. ¿Por qué se puso triste la madre cuando supo que Alejandro se veía forzado a pasar un año en Recife?

7. ¿Quién es María Laura?

8. ¿Qué dijo la madre en su primera carta a Alejandro?

9. ¿Cómo aliviaba la familia la pena de María Laura durante sus charlas con la madre?

10. ¿Por qué quería la madre que Alejandro tomara unas vacaciones?

11. ¿Cuál fue la primera noticia desagradable que recibió la madre?

12. ¿Seguía María Laura visitando a la madre?

13. ¿Por qué inventaba el tío Roque "las noticias de la tensión con el Brasil"?

14. ¿Cómo disimulaba la familia la enfermedad y la muerte de la tía Clelia?

15. Según las cartas de Alejandro, ¿qué les sucedió a todos los técnicos extranjeros en el Brasil?

16. ¿Quería hablar personalmente la madre con la tía Clelia por teléfono?

17. ¿Qué significan las frases siguientes? "Qué buenos fueron conmigo —dijo mamá—. Todo ese trabajo que se tomaron para que no sufriera."

18. Después de la muerte de la madre, ¿qué problema quedaba?

PREGUNTA GENERAL

El cuento gira alrededor de un personaje inexistente. ¿Cómo hace resaltar el autor lo absurdo de esta situación? ¿De qué medios se sirve para darnos esta impresión?

Axolotl

✿

Hubo un tiempo en que yo pensaba mucho en los axolotl. Iba a verlos al acuario del Jardin des Plantes y me quedaba horas mirándolos, observando su inmovilidad, sus oscuros movimientos. Ahora soy un axolotl. ●
El azar me llevó hasta ellos una mañana de primavera en que París abría su cola de pavorreal después de la lenta invernada.[1] Bajé por el bulevar de Port-Royal, tomé St. Marcel y L'Hôpital, vi los verdes entre tanto gris y me acordé de los leones. Era amigo de los leones y las panteras, pero nunca había entrado en el húmedo y oscuro edificio de los acuarios. Dejé mi bicicleta contra las rejas y fui a ver los tulipanes. Los leones estaban feos y tristes y mi pantera dormía. Opté por los acuarios, soslayé[2] peces vulgares hasta dar inesperadamente con los axolotl. Me quedé una hora mirándolos y salí, incapaz de otra cosa.
En la biblioteca Sainte-Geneviève consulté un diccionario y supe que los axolotl son formas larvales, provistas de branquias,

---

[1] **lenta invernada:** interminable winter
[2] **soslayé:** I looked askance

de una especie de batracios del género amblistoma.[8] Que eran mexicanos lo sabía ya por ellos mismos, por sus pequeños rostros rosados aztecas y el cartel en lo alto del acuario. Leí que se han encontrado ejemplares en Africa capaces de vivir en tierra durante los períodos de sequía, y que continúan su vida en el agua al llegar la estación de las lluvias. Encontré su nombre español, ajolote, la mención de que son comestibles y que su aceite se usaba (se diría que no se usa más) como el de hígado de bacalao.

No quise consultar obras especializadas, pero volví al día siguiente al Jardin des Plantes. Empecé a ir todas las mañanas, a veces de mañana y de tarde. El guardían de los acuarios sonreía perplejo al recibir el billete. Me apoyaba en la barra de hierro que bordea los acuarios y me ponía a mirarlos. No hay nada de extraño en esto, porque desde un primer momento comprendí que estábamos vinculados, que algo infinitamente perdido y distante seguía sin embargo uniéndonos. Me había bastado detenerme aquella primera mañana ante el cristal donde unas burbujas corrían en el agua. Los axolotl se amontonaban en el mezquino y angosto (sólo yo puedo saber cuán angosto y mezquino) piso de piedra y musgo del acuario. Había nueve ejemplares, y la mayoría apoyaba la cabeza contra el cristal, mirando con sus ojos de oro a los que se acercaban. Turbado, casi avergonzado, sentí como una impudicia asomarme a esas figuras silenciosas e inmóviles aglomeradas en el fondo del acuario. Aislé mentalmente una, situada a la derecha y algo separada de las otras, para estudiarla mejor. Vi un cuerpecito rosado y como translúcido (pensé en las estatuillas chinas de cristal lechoso), semejante a un pequeño lagarto de quince centímetros, terminado en una cola de pez de una delicadeza extraordinaria, la parte más sensible de nuestro cuerpo. Por el lomo le corría una aleta transparente que se fusionaba con la cola, pero lo que me obsesionó fueron las patas, de una finura sutilísima, acabadas en menudos dedos, en uñas minuciosamente humanas. Y entonces descubrí sus ojos, su cara. Un rostro inexpresivo, sin otro rasgo que los ojos; dos orificios como cabezas de alfiler, enteramente de un oro transparente, carentes de toda vida pero mirando, deján-

---

[8] **provistas** . . . **amblistoma:** provided with gills, of a species of salamander of the genus Ambystoma

dose penetrar por mi mirada que parecía pasar a través del punto áureo y perderse en un diáfano misterio interior. Un delgadísimo halo negro rodeaba el ojo y lo inscribía en la carne rosa, en la piedra rosa de la cabeza vagamente triangular pero con lados curvos e irregulares, que le daban una total semejanza con una estatuilla corroída por el tiempo. La boca estaba disimulada por el plano triangular de la cara, sólo de perfil se adivinaba su tamaño considerable; de frente una fina hendedura rasgaba apenas la piedra sin vida. A ambos lados de la cabeza, donde hubieran debido estar las orejas,[4] le crecían tres ramitas rojas como de coral, una excrecencia vegetal, las branquias, supongo. Y era lo único vivo en él, cada diez o quince segundos las ramitas se enderezaban rígidamente y volvían a bajarse. A veces una pata se movía apenas, yo veía los diminutos dedos posándose con suavidad en el musgo. Es que no nos gusta movernos mucho, y el acuario es tan mezquino; apenas avanzamos un poco nos damos con la cola o la cabeza de otro de nosotros; surgen dificultades, peleas, fatiga. El tiempo se siente menos si nos estamos quietos.

Fue su quietud lo que me hizo inclinarme fascinado la primera vez que vi a los axolotl. Oscuramente me pareció comprender su voluntad secreta, abolir el espacio y el tiempo con una inmovilidad indiferente. Después supe mejor, la contracción de las branquias, el tanteo de las finas patas en las piedras, la repentina natación (algunos de ellos nadan con la simple ondulación del cuerpo) me probó que eran capaces de evadirse de ese sopor mineral en que pasaban horas enteras. Sus ojos, sobre todo, me obsesionaban. Al lado de ellos, en los restantes acuarios, diversos peces me mostraban la simple estupidez de sus hermosos ojos semejantes a los nuestros. Los ojos de los axolotl me decían de la presencia de una vida diferente, de otra manera de mirar. Pegando mi cara al vidrio (a veces el guardián tosía, inquieto) buscaba ver mejor los diminutos puntos áureos, esa entrada al mundo infinitamente lento y remoto de las criaturas rosadas. Era inútil golpear con el dedo en el cristal, delante de sus caras; jamás se advertía la menor reacción. Los ojos de oro seguían ardiendo con su dulce, terrible luz; seguían mirándome desde una profundidad insondable que me daba vértigo.

[4] **donde . . . orejas:** where the ears should have been

Y sin embargo estaban cerca. Lo supe antes de esto, antes de ser un axolotl. Lo supe el día en que me acerqué a ellos por primera vez. Los rasgos antropomórficos de un mono revelan, al revés de lo que cree la mayoría, la distancia que va de ellos a nosotros. La absoluta falta de semejanza de los axolotl con el ser humano me probó que mi reconocimiento era válido, que no me apoyaba en analogías fáciles. Sólo las manecitas... Pero una lagartija tiene también manos así, y en nada se nos parece. Yo creo que era la cabeza de los axolotl, esa forma triangular rosada con los ojillos de oro. Eso miraba y sabía. Eso reclamaba. No eran *animales*.

Parecía fácil, casi obvio, caer en la mitología. Empecé viendo en los axolotl una metamorfosis que no conseguía anular una misteriosa humanidad. Los imaginé conscientes, esclavos de su cuerpo, infinitamente condenados a un silencio abisal, a una reflexión desesperada. Su mirada ciega, el diminuto disco de oro inexpresivo y sin embargo terriblemente lúcido, me penetraba como un mensaje: "Sálvanos, sálvanos". Me sorprendía musitando palabras de consuelo, transmitiendo pueriles esperanzas. Ellos seguían mirándome, inmóviles; de pronto las ramillas rosadas de las branquias se enderezaban. En ese instante yo sentía como un dolor sordo; tal vez me veían, captaban mi esfuerzo por penetrar en lo impenetrable de sus vidas. No eran seres humanos, pero en ningún animal había encontrado una relación tan profunda conmigo. Los axolotl eran como testigos de algo, y a veces como horribles jueces. Me sentía innoble frente a ellos; había una pureza tan espantosa en esos ojos transparentes. Eran larvas, pero larva quiere decir máscara y también fantasma. Detrás de esas caras aztecas, inexpresivas y sin embargo de una crueldad implacable, ¿qué imagen esperaba su hora?

Les temía. Creo que de no haber sentido la proximidad de otros visitantes y del guardián, no me hubiese atrevido a quedarme solo con ellos. "Usted se los come con los ojos", me decía riendo el guardián, que debía suponerme un poco desequilibrado. No se daba cuenta de que eran ellos los que me devoraban lentamente por los ojos, en un canibalismo de oro. Lejos del acuario no hacía más que pensar en ellos, era como si me influyeran a distancia. Llegué a ir todos los días, y de noche los imaginaba inmóviles en la oscuridad, adelantando lentamente una mano que de pronto encontraba la de otro. Acaso sus ojos veían en plena noche, y el día continuaba para ellos indefinidamente. Los ojos de los axolotl no tienen párpados. Ahora sé que no hubo nada de extraño, que eso tenía que ocurrir. Cada mañana, al inclinarme sobre el acuario, el reconocimiento era mayor. Sufrían, cada fibra de mi cuerpo alcanzaba ese sufrimiento amordazado, esa tortura rígida en el fondo del agua. Espiaban algo, un remoto señorío aniquilado, un tiempo de libertad en que el mundo había sido de los axolotl. No era posible que una expresión tan terrible que alcanzaba a vencer la inexpresividad forzada de sus rostros de piedra, no portara un mensaje de dolor, la prueba de esa condena eterna, de ese infierno líquido que padecían. Inútilmente quería probarme que mi propia sensibilidad proyectaba en los axolotl una conciencia inexistente. Ellos y yo sabíamos. Por eso no hubo nada de extraño en lo que ocurrió. Mi cara estaba pegada al vidrio del acuario, mis ojos trataban una vez más de penetrar el misterio de esos ojos de oro sin iris y sin pupila. Veía de muy cerca la cara de un axolotl inmóvil junto al vidrio. Sin transición, sin sorpresa, vi mi cara contra el vidrio, en vez del axolotl vi mi cara contra el vidrio, la vi fuera del acuario, la vi del otro lado del vidrio. Entonces mi cara se apartó y yo comprendí.

Sólo una cosa era extraña: seguir pensando como antes, saber. Darme cuenta de eso fue en el primer momento como el horror del enterrado vivo que despierta a su destino. Afuera, mi cara volvía a acercarse al vidrio, veía mi boca de labios apretados por el esfuerzo de comprender a los axolotl. Yo era un axolotl y sabía ahora instantáneamente que ninguna comprensión era posible. Él estaba fuera del acuario, su pensamiento era un pensamiento fuera del acuario. Conociéndolo, siendo él mismo, yo era un axolotl y estaba en mi mundo. El horror venía —lo supe en el mismo momento— de creerme prisionero en un cuerpo de axolotl, transmigrado a él con mi pensamiento de hombre, enterrado vivo en un axolotl, condenado a moverme lúcidamente entre criaturas insensibles. Pero aquello cesó cuando una pata vino a rozarme la cara, cuando moviéndome apenas a un lado vi a un axolotl junto a mí que me miraba, y supe que también él sabía, sin comunicación posible pero tan claramente. O yo estaba también en él, o todos nosotros pensábamos como un hombre, incapaces de expresión, limitados al resplandor dorado de nuestros ojos que miraban la cara del hombre pegada al acuario.

Él volvió muchas veces, pero viene menos ahora. Pasa semanas sin asomarse. Ayer lo vi, me miró largo rato y se fue bruscamente. Me pareció que no se interesaba tanto por nosotros, que obedecía a una costumbre. Como lo único que hago es pensar, pude pensar mucho en él. Se me ocurre que al principio continuamos comunicados, que él se sentía más que nunca unido al misterio que lo obsesionaba. Pero los puentes están cortados entre él y yo, porque lo que era su obsesión es ahora un axolotl, ajeno a su vida de hombre. Creo que al principio yo era capaz de volver en cierto modo a él —ah, sólo en cierto modo— y mantener alerta su deseo de conocernos mejor. Ahora soy definitivamente un axolotl, y si pienso como un hombre es sólo porque todo axolotl piensa como un hombre dentro de su imagen de piedra rosa. Me parece que de todo esto alcancé a comunicarle algo en los primeros días, cuando yo era todavía él. Y en esta soledad final, a la que él ya no vuelve, me consuela pensar que acaso va a escribir sobre nosotros, creyendo imaginar un cuento va a escribir todo esto sobre los axolotl.

CUESTIONARIO

1. *¿Dónde estaban los axolotl?*
2. *¿Por qué no le interesaban al hombre los leones y las panteras?*
3. *¿Qué supo de los axolotl?*
4. *¿Pasaba el hombre mucho tiempo en al Jardin des Plantes?*
5. *¿Por qué le obsesionaban tanto al hombre los axolotl?*
6. *¿Qué significa la frase siguiente? "Es que no nos gusta movernos mucho, y el acuario es tan mezquino; apenas avanzamos un poco nos damos con la cola o la cabeza de otro de nosotros; surgen dificultades, peleas, fatiga."*
7. *¿Qué significaban los axolotl para el hombre?*

8. Poco a poco, ¿qué efecto tenían los axolotl sobre el hombre?

9. ¿Cómo efectúa el autor el desdoblamiento del yo *al final del cuento?*

10. ¿Cómo consideraba el otro, ya axolotl, al hombre que le observa?

PREGUNTA GENERAL

¿Qué le atraía al reino animal? ¿Qué estado de ánimo veía él en los axolotl?

La noche boca arriba

❀

Y salían en ciertas épocas a cazar enemigos;
le llamaban la guerra florida.[1]

A mitad del largo zaguán del
hotel pensó que debía ser tarde, y se apuró a salir a la calle y
sacar la motocicleta del rincón donde el portero de al lado le
permitía guardarla. En la joyería de la esquina vio que eran las
nueve menos diez; llegaría con tiempo sobrado[2] adonde iba. El
sol se filtraba entre los altos edificios del centro, y él —porque
para sí mismo, para ir pensando, no tenía nombre— montó en la
máquina saboreando el paseo. La moto ronroneaba entre sus
piernas, y un viento fresco le chicoteaba los pantalones.

Dejó pasar los ministerios (el rosa, el blanco) y la serie de

---

[1] "Where could [the Aztecs] find the precious blood without which the sun
and the whole frame of the universe were condemned to annihilation? It was
essential to remain in a state of war, and from this need arose the strange
institution of the war of flowers, *xochiyaoyotl.* . . . Fighting was primarily
a means of taking prisoners; on the battlefield the warriors did their utmost
to kill as few men as possible. War was not merely a political instrument:
it was above all a religious rite, a war of holiness." Jacques Soustelle, *The
Daily Life of the Aztecs,* trans. Patrick O'Brian (London: Weidenfeld and
Nicolson, 1961).

[2] **tiempo sobrado:** time to spare

88

comercios con brillantes vitrinas de la calle Central. Ahora entraba en la parte más agradable del trayecto, el verdadero paseo: una calle larga, bordeada de árboles, con poco tráfico y amplias villas que dejaban venir los jardines hasta las aceras, apenas demarcadas por setos bajos.[3] Quizá algo distraído, pero corriendo sobre la derecha como correspondía, se dejó llevar por la tersura, por la leve crispación de ese día apenas empezado. Tal vez su involuntario relajamiento le impidió prevenir el accidente. Cuando vio que la mujer parada en la esquina se lanzaba a la calzada a pesar de las luces verdes, ya era tarde para las soluciones fáciles. Frenó con el pie y la mano, desviándose a la izquierda; oyó el grito de la mujer, y junto con el choque perdió la visión. Fue como dormirse de golpe.

Volvió bruscamente del desmayo. Cuatro o cinco hombres jóvenes lo estaban sacando de debajo de la moto. Sentía gusto a sal y sangre, le dolía una rodilla, y cuando lo alzaron gritó, porque no podía soportar la presión en el brazo derecho. Voces que no parecían pertenecer a las caras suspendidas sobre él, lo alentaban con bromas y seguridades. Su único alivio fue oir la confirmación de que había estado en su derecho al cruzar la esquina. Preguntó por la mujer, tratando de dominar la náusea que le ganaba la garganta. Mientras lo llevaban boca arriba hasta una farmacia próxima, supo que la causante del accidente no tenía más que rasguños en las piernas. "Usté la agarró apenas, pero el golpe le hizo saltar la máquina de costado. . ." Opiniones, recuerdos, despacio, éntrenlo de espaldas, así va bien, y alguien con guardapolvo dándole a beber un trago que lo alivió en la penumbra de una pequeña farmacia de barrio.

La ambulancia policial llegó a los cinco minutos, y lo subieron a una camilla blanda donde pudo tenderse a gusto. Con toda lucidez, pero sabiendo que estaba bajo los efectos de un shock terrible, dio sus señas al policía que lo acompañaba. El brazo casi no le dolía; de una cortadura en la ceja goteaba sangre por toda la cara. Una o dos veces se lamió los labios para beberla. Se sentía bien, era un accidente, mala suerte; unas semanas quieto y nada más. El vigilante le dijo que la motocicleta no parecía muy estropeada. "Natural", dijo él. "Como que me la

[3] **setos bajos:** low hedges

ligué encima. . ." [4] Los dos se rieron, y el vigilante le dio la mano
al llegar al hospital y le deseó buena suerte. Ya la náusea volvía
poco a poco; mientras lo llevaban en una camilla de ruedas hasta
un pabellón del fondo, pasando bajo árboles llenos de pájaros,
cerró los ojos y deseó estar dormido o cloroformado. Pero lo
tuvieron largo rato en una pieza con olor a hospital, llenando
una ficha, quitándole la ropa y vistiéndolo con una camisa grisá-
cea y dura. Le movían cuidadosamente el brazo, sin que le doliera.
Las enfermeras bromeaban todo el tiempo, y si no hubiera sido
por las contracciones del estómago se habría sentido muy bien,
casi contento.

Lo llevaron a la sala de radio,[5] y veinte minutos después, con
la placa todavía húmeda puesta sobre el pecho como una lápida
negra, pasó a la sala de operaciones. Alguien de blanco, alto y
delgado, se le acercó y se puso a mirar la radiografía. Manos de
mujer le acomodaban la cabeza, sintió que lo pasaban de una
camilla a otra. El hombre de blanco se le acercó otra vez, sonriendo, con algo que le brillaba en la mano derecha. Le palmeó
la mejilla e hizo una seña a alguien parado atrás.

Como sueño era curioso porque estaba lleno de olores y él
nunca soñaba olores. Primero un olor a pantano, ya que a la
izquierda de la calzada empezaban las marismas,[6] los tembladerales[7] de donde no volvía nadie. Pero el olor cesó, y en cambio
vino una fragancia compuesta y oscura como la noche en que se
movía huyendo de los aztecas. Y todo era tan natural, tenía que
huir de los aztecas que andaban a caza de hombre,[8] y su única
probabilidad era la de esconderse en lo más denso de la selva,
cuidando de no apartarse de la estrecha calzada que sólo ellos,
los motecas, conocían.

Lo que más lo torturaba era el olor, como si aun en la absoluta aceptación del sueño algo se rebelara contra eso que no era
habitual, que hasta entonces no había participado del juego.

[4] **Como . . . encima:** Since the whole thing landed on top of me
[5] **radio:** X ray
[6] **marismas:** swamps
[7] **tembladerales:** moving bogs
[8] **andaban . . . hombre:** had already begun their manhunt

"Huele a guerra",[9] pensó, tocando instintivamente el puñal de piedra atravesado en su ceñidor de lana tejida. Un sonido inesperado lo hizo agacharse y quedar inmóvil, temblando. Tener miedo no era extraño, en sus sueños abundaba el miedo. Esperó, tapado por las ramas de un arbusto y la noche sin estrellas. Muy lejos, probablemente del otro lado del gran lago, debían estar ardiendo fuegos de vivac;[10] un resplandor rojizo teñía esa parte del cielo. El sonido no se repitió. Había sido como una rama quebrada. Tal vez un animal que escapaba como él del olor de la guerra. Se enderezó despacio, venteando. No se oía nada, pero el miedo seguía allí como el olor, ese incienso dulzón de la guerra florida. Había que seguir, llegar al corazón de la selva evitando las ciénagas.[11] A tientas, agachándose a cada instante para tocar el suelo más duro de la calzada, dio algunos pasos. Hubiera querido echar a correr, pero los tembladerales palpitaban a su lado. En el sendero en tinieblas, buscó el rumbo. Entonces sintió una bocanada horrible del olor que más temía, y saltó desesperado hacia adelante.

—Se va a caer de la cama —dijo el enfermo de al lado—. No brinque tanto, amigazo.[12]

Abrió los ojos y era de tarde, con el sol ya bajo en los ventanales de la larga sala. Mientras trataba de sonreir a su vecino, se despegó casi físicamente de la última visión de la pesadilla. El brazo, enyesado,[13] colgaba de un aparato con pesas y poleas. Sintió sed, como si hubiera estado corriendo kilómetros, pero no querían darle mucha agua, apenas para mojarse los labios y hacer un buche. La fiebre lo iba ganando despacio y hubiera podido dormirse otra vez, pero saboreaba el placer de quedarse despierto, entornados los ojos, escuchando el diálogo de los otros enfermos, respondiendo de cuando en cuando a alguna pregunta. Vio llegar un carrito blanco que pusieron al lado de su cama, una enfermera rubia le frotó con alcohol la cara anterior del muslo y le clavó una gruesa aguja conectada con un tubo que

---

[9] **Huele a guerra:** It smells of war
[10] **fuegos de vivac:** bivouac fires
[11] **ciénagas:** marshes
[12] **amigazo:** pal
[13] **enyesado:** in a plaster cast

subía hasta un frasco lleno de líquido opalino. Un médico joven vino con un aparato de metal y cuero que le ajustó al brazo sano para verificar alguna cosa. Caía la noche, y la fiebre lo iba arrastrando blandamente a un estado donde las cosas tenían un relieve como de gemelos de teatro,[14] eran reales y dulces y a la vez ligeramente repugnantes; como estar viendo una película aburrida y pensar que sin embargo en la calle es peor; y quedarse.[15]

Vino una taza de maravilloso caldo de oro oliendo a puerro, a apio, a perejil.[16] Un trocito de pan, más precioso que todo un banquete, se fue desmigajando poco a poco. El brazo no le dolía nada y solamente en la ceja, donde lo habían suturado, chirriaba a veces una punzada caliente y rápida.[17] Cuando los ventanales de enfrente viraron a manchas de un azul oscuro, pensó que no le iba a ser difícil dormirse. Un poco incómodo, de espaldas, pero al pasarse la lengua por los labios resecos y calientes sintió el sabor del caldo, y suspiró de felicidad, abandonándose.

Primero fue una confusión, un atraer hacia sí todas las sensaciones por un instante embotadas[18] o confundidas. Comprendía que estaba corriendo en plena oscuridad, aunque arriba el cielo cruzado de copas de árboles era menos negro que el resto. "La calzada", pensó. "Me salí de la calzada." Sus pies se hundían en un colchón de hojas y barro, y ya no podía dar un paso sin que las ramas de los arbustos le azotaran el torso y las piernas. Jadeante, sabiéndose acorralado a pesar de la oscuridad y el silencio, se agachó para escuchar. Tal vez la calzada estaba cerca, con la primera luz del día iba a verla otra vez. Nada podía ayudarlo ahora a encontrarla. La mano que sin saberlo él aferraba el mango del puñal, subió como el escorpión de los pantanos hasta su cuello, donde colgaba el amuleto protector.[19] Moviendo apenas los labios musitó la plegaria del maíz[20] que trae las lunas felices, y la súplica a la Muy Alta, a la dispensadora de los bienes mote-

---

[14] **gemelos de teatro:** opera glasses
[15] **y quedarse:** and stay behind in the theatre
[16] **oliendo . . . perejil:** smelling of scallions, celery, and parsley
[17] **chirriaba . . . rápida:** at times a hot, quick pain sizzled
[18] **embotadas:** blocked up
[19] **amuleto protector:** a protective charm against evil or harm
[20] **plegaria del maíz:** the supplication of the corn

cas. Pero sentía al mismo tiempo que los tobillos se le estaban hundiendo despacio en el barro, y la espera en la oscuridad del chaparral [21] desconocido se le hacía insoportable. La guerra florida había empezado con la luna y llevaba ya tres días y tres noches. Si conseguía refugiarse en lo profundo de la selva, abandonando la calzada más allá de la región de las ciénagas, quizá los guerreros no le siguieran el rastro. Pensó en los muchos prisioneros que ya habrían hecho. Pero la cantidad no contaba, sino el tiempo sagrado. La caza continuaría hasta que los sacerdotes dieran la señal del regreso. Todo tenía su número y su fin, y él estaba dentro del tiempo sagrado, del otro lado de los cazadores.

Oyó los gritos y se enderezó de un salto, puñal en mano. Como si el cielo se incendiara en el horizonte, vio antorchas moviendose entre las ramas, muy cerca. El olor a guerra era insoportable, y cuando el primer enemigo le saltó al cuello casi sintió placer en hundirle la hoja de piedra en pleno pecho. Ya lo rodeaban las luces, los gritos alegres. Alcanzó a cortar el aire una o dos veces, y entonces una soga lo atrapó desde atrás.

—Es la fiebre —dijo el de la cama de al lado—. A mí me pasaba igual cuando me operé del duodeno. Tome agua y va a ver que duerme bien.

Al lado de la noche de donde volvía, la penumbra tibia de la sala le pareció deliciosa. Una lámpara violeta velaba en lo alto de la pared del fondo como un ojo protector. Se oía toser, respirar fuerte, a veces un diálogo en voz baja. Todo era grato y seguro, sin ese acoso, sin... Pero no quería seguir pensando en la pesadilla. Había tantas cosas en que entretenerse. Se puso a mirar el yeso del brazo, las poleas que tan cómodamente se lo sostenían en el aire. Le habían puesto una botella de agua mineral en la mesa de noche. Bebió del gollete, golosamente.[22] Distinguía ahora las formas de la sala, las treinta camas, los armarios con vitrinas. Ya no debía tener tanta fiebre, sentía fresca la cara. La ceja le dolía apenas, como un recuerdo. Se vio otra vez saliendo del hotel, sacando la moto. ¿Quién hubiera pensado que la cosa iba a acabar así? Trataba de fijar el momento del accidente, y le dio rabia advertir que había ahí como un hueco, un vacío que no

---

[21] **chaparral:** oak grove

[22] **Bebió . . . golosamente:** He drank from the neck of the bottle, avidly.

alcanzaba a rellenar. Entre el choque y el momento en que lo habían levantado del suelo, un desmayo o lo que fuera[23] no le dejaba ver nada. Y al mismo tiempo tenía la sensación de que ese hueco, esa nada, había durado una eternidad. No, ni siquiera tiempo, más bien como si en ese hueco él hubiera pasado a través de algo o recorrido distancias inmensas. El choque, el golpe brutal contra el pavimento. De todas maneras al salir del pozo negro había sentido casi un alivio mientras los hombres lo alzaban del suelo. Con el dolor del brazo roto, la sangre de la ceja partida, la contusión en la rodilla; con todo eso, un alivio al volver al día y sentirse sostenido y auxiliado. Y era raro. Le preguntaría alguna vez al médico de la oficina. Ahora volvía a ganarlo el sueño,[24] a tirarlo despacio hacia abajo. La almohada era tan blanda, y en su garganta afiebrada la frescura del agua mineral. Quizá pudiera descansar de veras, sin las malditas pesadillas. La luz violeta de la lámpara en lo alto se iba apagando poco a poco.

Como dormía de espaldas, no lo sorprendió la posición en que volvía a reconocerse, pero en cambio el olor a humedad, a piedra rezumante de filtraciones,[25] le cerró la garganta y lo obligó a comprender. Inútil abrir los ojos y mirar en todas direcciones; lo envolvía una oscuridad absoluta. Quizo enderezarse y sintió las sogas en las muñecas y los tobillos. Estaba estaqueado en el suelo, en un piso de lajas[26] helado y húmedo. El frío le ganaba la espalda desnuda, las piernas. Con el mentón buscó torpemente el contacto con su amuleto, y supo que se lo habían arrancado. Ahora estaba perdido, ninguna plegaria podía salvarlo del final. Lejanamente, como filtrándose entre las piedras del calabozo, oyó los atabales de la fiesta. Lo habían traído al teocalli;[27] estaba en las mazmorras del templo a la espera de su turno.

Oyó gritar, un grito ronco que rebotaba en las paredes. Otro grito, acabando en un quejido. Era él que gritaba en las tinieblas, gritaba porque estaba vivo, todo su cuerpo se defendía con

[23] o . . . fuera: or whatever it was
[24] Ahora . . . sueño: Now sleep began to take over again
[25] rezumante de filtraciones: oozing with water
[26] lajas: slabs
[27] teocalli: main temple

el grito de lo que iba a venir, del final inevitable. Pensó en sus compañeros que llenarían otras mazmorras, y en los que ascendían ya los peldaños del sacrificio. Gritó de nuevo sofocadamente, casi no podía abrir la boca, tenía las mandíbulas agarrotadas y a la vez como si fueran de goma y se abrieran lentamente, con un esfuerzo interminable. El chirriar de los cerrojos[28] lo sacudió como un látigo. Convulso, retorciéndose, luchó por zafarse de las cuerdas que se le hundían en la carne. Su brazo derecho, el más fuerte, tiraba hasta que el dolor se hizo intolerable y tuvo que ceder. Vio abrirse la doble puerta, y el olor de las antorchas le llegó antes que la luz. Apenas ceñidos con el taparrabos[29] de la ceremonia, los acólitos de los sacerdotes se le acercaron mirándolo con desprecio. Las luces se reflejaban en los torsos sudados, en el pelo negro lleno de plumas. Cedieron las sogas, y en su lugar lo aferraron manos calientes, duras como bronce; se sintió alzado, siempre boca arriba, tironeado por los cuatro acólitos que lo llevaban por el pasadizo. Los portadores de antorchas iban adelante, alumbrando vagamente el corredor de paredes mojadas y techo tan bajo que los acólitos debían agachar la cabeza. Ahora lo llevaban, lo llevaban, era el final. Boca arriba, a un metro del techo de roca viva que por momentos se iluminaba con un reflejo de antorcha. Cuando en vez del techo nacieran las estrellas y se alzara frente a él la escalinata incendiada de gritos y danzas, sería el fin. El pasadizo no acababa nunca, pero ya iba a acabar, de repente olería el aire libre lleno de estrellas, pero todavía no, andaban llevándolo sin fin en la penumbra roja, tironeándolo brutalmente, y él no quería, pero cómo impedirlo si le habían arrancado el amuleto que era su verdadero corazón, el centro de la vida.

Salió de un brinco a la noche del hospital, al alto cielo raso dulce, a la sombra blanda que lo rodeaba. Pensó que debía haber gritado, pero sus vecinos dormían callados. En la mesa de noche, la botella de agua tenía algo de burbuja, de imagen traslúcida contra la sombra azulada de los ventanales. Jadeó, buscando el alivio de los pulmones, el olvido de esas imágenes que seguían

[28] **cerrojos:** bolts
[29] **taparrabos:** loincloth

pegadas a sus párpados. Cada vez que cerraba los ojos las veía formarse instantáneamente, y se enderezaba aterrado pero gozando a la vez del saber que ahora estaba despierto, que la vigilia lo protegía, que pronto iba a amanecer, con el buen sueño profundo que se tiene a esa hora, sin imágenes, sin nada... Le costaba mantener los ojos abiertos, la modorra era más fuerte que él.

Hizo un último esfuerzo, con la mano sana esbozó un gesto hacia la botella de agua; no llegó a tomarla, sus dedos se cerraron en un vacío otra vez negro, y el pasadizo seguía interminable, roca tras roca, con súbitas fulguraciones rojizas, y él boca arriba gimió apagadamente porque el techo iba a acabarse,[30] subía, abriéndose como una boca de sombra, y los acólitos se enderezaban y de la altura una luna menguante le cayó en la cara donde los ojos no querían verla, desesperadamente se cerraban y abrían buscando pasar al otro lado, descubrir de nuevo el cielo raso protector de la sala. Y cada vez que se abrían era la noche y la luna mientras lo subían por la escalinata, ahora con la cabeza colgando hacia abajo, y en lo alto estaban las hogueras, las rojas columnas de humo perfumado, y de golpe vio la piedra roja,[31] brillante de sangre que chorreaba, y el vaivén de los pies del sacrificado que arrastraban para tirarlo rodando por las escalinatas del norte.[32] Con una última esperanza apretó los párpados, gimiendo por despertar. Durante un segundo creyó que lo lograría, porque otra vez estaba inmóvil en la cama, a salvo del balanceo cabeza abajo. Pero olía la muerte, y cuando abrió los ojos vio la figura ensangrentada del sacrificador que venía hacia él con el cuchillo de piedra en la mano. Alcanzó a cerrar otra vez los párpados, aunque ahora sabía que no iba a despertarse, que estaba despierto, que el sueño maravilloso había sido el otro, absurdo como todos los sueños; un sueño en el que había andado por extrañas avenidas de una ciudad asombrosa, con luces verdes y rojas que ardían sin llama ni humo, con un enorme insecto de

---

[30] **porque ... acabarse:** because the roof was about to end, i.e., he was about to be brought out under the stars for the sacrifice

[31] **la piedra roja:** the sacrificial stone at the summit of the temple

[32] **tirarlo ... norte:** The remains of the sacrificed victims were thrown down the steps of the temple.

metal que zumbaba bajo sus piernas. En la mentira infinita de ese sueño también lo habían alzado del suelo, también alguien se le había acercado con un cuchillo en la mano, a él tendido boca arriba, a él boca arriba con los ojos cerrados entre las hogueras.

CUESTIONARIO

1. ¿Dónde ocurrió el accidente?

2. ¿Tenía la culpa el hombre?

3. ¿Fueron graves las heridas?

4. ¿Cuáles fueron las impresiones del hombre al ser operado?

5. Describa los olores que el hombre soñó.

6. ¿Quiénes acosaron al hombre en su sueño?

7. ¿Fue vencido el hombre en la guerra florida?

8. ¿Dónde se encontró el hombre en su sueño, después de ser prendido?

9. ¿Se creía condenado el hombre?

10. ¿Qué es lo que vio el hombre al final?

PREGUNTA GENERAL

En este cuento la vida ancestral y la vida contemporánea funcionan contrapuntísticamente como dos aspectos de la misma experiencia mítica. ¿Cómo maneja el autor los dos niveles en el cuento?

Las babas del diablo

Nunca se sabrá cómo hay que contar esto, si en primera persona o en segunda, usando la tercera del plural o inventando continuamente formas que no servirán de nada. Si se pudiera decir: yo vieron subir la luna, o: nos me duele el fondo de los ojos, y sobre todo así: tú la mujer rubia eran las nubes que siguen corriendo delante de mis tus sus nuestros vuestros sus rostros. Qué diablos.

Puestos a contar, si se pudiera ir a beber un bock por ahí y que la máquina siguiera sola[1] (porque escribo a máquina), sería la perfección. Y no es un modo de decir. La perfección, sí, porque aquí el agujero que hay que contar es también una máquina (de otra especie, una Cóntax 1.1.2) y a lo mejor puede ser que una máquina sepa más de otra máquina que yo, tú, ella —la mujer rubia— y las nubes. Pero de tonto sólo tengo la suerte,[2] y sé que si me voy, esta Rémington se quedará petrificada sobre la mesa con ese aire de doblemente quietas que tienen las cosas movibles cuando no se mueven. Entonces tengo que escribir. Uno de todos nosotros tiene que escribir, si es que esto va a ser

[1] **que . . . sola:** if the typewriter would go by itself
[2] **Pero . . . suerte:** But I have only the luck of a fool

contado. Mejor que sea yo que estoy muerto, que estoy menos comprometido que el resto; yo que no veo más que las nubes y puedo pensar sin distraerme, escribir sin distraerme (ahí pasa otra, con un borde gris) y acordarme sin distraerme, yo que estoy muerto (y vivo, no se trata de engañar a nadie, ya se verá cuando llegue el momento, porque de alguna manera tengo que arrancar y he empezado por esta punta, la de atrás, la del comienzo, que al fin y al cabo es la mejor de las puntas cuando se quiere contar algo).

De repente me pregunto por qué tengo que contar esto, pero si uno empezara a preguntarse por qué hace todo lo que hace, si uno se preguntara solamente por qué acepta una invitación a cenar (ahora pasa una paloma, y me parece que un gorrión) o por qué cuando alguien nos ha contado un buen cuento, en seguida empieza como una cosquilla en el estómago y no se está tranquilo hasta entrar en la oficina de al lado y contar a su vez el cuento; recién entonces uno está bien, está contento y puede volverse a su trabajo. Que yo sepa[3] nadie ha explicado esto, de manera que lo mejor es dejarse de pudores[4] y contar, porque al fin y al cabo nadie se avergüenza de respirar o de ponerse los zapatos; son cosas que se hacen, y cuando pasa algo raro, cuando dentro del zapato encontramos una araña o al respirar se siente como un vidrio roto, entonces hay que contar lo que pasa, contarlo a los muchachos de la oficina o al médico. Ay, doctor, cada vez que respiro... Siempre contarlo, siempre quitarse esa cosquilla molesta del estómago.

Y ya que vamos a contarlo pongamos un poco de orden, bajemos por la escalera de esta casa hasta el domingo siete de noviembre, justo un mes atrás. Uno baja cinco pisos y ya está en el domingo, con un sol insospechado para noviembre en París con muchísimas ganas de andar por ahí, de ver cosas, de sacar fotos (porque éramos fotógrafos, soy fotógrafo). Ya sé que lo más difícil va a ser encontrar la manera de contarlo, y no tengo miedo de repetirme. Va a ser difícil porque nadie sabe bien quién es el que verdaderamente está contando, si soy yo o eso que ha ocurrido, o lo que estoy viendo (nubes, y a veces una paloma) o

[3] **Que yo sepa:** As far as I know
[4] **dejarse de pudores:** leave decorum aside

si sencillamente cuento una verdad que es solamente mi verdad, y entonces no es la verdad salvo para mi estómago, para estas ganas de salir corriendo y acabar de alguna manera con esto, sea lo que fuere.[5]

Vamos a contarlo despacio, ya se irá viendo qué ocurre a medida que lo escribo. Si me sustituyen, si ya no sé qué decir, si se acaban las nubes y empieza alguna otra cosa (porque no puede ser que esto sea estar viendo continuamente nubes que pasan, y a veces una paloma), si algo de todo eso... Y después del "si", ¿qué voy a poner, cómo voy a clausurar correctamente la oración? Pero si empiezo a hacer preguntas no contaré nada; mejor contar, quizá contar sea como una respuesta,[6] por lo menos para alguno que lo lea.

Roberto Michel,[7] franco-chileno, traductor y fotógrafo aficionado a sus horas,[8] salió del número 11 de la rue Monsieur-le-Prince el domingo siete de noviembre del año en curso (ahora pasan dos más pequeñas, con los bordes plateados). Llevaba tres semanas trabajando en la versión al francés del tratado sobre recusaciones y recursos de José Norberto Allende, profesor en la universidad de Santiago. Es raro que haya viento en París, y mucho menos un viento que en las esquinas se arremolinaba y subía castigando las viejas persianas de madera tras de las cuales sorprendidas señoras comentaban de diversas maneras la inestabilidad del tiempo en estos últimos años. Pero el sol estaba también ahí, cabalgando el viento y amigo de los gatos, por lo cual nada me impediría dar una vuelta por los muelles del Sena[9] y sacar unas fotos de la Conserjería[10] y la Sainte-Chapelle.[11] Eran apenas las diez, y calculé que hacia las once tendría buena luz, la mejor posible en otoño; para perder tiempo derivé hasta la isla Saint-Louis[12] y me puse a andar por el Quai d'Anjou, miré

[5] **sea ... fuere:** whatever it may be
[6] **contar ... respuesta:** telling might be something like an answer
[7] Note the switch from the first to the third person.
[8] **a sus horas:** in his spare time
[9] **Sena:** the River Seine
[10] **Conserjería:** Conciergerie, prison in the Palace of Justice
[11] **Sainte-Chapelle:** Chapel renowned as a masterpiece of thirteenth-century Gothic architecture
[12] **isla Saint-Louis:** island in the Seine behind Notre Dame cathedral

un rato el hotel de Lauzun, me recité unos fragmentos de Apollinaire[13] que siempre me vienen a la cabeza cuando paso delante del hotel de Lauzun (y eso que debería acordarme de otro poeta, pero Michel es un porfiado), y cuando de golpe cesó el viento y el sol se puso por lo menos dos veces más grande (quiero decir más tibio pero en realidad es lo mismo), me senté en el parapeto y me sentí terriblemente feliz en la mañana del domingo.

Entre las muchas maneras de combatir la nada, una de las mejores es sacar fotografías, actividad que debería enseñarse tempranamente a los niños pues exige disciplina, educación estética, buen ojo y dedos seguros. No se trata de estar acechando la mentira como cualquier repórter, y atrapar la estúpida silueta del personajón que sale del número 10 de Downing Street, pero de todas maneras cúando se anda con la cámara hay como el deber de estar atento, de no perder ese brusco y delicioso rebote de un rayo de sol en una vieja piedra, o la carrera trenzas al aire de una chiquilla que vuelve con un pan o una botella de leche. Michel sabía que el fotógrafo opera siempre como una permutación de su manera personal de ver el mundo por otra que la cámara le impone insidiosa (ahora pasa una gran nube casi negra), pero no desconfiaba, sabedor de que le bastaba salir sin la Cóntax para recuperar el tono distraído, la visión sin encuadre, la luz sin diafragma ni 1/250. Ahora mismo (qué palabra, *ahora,* qué estúpida mentira) podía quedarme sentado en el pretil sobre el río, mirando pasar las pinazas[14] negras y rojas, sin que se me ocurriera pensar fotográficamente las escenas, nada más que dejándome ir en el dejarse ir de las cosas, corriendo inmóvil con el tiempo. Y ya no soplaba viento.

Después seguí por el Quai de Bourbon hasta llegar a la punta de la isla, donde la íntima placita (íntima por pequeña y no por recatada, pues da todo el pecho al río y al cielo) me gusta y me regusta. No había más que una pareja y, claro, palomas; quizá alguna de las que ahora pasan por lo que estoy viendo. De un salto me instalé en el parapeto y me dejé envolver y atar por el sol, dándole la cara, las orejas, las dos manos (guardé los guantes

---

[13] **Apollinaire:** pen name of Guillaume de Kostrowitsky (1880–1918), French poet, author of *Alcools* and *Calligrammes*

[14] **pinazas:** motorboats

en el bolsillo). No tenía ganas de sacar fotos, y encendí un cigarrillo por hacer algo; creo que en el momento en que acercaba el fósforo al tabaco vi por primera vez al muchachito.

Lo que había tomado por una pareja se parecía mucho más a un chico con su madre, aunque al mismo tiempo me daba cuenta de que no era un chico con su madre, de que era una pareja en el sentido que damos siempre a las parejas cuando las vemos apoyadas en los parapetos o abrazadas en los bancos de las plazas. Como no tenía nada que hacer me sobraba tiempo para preguntarme por qué el muchachito estaba tan nervioso, tan como un potrillo o una liebre, metiendo las manos en los bolsillos, sacando en seguida una y después la otra, pasándose los dedos por el pelo, cambiando de postura, y sobre todo por qué tenía miedo, pues eso se lo adivinaba en cada gesto, un miedo sofocado por la vergüenza, un impulso de echarse atrás que se advertía como si su cuerpo estuviera al borde de la huida, conteniéndose en un último y lastimoso decoro.

Tan claro era todo eso, ahí a cinco metros —y estábamos solos contra el parapeto, en la punta de la isla— que al principio el miedo del chico no me dejó ver bien a la mujer rubia. Ahora, pensándolo, la veo mucho mejor en ese primer momento en que le leí la cara (de golpe había girado como una veleta de cobre, y los ojos, los ojos estaban ahí), cuando comprendí vagamente lo que podía estar ocurriéndole al chico y me dije que valía la pena quedarse y mirar (el viento se llevaba las palabras, los apenas murmullos). Creo que sé mirar, si es que algo sé, y que todo mirar rezuma falsedad, porque es lo que nos arroja más afuera de nosotros mismos, sin la menor garantía, en tanto que oler, o (pero Michel se bifurca fácilmente,[15] no hay que dejarlo que declame a gusto). De todas maneras, si de antemano se prevé la probable falsedad, mirar se vuelve posible; basta quizá elegir bien entre el mirar y lo mirado, desnudar a las cosas de tanta ropa ajena.[16] Y, claro, todo esto es más bien difícil.

Del chico recuerdo la imagen antes que el verdadero cuerpo (esto se entenderá después), mientras que ahora estoy seguro que de la mujer recuerdo mucho mejor su cuerpo que su imagen. Era

---

[15] **se bifurca facilmente:** gets off the track easily
[16] **desnudar . . . ajena:** strip things of all their unnecessary clothing

delgada y esbelta, dos palabras injustas para decir lo que era, y vestía un abrigo de piel casi negro, casi largo, casi hermoso. Todo el viento de esa mañana (ahora soplaba apenas, y no hacía frío) le había pasado por el pelo rubio que recortaba su cara blanca y sombría —dos palabras injustas— y dejaba al mundo de pie y horriblemente solo delante de sus ojos negros, sus ojos que caían sobre las cosas como dos águilas, dos saltos al vacío, dos ráfagas de fango verde. No describo nada, trato más bien de entender. Y he dicho dos ráfagas de fango verde.

Seamos justos, el chico estaba bastante bien vestido y llevaba unos guantes amarillos que yo hubiera jurado que eran de su hermano mayor, estudiante de derecho o ciencias sociales; era gracioso ver los dedos de los guantes saliendo del bolsillo de la chaqueta. Largo rato no le vi la cara, apenas un perfil nada tonto —pájaro azorado, ángel de Fra Filippo,[17] arroz con leche— y una espalda de adolescente que quiere hacer judo y que se ha peleado un par de veces por una idea o una hermana. Al filo de los catorce, quizá de los quince,[18] se lo adivinaba vestido y alimentado por sus padres pero sin un centavo en el bolsillo, teniendo que deliberar con los camaradas antes de decidirse por un café, un coñac, un atado[19] de cigarrillos. Andaría por las calles pensando en las condiscípulas, en lo bueno que sería ir al cine y ver la última película, o comprar novelas o corbatas o botellas de licor con etiquetas verdes y blancas. En su casa (su casa sería respetable, sería almuerzo a las doce y paisajes románticos en las paredes, con un oscuro recibimiento y un paragüero de caoba al lado de la puerta) llovería despacio el tiempo de estudiar, de ser la esperanza de mamá, de parecerse a papá, de escribir a la tía de Avignon. Por eso tanta calle, todo el río para él (pero sin un centavo) y la ciudad misteriosa de los quince años, con sus signos en las puertas, sus gatos estremecedores, el cartucho[20] de papas fritas a treinta francos, la revista pornográfica doblada en cuatro, la soledad como un vacío en los bolsillos, los encuentros felices, el fervor por tanta cosa incomprendida pero iluminada por

---

[17] **Fra Filippo:** Fra Filippo Lippi (1406–69), one of the foremost Florentine painters of the early Renaissance, noted for the sensuous beauty of his portraits
[18] **Al . . . quince:** Just turning fourteen or fifteen
[19] **atado:** pack
[20] **cartucho:** small paper container

un amor total, por la disponibilidad parecida al viento y a las calles.

Esta biografía era la del chico y la de cualquier chico, pero a éste lo veía ahora aislado, vuelto único por la presencia de la mujer rubia que seguía hablándole. (Me cansa insistir, pero acaban de pasar dos largas nubes desflecadas. Pienso que aquella mañana no miré ni una sola vez el cielo, porque tan pronto presentí lo que pasaba con el chico y la mujer no pude más que mirarlos y esperar, mirarlos y...) Resumiendo, el chico estaba inquieto y se podía adivinar sin mucho trabajo lo que acababa de ocurrir pocos minutos antes, a lo sumo media hora. El chico había llegado hasta la punta de la isla, vio a la mujer y la encontró admirable. La mujer esperaba eso porque estaba ahí para esperar eso, o quizá el chico llegó antes y ella lo vio desde un balcón o desde un auto, y salió a su encuentro, provocando el diálogo con cualquier cosa, segura desde el comienzo de que él iba a tenerle miedo y a querer escaparse, y que naturalmente se quedaría, engallado y hosco, fingiendo la veteranía[21] y el placer de la aventura. El resto era fácil porque estaba ocurriendo a cinco metros de mí y cualquiera hubiese podido medir las etapas del juego, la esgrima irrisoria;[22] su mayor encanto no era su presente sino la previsión del desenlace. El muchacho acabaría por pretextar una cita, una obligación cualquiera, y se alejaría tropezando y confundido, queriendo caminar con desenvoltura, desnudo bajo la mirada burlona que lo seguiría hasta el final. O bien se quedaría, fascinado o simplemente incapaz de tomar la iniciativa, y la mujer empezaría a acariciarle la cara, a despeinarlo, hablándole ya sin voz, y de pronto lo tomaría del brazo para llevárselo, a menos que él, con una desazón que quizá empezara a teñir el deseo,[23] el riesgo de la aventura, se animase a pasarle el brazo por la cintura y a besarla. Todo esto podía ocurrir pero aún no ocurría, y perversamente Michel esperaba, sentado en el pretil, aprontando casi sin darse cuenta la cámara para sacar una foto pintoresca en un rincón de la isla con una pareja nada común hablando y mirándose.

[21] **engallado . . . veteranía:** stiff and sullen, feigning experience
[22] **esgrima irrisoria:** derisive fencing
[23] **desazón . . . deseo:** uneasiness taking on the hue of desire

Curioso que la escena (la nada, casi: dos que están ahí, desigualmente jóvenes) tuviera como un aura inquietante. Pensé que eso lo ponía yo, y que mi foto, si la sacaba, restituiría las cosas a su tonta verdad. Me hubiera gustado saber qué pensaba el hombre del sombrero gris sentado al volante del auto detenido en el muelle que lleva a la pasarela, y que leía el diario o dormía. Acababa de descubrirlo, porque la gente dentro de un auto detenido casi desaparece, se pierde en esa mísera jaula privada de la belleza que le dan el movimiento y el peligro. Y sin embargo el auto había estado ahí todo el tiempo, formando parte (o deformando esa parte) de la isla. Un auto: como decir un farol de alumbrado, un banco de plaza. Nunca el viento, la luz del sol, esas materias siempre nuevas para la piel y los ojos, y también el chico y la mujer, únicos, puestos ahí para alterar la isla, para mostrármela de otra manera. En fin, bien podía suceder que también el hombre del diario estuviera atento a lo que pasaba y sintiera como yo ese regusto maligno de toda expectativa. Ahora la mujer había girado suavemente hasta poner al muchachito entre ella y el parapeto, los veía casi de perfil y él era más alto, pero no mucho más alto, y sin embargo ella lo sobraba, parecía como cernida sobre él (su risa, de repente, un látigo de plumas), aplastándolo con sólo estar ahí, sonreir, pasear una mano por el aire. ¿Por qué esperar más? Con un diafragma dieciséis, con un encuadre donde no entrara el horrible auto negro, pero sí ese árbol, necesario para quebrar un espacio demasiado gris...

Levanté la cámara, fingí estudiar un enfoque que no los incluía, y me quedé al acecho, seguro de que atraparía por fin el gesto revelador, la expresión que todo lo resume, la vida que el movimiento acompasa pero que una imagen rígida destruye al seccionar el tiempo, si no elegimos la imperceptible fracción esencial. No tuve que esperar mucho. La mujer avanzaba en su tarea de maniatar suavemente al chico, de quitarle fibra a fibra sus últimos restos de libertad, en una lentísima tortura deliciosa. Imaginé los finales posibles (ahora asoma una pequeña nube espumosa, casi sola en el cielo), preví la llegada a la casa (un piso bajo probablemente, que ella saturaría de almohadones y de gatos) y sospeché el azoramiento del chico y su decisión desesperada de disimularlo y de dejarse llevar fingiendo que nada le era nuevo. Cerrando los ojos, si es que los cerré, puse en orden la escena, los besos burlones, la mujer rechazando con dulzura las manos que pretendían desnudarla como en las novelas, en una cama que tendría un edredón lila,[24] y obligándolo en cambio a dejarse quitar la ropa, verdaderamente madre e hijo bajo una luz amarilla de opalinas, y todo acabaría como siempre, quizá, pero quizá todo fuera de otro modo, y la iniciación del adolescente no pasara, no la dejaran pasar, de un largo proemio donde las torpezas, las caricias exasperantes, la carrera de las manos se resolviera quién sabe en qué, en un placer por separado y solitario, en una petulante negativa mezclada con el arte de fatigar y desconcertar tanta inocencia lastimada. Podía ser así, podía muy bien ser así; aquella mujer no buscaba un amante en el chico, y a la vez se lo adueñaba para un fin imposible de entender si no lo imaginaba como un juego cruel, deseo de desear sin satisfacción, de excitarse para algún otro, alguien que de ninguna manera podía ser ese chico.

Michel es culpable de literatura, de fabricaciones irreales. Nada le gusta más que imaginar excepciones, individuos fuera de la especie, monstruos no siempre repugnantes. Pero esa mujer invitaba a la invención, dando quizá las claves suficientes para acertar con la verdad. Antes de que se fuera, y ahora que llenaría mi recuerdo durante muchos días, porque soy propenso a la rumia, decidí no perder un momento más. Metí todo en el visor (con el árbol, el pretil, el sol de las once) y tomé la foto. A tiempo para comprender que los dos se habían dado cuenta y que me estaban mirando, el chico sorprendido y como interrogante, pero ella irritada, resueltamente hostiles su cuerpo y su cara que se sabían robados, ignominiosamente presos en una pequeña imagen química.

Lo podría contar con mucho detalle pero no vale la pena. La mujer habló de que nadie tenía derecho a tomar una foto sin permiso, y exigió que le entregara el rollo de película. Todo esto con una voz seca y clara, de buen acento de París, que iba subiendo de color y de tono a cada frase. Por mi parte se me importaba muy poco darle o no el rollo de película, pero cualquiera que me conozca sabe que las cosas hay que pedírmelas por las

---

[24] **edredón lila:** lilac-colored quilt

buenas.[25] El resultado es que me limité a formular la opinion de que la fotografía no sólo no está prohibida en los lugares públicos sino que cuenta con el más decidido favor oficial y privado. Y mientras se lo decía gozaba socarronamente de cómo el chico se replegaba, se iba quedando atrás —con sólo no moverse— y de golpe (parecía casi increíble) se volvía y echaba a correr, creyendo el pobre que caminaba y en realidad huyendo a la carrera, pasando al lado del auto, perdiéndose como un hilo[26] de la Virgen en el aire de la mañana.

Pero los hilos de la Virgen se llaman también babas del diablo, y Michel tuvo que aguantar minuciosas imprecaciones, oirse llamar entrometido e imbécil, mientras se esmeraba deliberadamente en sonreir y declinar, con simples movimientos de cabeza, tanto envío barato.[27] Cuando empezaba a cansarme, oí golpear la portezuela de un auto. El hombre del sombrero gris estaba ahí, mirándonos. Sólo entonces comprendí que jugaba un papel en la comedia.

Empezó a caminar hacia nosotros, llevando en la mano el diario que había pretendido leer. De lo que mejor me acuerdo es de la mueca que le ladeaba la boca, le cubría la cara de arrugas, algo cambiaba de lugar y forma porque la boca le temblaba y la mueca iba de un lado a otro de los labios como una cosa independiente y viva, ajena a la voluntad. Pero todo el resto era fijo, payaso enharinado[28] u hombre sin sangre, con la piel apagada y seca, los ojos metidos en lo hondo y los agujeros de la nariz negros y visibles, más negros que las cejas o el pelo o la corbata negra. Caminaba cautelosamente, como si el pavimento le lastimara los pies; le vi zapatos de charol,[29] de suela tan delgada que debía acusar cada aspereza de la calle. No sé por qué me había bajado del pretil, no sé bien por qué decidí no darles la foto, negarme a esa exigencia en la que adivinaba miedo y cobardía. El payaso y la mujer se consultaban en silencio: hacíamos un perfecto triángulo insoportable, algo que tenía que

---

[25] **por las buenas:** in a pleasant manner
[26] **hilo:** thread of spit
[27] **envío barato:** desperate selling job
[28] **payaso enharinado:** clown with a flour-white face (as in a circus act)
[29] **zapatos de charol:** patent-leather shoes

romperse con un chasquido. Me les reí en la cara y eché a andar, supongo que un poco más despacio que el chico. A la altura de las primeras casas, del lado de la pasarela de hierro, me volví a mirarlos. No se movían, pero el hombre había dejado caer el diario; me pareció que la mujer, de espaldas al parapeto, paseaba las manos por la piedra, con el clásico y absurdo gesto del acosado que busca la salida.

Lo que sigue ocurrió aquí, casi ahora mismo, en una habitación de un quinto piso. Pasaron varios días antes de que Michel revelara las fotos del domingo; sus tomas de la Conserjería y de la Sainte-Chapelle eran lo que debían ser. Encontró dos o tres enfoques de prueba ya olvidados, una mala tentativa de atrapar un gato asombrosamente encaramado en el techo de un mingitorio callejero, y también la foto de la mujer rubia y el adolescente. El negativo era tan bueno que preparó una ampliación; la ampliación era tan buena que hizo otra mucho más grande, casi como un afiche.[30] No se le ocurrió (ahora se lo pregunta y se lo pregunta) que sólo las fotos de la Conserjería merecían tanto trabajo. De toda la serie, la instantánea en la punta de la isla era la única que le interesaba; fijó la ampliación en una pared del cuarto, y el primer día estuvo un rato mirándola y acordándose en esa operación comparativa y melancólica del recuerdo frente a la perdida realidad; recuerdo petrificado, como toda foto, donde nada faltaba, ni siquiera y sobre todo la nada, verdadera fijadora de la escena. Estaba la mujer, estaba el chico, rígido el árbol sobre sus cabezas, el cielo tan fijo como las piedras del parapeto, nubes y piedras confundidas en una sola materia inseparable (ahora pasa una con bordes afilados, corre como en una cabeza de tormenta). Los dos primeros días acepté lo que había hecho, desde la foto en sí hasta la ampliación en la pared, y no me pregunté siquiera por qué interrumpía a cada rato la traducción del tratado de José Norberto Allende para reencontrar la cara de la mujer, las manchas oscuras en el pretil. La primera sorpresa fue estúpida; nunca se me había ocurrido pensar que cuando miramos una foto de frente, los ojos repiten exactamente la posición y la visión del objetivo; son esas cosas que se dan por sentadas y que a nadie se

[30] **afiche:** poster

le ocurre considerar. Desde mi silla, con la máquina de escribir por delante, miraba la foto ahí a tres metros, y entonces se me ocurrió que me había instalado exactamente en el punto de mira del objetivo. Estaba muy bien así; sin duda era la manera más perfecta de apreciar una foto, aunque la visión en diagonal pudiera tener sus encantos y aun sus descubrimientos. Cada tantos minutos, por ejemplo cuando no encontraba la manera de decir en buen francés lo que José Alberto Allende decía en tan buen español, alzaba los ojos y miraba la foto; a veces me atraía la mujer, a veces el chico, a veces el pavimento donde una hoja seca se había situado admirablemente para valorizar un sector lateral. Entonces descansaba un rato de mi trabajo, y me incluía otra vez con gusto en aquella mañana que empapaba la foto, recordaba irónicamente la imagen colérica de la mujer reclamándome la fotografía, la fuga ridícula y patética del chico, la entrada en escena del hombre de la cara blanca. En el fondo estaba satisfecho de mí mismo; mi partida no había sido demasiado brillante, pues si a los franceses les ha sido dado el don de la pronta respuesta,[31] no veía bien por qué había optado por irme sin una acabada demostración de privilegios, prerrogativas y derechos ciudadanos. Lo importante, lo verdaderamente importante era haber ayudado al chico a escapar a tiempo (esto en caso de que mis teorías fueran exactas, lo que no estaba suficientemente probado, pero la fuga en sí parecía demostrarlo). De puro entrometido le había dado oportunidad de aprovechar al fin su miedo para algo útil; ahora estaría arrepentido, menoscabado, sintiéndose poco hombre. Mejor era eso que la compañía de una mujer capaz de mirar como lo miraban en la isla; Michel es puritano a ratos, cree que no se debe corromper por la fuerza.[32] En el fondo, aquella foto había sido una buena acción.

No por buena acción la miraba entre párrafo y párrafo de mi trabajo. En ese momento no sabía por qué la miraba, por qué había fijado la ampliación en la pared; quizá ocurra así con todos los actos fatales,[33] y sea esa la condición de su cumplimiento. Creo que el temblor casi furtivo de las hojas del árbol no me alarmó,

[31] **pues . . . respuesta:** since the French have the gift of answering back quickly
[32] **por la fuerza:** by force
[33] **actos fatales:** fated acts

que seguí una frase empezada y la terminé redonda.[34] Las costumbres son como grandes herbarios,[35] al fin y al cabo una ampliación de ochenta por sesenta se parece a una pantalla donde proyectan cine, donde en la punta de una isla una mujer habla con un chico y un árbol agita unas hojas secas sobre sus cabezas. Pero las manos ya eran demasiado. Acababa de escribir: *Donc, la seconde clé réside dans la nature intrinsèque des difficultés que les sociétés*[36]— y vi la mano de la mujer que empezaba a cerrarse despacio, dedo por dedo. De mí no quedó nada, una frase en francés que jamás habrá de terminarse, una máquina de escribir que cae al suelo, una silla que chirría y tiembla, una niebla. El chico había agachado la cabeza, como los boxeadores cuando no pueden más y esperan el golpe de desgracia; se había alzado el cuello del sobretodo, parecía más que nunca un prisionero, la perfecta víctima que ayuda a la catástrofe. Ahora la mujer le hablaba al oído, y la mano se abría otra vez para posarse en su mejilla, acariciarla y acariciarla, quemándola sin prisa. El chico estaba menos azorado que receloso, una o dos veces abisbó[37] por sobre el hombro de la mujer y ella seguía hablando, explicando algo que lo hacía mirar a cada momento hacia la zona donde Michel sabía muy bien que estaba el auto con el hombre del sombrero gris, cuidadosamente descartado en la fotografía pero reflejándose en los ojos del chico y (cómo dudarlo ahora) en las palabras de la mujer, en las manos de la mujer, en la presencia vicaria de la mujer. Cuando vi venir al hombre, detenerse cerca de ellos y mirarlos, las manos en los bolsillos y un aire entre hastiado y exigente, patrón que va a silbar a su perro después de los retozos en la plaza, comprendí, si eso era comprender, lo que tenía que pasar, lo que tenía que haber pasado, lo que hubiera tenido que pasar en ese momento, entre esa gente, ahí donde yo había llegado a trastrocar un orden, inocentemente inmiscuido en eso que no había pasado pero que ahora iba a pasar, ahora se iba a cumplir. Y lo que entonces había imaginado era mucho menos

---

[34] **seguí . . . redonda:** I was working on a sentence already begun and I finished it
[35] **herbarios:** herbariums
[36] **Donc . . . sociétés:** *French,* Thus, the second solution lies in the intrinsic nature of the difficulties that societies
[37] **abisbó:** looked askance

horrible que la realidad, esa mujer que no estaba ahí por ella misma, no acariciaba ni proponía ni alentaba para su placer, para llevarse al ángel despeinado y jugar con su terror y su gracia deseosa. El verdadero amo esperaba, sonriendo petulante, seguro ya de la obra; no era el primero que mandaba a una mujer a la vanguardia, a traerle los prisioneros maniatados con flores. El resto sería tan simple, el auto, una casa cualquiera, las bebidas, las láminas excitantes, las lágrimas demasiado tarde, el despertar en el infierno. Y yo no podía hacer nada, esta vez no podía hacer absolutamente nada. Mi fuerza había sido una fotografía, ésa, ahí, donde se vengaban de mí mostrándome sin disimulo lo que iba a suceder. La foto había sido tomada, el tiempo había corrido; estábamos tan lejos unos de otros, la corrupción seguramente consumada, las lágrimas vertidas, y el resto conjetura y tristeza. De pronto el orden se invertía, ellos estaban vivos, moviéndose, decidían y eran decididos, iban a su futuro; y yo desde este lado, prisionero de otro tiempo, de una habitación en un quinto piso, de no saber quiénes eran esa mujer, y ese hombre y ese niño, de ser nada más que la lente de mi cámara, algo rígido, incapaz de intervención. Me tiraban a la cara la burla más horrible, la de decidir frente a mi impotencia, la de que el chico mirara otra vez al payaso enharinado y yo comprendiera que iba a aceptar, que la propuesta contenía dinero o engaño, y que no podía gritarle que huyera, o simplemente facilitarle otra vez el camino con una nueva foto, una pequeña y casi humilde intervención que desbaratara el andamiaje de baba[38] y de perfume. Todo iba a resolverse allí mismo, en ese instante; había como un inmenso silencio que no tenía nada que ver con el silencio físico. Aquello se tendía, se armaba. Creo que grité, que grité terriblemente, y que en ese mismo segundo supe que empezaba a acercarme, diez centímetros, un paso, otro paso, el árbol giraba cadenciosamente sus ramas en primer plano, una mancha del pretil salía del cuadro, la cara de la mujer, vuelta hacia mí como sorprendida iba creciendo, y entonces giré un poco, quiero decir que la cámara giró un poco, y sin perder de vista a la mujer empezó a acercarse al hombre que me miraba con los agujeros negros que tenía en el sitio de los ojos, entre sorprendido y rabioso miraba queriendo

[38] **desbaratara . . . baba:** would destroy the framework of spittle

clavarme en el aire, y en ese instante alcancé a ver como un gran pájaro fuera de foco que pasaba de un solo vuelo delante de la imagen, y me apoyé en la pared de mi cuarto y fui feliz porque el chico acababa de escaparse, lo veía corriendo, otra vez en foco, huyendo con todo el pelo al viento, aprendiendo por fin a volar sobre la isla, a llegar a la pasarela, a volverse a la ciudad. Por segunda vez se les iba, por segunda vez yo lo ayudaba a escaparse, lo devolvía a su paraíso precario. Jadeando me quedé frente a ellos; no había necesidad de avanzar más, el juego estaba jugado. De la mujer se veía apenas un hombro y algo de pelo, brutalmente cortado por el cuadro de la imagen; pero de frente estaba el hombre, entreabierta la boca donde veía temblar una lengua negra, y levantaba lentamente las manos, acercándolas al primer plano, un instante aún en perfecto foco, y después todo él un bulto que borraba la isla, el árbol, y yo cerré los ojos y no quise mirar más, y me tapé la cara y rompí a llorar como un idiota.

Ahora pasa una gran nube blanca, como todos estos días, todo este tiempo incontable. Lo que queda por decir es siempre una nube, dos nubes, o largas horas de cielo perfectamente limpio, rectángulo purísimo clavado con alfileres en la pared de mi cuarto. Fue lo que vi al abrir los ojos y secármelos con los dedos: el cielo limpio, y después una nube que entraba por la izquierda, paseaba lentamente su gracia y se perdía por la derecha. Y luego otra, y a veces en cambio todo se pone gris, todo es una enorme nube, y de pronto restallan las salpicaduras de la lluvia, largo rato se ve llover sobre la imagen, como un llanto al revés, y poco a poco el cuadro se aclara, quizá sale el sol, y otra vez entran las nubes, de a dos, de a tres. Y las palomas, a veces, y uno que otro gorrión.

CUESTIONARIO

1. ¿Cómo muestra el narrador sus dudas sobre su propia capacidad de contar?

2. Según él, ¿qué es lo que un autor debe contar?

3. ¿Quién es el protagonista, y cuál es su profesión?

4. *¿Buscaba objetos para sus fotografías al azar?*
5. *¿Cómo apareció la pareja que vio el fotógrafo? Descríbala brevemente.*
6. *¿Cómo se reveló el chico?*
7. *¿Cómo fue la mujer?*
8. *¿Qué relación parecía que había entre los dos?*
9. *¿Qué es lo que quería capturar el fotógrafo cuando sacó la foto?*
10. *¿En qué sentido podemos describir la escena como "un juego cruel"?*
11. *¿Cómo reaccionó la mujer, después de que él sacó la fotografía?*
12. *¿Qué hizo con la foto?*
13. *¿De qué se dio cuenta al final del cuento?*

PREGUNTA GENERAL

¿Qué contraste hay entre la vida estática de la foto y la vida cronológica?

❋ ❋ ❋

Juan Rulfo

MEXICO · b. 1918

❀

Juan Rulfo has published two books: a novel and a collection of short stories. Compared with the more voluminous literary production of other writers, this might well be considered next to nothing, but thankfully, Rulfo is recognized to be a special case—a writer whose magic intensity and drama make each sentence seem a short story, each short story a fully developed novel, each novel a trilogy. Rulfo's two books have given him an undisputed and unique place in contemporary Latin-American literature. He must be understood not as a figure in a literary generation, nor as an exemplar of a certain mode of literature, but rather as a writer who has thrown literature to the winds and has listened instead to the voice of the consciousness of his people along with the voices that came forth out of his childhood, and whose works constitute a wonderfully rich conglomeration of nostalgia and memory that is as universal and as provincial as any folk tale.

Superficially, Rulfo's works seem part of the regionalist tradition which reached full force with the novels of the Mexican Revolution, but Ruljo is a much more private writer than his predecessors. His voice is the voice of the peasants of his native province of Jalisco. A thin man with haunting, bright eyes, he speaks to an interviewer about himself with the same telegraphic and mystical style which he uses to such startling effect in his stories and novels. "I was born in what is now a small village, an agglomeration that belongs to the district of Sayula. I don't know Sayula. I couldn't say what it's like. . . . My parents registered me there." * Jalisco, a region continually devastated by winds and heat, is for Rulfo the writer a land of the dead and the dying. Rulfo the man is obsessed with the dead. Little wonder that in his magnificent novel Pedro Páramo *all the characters are ghosts of a near but forgotten past.*

Rulfo is an avid genealogist of his own family. According to him, his first American ancestor came to the new world from the north of

* Harss and Dohmann, *op. cit.,* p. 248.

117

Spain around 1790. Rulfo lost his father in 1926 during the Cristeros revolt under President Plutarco Elías Calles; six years later his mother died. In spite of an abundance of Rulfos in the area, no one adopted him, and he was sent off to an orphanage. He became an accountant, moving to Mexico City in 1933. He studied law intermittently, worked for the Immigration Service, processed impounded German ships during World War II, and took a job with Goodrich Rubber from 1947 to 1954. During the late fifties he worked on television scripts and adaptations and since 1962 has been on the staff at the Instituto Indigenista, a government agency attempting to protect and integrate primitive Indian communities.

"I only know how to express myself in a very rudimentary way," says Rulfo laconically. He is right, and the limitation is a high virtue of his prose. Rulfo was a late starter in literature, a writer who found his own special voice only after a painful apprenticeship in other styles and techniques. He began writing about 1940 with an enormous novel that he later destroyed. He tells us that "the book was written in a somewhat rhetorical language that I was perfectly well aware of myself. That wasn't the way I wanted to say things. I started cutting down, working with simpler characters. Of course I went over to the opposite extreme, into complete simplicity. But that was because I was using characters like the country people of Jalisco, who speak a pure brand of sixteenth-century Spanish. Their vocabulary is very spare. In fact, they practically don't speak at all." * Rulfo's language reflects the inner man; it is frightening in its candor, its frugal and understated way of expressing the terrors and passions of country life. The language is magical in its seething intensity. Rulfo is a hard, tough writer, unique in his ability to get the spoken word onto the page, unadorned and unelaborated.

El llano en llamas (1953) is a collection of Rulfo's most famous stories; the five chosen here are from this collection. The stories portray a world of extraordinary fatalism. They speak of ruin and desolation, religious fanaticism, the guilt of the hunted and the avenging calculation of the oppressed, the tragedy of family life. His is an impersonal world where man can do little to change what has already been given to him. This detachment between man and society is not Rulfo's: his pity is all the more evident because he shows none at all toward anyone.

---

* Harss and Dohmann, *op. cit.,* p. 256.

Rulfo is a writer both bleak and heroic whose spirit is at times uncannily close to the ancient Greek tragedians.

Of the stories in this selection it is difficult to point out one over the other; they are all supremely eloquent and humane visions of the poor and the downtrodden. "Es que somos muy pobres" starts with the loss of a cow in a flood and ends with a sense of the doomed life that the dead cow represents for Tacha; it was to have been, after all, the dowry that would have made her eligible for a suitable marriage in a few years. "El hombre" is a series of dialogues at a distance between a fugitive and his pursuer that ends with a simple narrative touch: the death of the criminal is witnessed by an ignorant shepherd who tells his tale to the local authorities. "¡Diles que no me maten!" is a sharply etched portrait of fidelity and hate between fathers and sons. "Luvina," a purgatory on earth, is a town that will remind many readers of the curious intertwining of desolation and guilt that Camus described in his short novel The Fall. *And finally, another mortal battle between father and son: "No oyes ladrar los perros."*

Es que somos muy pobres

Aquí todo va de mal en peor. La semana pasada se murió mi tía Jacinta, y el sábado, cuando ya la habíamos enterrado y comenzaba a bajársenos la tristeza,[1] comenzó a llover como nunca. A mi papá eso le dio coraje, porque toda la cosecha de cebada estaba asoleándose en el solar.[2] Y el aguacero llegó de repente, en grandes olas de agua, sin darnos tiempo ni siquiera a esconder aunque fuera un manojo; lo único que pudimos hacer, todos los de mi casa, fue estarnos arrimados debajo del tejabán,[3] viendo cómo el agua fría que caía del cielo quemaba aquella cebada amarilla tan recién cortada.

Y apenas ayer, cuando mi hermana Tacha acababa de cumplir doce años, supimos que la vaca que mi papá le regaló para el día de su santo se la había llevado el río.

El río comenzó a crecer hace tres noches, a eso de la madrugada.[4] Yo estaba muy dormido y, sin embargo, el estruendo que traía el río al arrastrarse me hizo despertar en seguida y pegar

[1] **bajársenos la tristeza:** to cheer up, in effect
[2] **solar:** drying area for the wheat
[3] **tejabán:** roof
[4] **a . . . madrugada:** just at the break of day

121

el brinco de la cama[5] con mi cobija en la mano, como si hubiera creído que se estaba derrumbando el techo de mi casa. Pero después me volví a dormir, porque reconocí el sonido del río y porque ese sonido se fue haciendo iqual hasta traerme otra vez el sueño.

Cuando me levanté, la mañana estaba llena de nublazones y parecía que había seguido lloviendo sin parar. Se notaba en que el ruido del río era más fuerte y se oía más cerca. Se olía, como se huele una quemazón,[6] el olor a podrido[7] del agua revuelta.

A la hora en que me fui a asomar,[8] el río ya había perdido sus orillas. Iba subiendo poco a poco por la calle real, y estaba metiéndose a toda prisa en la casa de esa mujer que le dicen *la Tambora*. El chapaleo del agua se oía al entrar por el corral y al salir en grandes chorros por la puerta. *La Tambora* iba y venía caminando por lo que era ya un pedazo de río, echando a la calle sus gallinas para que se fueran a esconder a algún lugar donde no les llegara la corriente.

Y por el otro lado, por donde está el recodo, el río se debía de haber llevado, quién sabe desde cuándo, el tamarindo que estaba en el solar de mi tía Jacinta, porque ahora ya no se ve ningún tamarindo. Era el único que había en el pueblo, y por eso nomás[9] la gente se da cuenta de que la creciente esta que vemos[10] es la más grande de todas las que ha bajado el río en muchos años.

Mi hermana y yo volvimos a ir por la tarde a mirar aquel amontonadero de agua que cada vez se hace más espesa y oscura y que pasa ya muy por encima de donde debe estar el puente. Allí nos estuvimos horas y horas sin cansarnos viendo la cosa aquella. Después nos subimos por la barranca,[11] porque queríamos oir bien lo que decía la gente, pues abajo, junto al río, hay un gran ruidazal y sólo se ven las bocas de muchos que se

---

[5] **pegar . . . cama:** jump out of bed

[6] **quemazón:** brush fire

[7] **olor a podrido:** foul smell

[8] **me . . . asomar:** I went to look

[9] **por eso nomás:** from that alone

[10] **esta que vemos:** Note that the demonstrative adjective follows the noun, a typical Rulfian stylistic trait.

[11] **barranca:** side of the ravine

abren y se cierran y como que quieren decir algo; pero no se oye nada. Por eso nos subimos por la barranca, donde también hay gente mirando el río y contando los perjuicios que ha hecho. Allí fue donde supimos que el río se había llevado a *la Serpentina,* la vaca esa que era de mi hermana Tacha porque mi papá se la regaló para el día de su cumpleaños y que tenía una oreja blanca y otra colorada y muy bonitos ojos.

No acabo de saber por qué[12] se le ocurriría a *la Serpentina* pasar el río este, cuando sabía que no era el mismo río que ella conocía de a diario.[13] *La Serpentina* nunca fue tan atarantada.[14] Lo más seguro es que ha de haber[15] venido dormida para dejarse matar así nomás por nomás.[16] A mí muchas veces me tocó despertarla cuando le abría la puerta del corral, porque si no, de su cuenta, allí se hubiera estado el día entero con los ojos cerrados, bien quieta y suspirando, como se oye suspirar a las vacas cuando duermen.

Y aquí ha de haber sucedido eso de que se durmió.[17] Tal vez se le ocurrió despertar al sentir que el agua pesada le golpeaba las costillas. Tal vez entonces se asustó y trató de regresar; pero al volverse se encontró entreverada y acalambrada[18] entre aquella agua negra y dura como tierra corrediza. Tal vez bramó pidiendo que le ayudaran. Bramó como sólo Dios sabe cómo.

Yo le pregunté a un señor que vio cuando la arrastraba el río si no había visto también al becerrito que andaba con ella. Pero el hombre dijo que no sabía si lo había visto. Sólo dijo que la vaca manchada pasó patas arriba muy cerquita de donde él estaba y que allí dio una voltereta y luego no volvió a ver no los cuernos ni las patas ni ninguna señal de vaca. Por el río rodaban muchos troncos de árboles con todo y raíces y él estaba muy ocupado en sacar leña, de modo que no podía fijarse si eran animales o troncos los que arrastraba.

Nomás por eso, no sabemos si el becerro está vivo, o si se fue detrás de su madre río abajo. Si así fue, que Dios los ampare a los dos.

La apuración[19] que tienen en mi casa es lo que pueda suceder el día de mañana, ahora que mi hermana Tacha se quedó sin nada. Porque mi papá con muchos trabajos había conseguido a *la Serpentina,* desde que era una vaquilla, para dársela a mi hermana, con el fin de que ella tuviera un capitalito[20] y no se fuera a ir de piruja[21] como lo hicieron mis otras dos hermanas las más grandes.

Según mi papá, ellas se habían echado a perder[22] porque éramos muy pobres en mi casa y ellas eran muy retobadas.[23] Desde chiquillas ya eran rezongonas.[24] Y tan luego que[25] crecieron les dio por andar con hombres de lo peor, que les enseñaron cosas malas. Ellas aprendieron pronto y entendían muy bien los chiflidos, cuando las llamaban a altas horas[26] de la noche. Después salían hasta de día. Iban cada rato por agua al río y a veces, cuando uno menos se lo esperaba, allí estaban en el corral, revolcándose en el suelo, todas encueradas y cada una con un hombre trepado encima.[27]

Entonces mi papá las corrió[28] a las dos. Primero les aguantó todo lo que pudo; pero más tarde ya no pudo aguantarlas más y les dio carrera para la calle. Ellas se fueron para Ayutla o no sé para donde; pero andan de pirujas.

Por eso le entra la mortificación a mi papá, ahora por la Tacha, que no quiere vaya a resultar[29] como sus otras dos hermanas, al sentir que se quedó muy pobre viendo la falta de su vaca, viendo que ya no va a tener con qué entretenerse mientras le da por

---

[19] **apuración:** anguish
[20] **capitalito:** small dowry
[21] **ir de piruja:** become a prostitute
[22] **ellas . . . perder:** they turned bad
[23] **retobadas:** unruly
[24] **rezongonas:** sassy
[25] **tan luego que:** just as soon as
[26] **altas horas:** late hours
[27] **encima:** on top of her
[28] **las corrió:** threw them out
[29] **resultar:** turn out to be

crecer[30] y pueda casarse con un hombre bueno, que la pueda querer para siempre. Y eso ahora va a estar difícil. Con la vaca era distinto, pues no hubiera faltado quién se hiciera el ánimo de casarse con ella,[31] sólo por llevarse también aquella vaca tan bonita.

La única esperanza que nos queda es que el becerro esté todavía vivo. Ojalá no se le haya ocurrido pasar el río detrás de su madre. Porque si así fue, mi hermana Tacha está tantito así de retirado[32] de hacerse piruja. Y mamá no quiere.

Mi mamá no sabe por qué Dios la ha castigado tanto al darle unas hijas de ese modo, cuando en su familia, desde su abuela para acá,[33] nunca ha habido gente mala. Todos fueron criados en el temor de Dios y eran muy obedientes y no le cometían irreverencias a nadie. Todos fueron por el estilo.[34] Quién sabe de dónde les vendría a ese par de hijas suyas aquel mal ejemplo. Ella no se acuerda. Le da vuelta a todos sus recuerdos y no ve claro dónde estuvo su mal o el pecado de nacerle una hija tras otra con la misma mala costumbre. No se acuerda. Y cada vez que piensa en ellas, llora y dice: "Que Dios las ampare a las dos."

Pero mi papá alega que aquello ya no tiene remedio. La peligrosa es la que queda aquí, la Tacha, que va como palo de ocote crece y crece[35] y que ya tiene unos comienzos de senos que prometen ser como los de sus hermanas: puntiagudos y altos y medio alborotados para llamar la atención.

—Sí —dice—, la llenará los ojos a cualquiera donde quiera que la vean. Y acabará mal; como que estoy viendo que acabará mal.

Ésa es la mortificación de mi papá.

Y Tacha llora al sentir que su vaca no volverá porque se la ha matado el río. Está aquí, a mi lado, con su vestido color de rosa, mirando el río desde la barranca y sin dejar de llorar. Por su cara

[30] **mientras . . . crecer:** while she grows up

[31] **pues . . . ella:** since there would always have been someone willing to marry her

[32] **así de retirado:** just a short distance away

[33] **desde . . . acá:** from her grandmother on down

[34] **por el estilo:** just like them

[35] **va . . . crece:** keeps on growing like a pine tree

corren chorretes de agua sucia como si el río se hubiera metido dentro de ella.

Yo la abrazo tratando de consolarla, pero ella no entiende. Llora con más ganas. De su boca sale un ruido semejante al que se arrastra por las orillas del río, que la hace temblar y sacudirse todita, y, mientras, la creciente sigue subiendo. El sabor a podrido que viene de allá salpica la cara mojada de Tacha y los dos pechitos de ella se mueven de arriba abajo, sin parar, como si de repente comenzaran a hincharse para empezar a trabajar por su perdición.

CUESTIONARIO

1. Dos acontecimientos marcan el dramatismo del primer párrafo. ¿Cómo es que, según el narrador, "Aquí todo va de mal en peor"?

2. ¿Cómo se sabía que el río iba creciendo durante la noche?

3. Después de que el río perdió sus orillas, ¿qué hizo la mujer llamada la Tambora para proteger sus gallinas?

4. ¿Cómo se explica la pérdida de la vaca la Serpentina?

5. ¿Por qué le importaba la vaca a la hermana Tacha?

6. Según el padre, ¿qué había pasado a las otras hermanas?

7. Según la madre, ¿tenía ella la culpa por la mala vida de sus hijas?

8. ¿Qué significado metafórico tiene la frase siguiente? "Por su cara corren chorretes de agua sucia como si el río se hubiera metido dentro de ella."

9. ¿Se sintió condenada Tacha al ver que la vaca se había perdido?

10. Descríbase brevemente la estructura social que se puede entrever en este cuento.

PREGUNTA GENERAL

En el mundo de Rulfo, los animales valen tanto, y a veces, aun más que los hombres. Discuta brevemente esta ironía fundamental.

El hombre

Los pies del hombre se hundieron en la arena, dejando una huella sin forma, como si fuera la pezuña de algún animal. Treparon sobre las piedras, engarruñándose[1] al sentir la inclinación de la subida, luego caminaron hacia arriba, buscando el horizonte.

"Pies planos —dijo el que lo seguía—. Y un dedo de menos.[2] Le falta el dedo gordo[3] en el pie izquierdo. No abundan fulanos con estas señas. Así que será fácil."

La vereda subía, entre yerbas, llena de espinas y de malasmujeres. Parecía un camino de hormigas de tan angosto.[4] Subía sin rodeos hacia el cielo. Se perdía allá y luego volvía a aparecer más lejos, bajo un cielo más lejano.

Los pies siguieron la vereda, sin desviarse. El hombre caminó apoyándose en los callos de sus talones,[5] raspando las piedras con

[1] **engarruñándose:** digging in
[2] **dedo de menos:** toe missing
[3] **dedo gordo:** big toe
[4] **La . . . angosto:** Between patches of weeds, the path sloped up, thorns and thistles everywhere. Being so narrow, it seemed like an ant's path.
[5] **callos . . . talones:** calluses on his heels

las uñas de sus pies, rasguñándose los brazos, deteniéndose en cada horizonte para medir su fin:[6] *"No el mío, sino el de él"*, dijo. Y volvió la cabeza para ver quién había hablado. Ni una gota de aire, sólo el eco de su ruido entre las ramas rotas. Desvanecido a fuerza de ir a tientas, calculando sus pasos, aguantando hasta la respiración: *"Voy a lo que voy"*,[7] volvió a decir. Y supo que era él el que hablaba.

"Subió por aquí, rastrillando el monte —dijo el que lo perseguía—. Cortó las ramas con un machete. Se conoce[8] que lo arrastraba el ansia. Y el ansia deja huellas siempre. Eso lo perderá." [9]

Comenzó a perder el ánimo cuando las horas se alargaron y detrás de un horizonte estaba otro y el cerro por donde subía no terminaba. Sacó el machete y cortó las ramas duras como raíces y tronchó la yerba desde la raíz. Mascó un gargajo mugroso[10] y lo arrojó a la tierra con coraje. Se chupó los dientes y volvió a escupir. El cielo estaba tranquilo allá arriba, quieto, trasluciendo sus nubes entre la silueta de los palos guajes,[11] sin hojas. No era tiempo de hojas. Era ese tiempo seco y roñoso de espinas y de espigas secas y silvestres. Golpeaba con ansia sobre los matojos[12] con el machete: *"Se amellará con este trabajito, más te vale dejar en paz las cosas."* [13]

Oyó allá atrás su propia voz.

"Lo señaló su propio coraje —dijo el perseguidor—. Él ha dicho quién es, ahora sólo falta saber dónde está. Terminaré de subir por donde subió, después bajaré por donde bajó rastreándolo hasta cansarlo. Y donde yo me detenga, allí estará. Se arrodillará y me pedirá perdón. Y yo le dejaré ir un balazo en la nuca... Eso sucederá cuando yo te encuentre."

Llegó al final. Sólo en puro cielo, cenizo, medio quemado por la nublazón de la noche. La tierra se había caído para el otro

---

[6] **medir su fin:** calculate his goal or, metaphorically, his death

[7] **Voy . . . voy:** I know what I'm after

[8] **Se conoce:** Anyone could tell

[9] **Eso lo perderá:** That will finish him.

[10] **gargajo mugroso:** dirty phlegm

[11] **palos guajes:** acacia trees

[12] **matojos:** thickets

[13] *Se . . . cosas:* The knife will get dull with this work; best to leave things as they are.

lado. Miró la casa enfrente de él, de la que salía el último humo del rescoldo. Se enterró en la tierra blanda, recién removida. Tocó la puerta sin querer, con el mango del machete. Un perro llegó y le lamió las rodillas, otro más corrió a su alrededor moviendo la cola. Entonces empujó la puerta sólo cerrada a la noche.

El que lo perseguía dijo: "Hizo un buen trabajo. Ni siquiera los despertó. Debió llegar a eso de la una, cuando el sueño es más pesado, cuando comienzan los sueños; después del 'Descansen en paz', cuando se suelta la vida en manos de la noche y cuando el cansancio del cuerpo raspa las cuerdas de la desconfianza y las rompe."

"No debí matarlos a todos —dijo el hombre—. *Al menos no a todos."* Eso fue lo que dijo.

La madrugada estaba gris, llena de aire frío. Bajó hacia el otro lado, resbalándose por el zacatal.[14] Soltó el machete que llevaba todavía apretado en la mano cuando el frío le entumeció las manos. Lo dejó allí. Lo vio brillar como un pedazo de culebra sin vida, entre las espigas secas.

El hombre bajó buscando el río, abriendo una nueva brecha entre el monte.

Muy abajo el río corre mullendo sus aguas entre sabinos[15] florecidos; meciendo su espesa corriente en silencio. Camina y da vueltas sobre sí mismo. Va y viene como una serpentina enroscada sobre la tierra verde. No hace ruido. Uno podría dormir allí, junto a él, y alguien oiría la respiración de uno, pero no la del río. La yedra[16] baja desde los altos sabinos y se hunde en el agua, junta sus manos y forma telarañas que el río no deshace en ningún tiempo.

El hombre encontró la línea del río por el color amarillo de los sabinos. No lo oía. Sólo lo veía retorcerse bajo las sombras. Vio venir las chachalacas.[17] La tarde anterior se habían ido siguiendo el sol, volando en parvadas detrás de la luz. Ahora el sol estaba por salir y ellas regresaban de nuevo.

Se persignó hasta tres veces. "Discúlpenme", les dijo. Y co-

[14] **zacatal:** tall grass
[15] **sabinos:** cypresses
[16] **yedra:** ivy
[17] **chachalacas:** birds of the grouse family

menzó su tarea. Cuando llegó al tercero, le salían chorretes de lágrimas. O tal vez era sudor. Cuesta trabajo matar. El cuero es correoso. Se defiende aunque se haga a la resignación. Y el machete estaba mellado:[18] "Ustedes me han de perdonar", volvió a decirles.

"Se sentó en la arena de la playa —eso dijo el que lo perseguía—. Se sentó aquí y no se movió por un largo rato. Esperó a que despejaran las nubes. Pero el sol no salió ese día, ni al siguiente. Me acuerdo. Fue el domingo aquel en que se me murió el recién nacido y fuimos a enterrarlo. No teníamos tristeza, sólo tengo memoria de que el cielo estaba gris y de que las flores que llevamos estaban desteñidas y marchitas como si sintieran la falta del sol."

"El hombre ese se quedó aquí, esperando. Allí estaban sus huellas: el nido que hizo junto a los matorrales;[19] el calor de su cuerpo abriendo un pozo en la tierra húmeda."

"No debí haberme salido de la vereda —pensó el hombre—. Por allá ya hubiera llegado. Pero es peligroso caminar por donde todos caminan, sobre todo llevando este peso que yo llevo. Este peso se ha de ver por cualquier ojo que me mire; se ha de ver como si fuera una hinchazón rara. Yo así lo siento. Cuando sentí que me había cortado un dedo, la gente lo vio y yo no, hasta después. Así ahora, aunque no quiera, tengo que tener alguna señal. Así lo siento, por el peso, o tal vez el esfuerzo me cansó." Luego añadió: *"No debí matarlos a todos; me hubiera conformado con el que tenía que matar; pero estaba oscuro y los bultos eran iguales... Después de todo, así de a muchos[20] les costará menos el entierro."*

"Te cansarás primero que yo. Llegaré adonde quieres llegar antes que tú estés allí —dijo el que iba detrás de él—. Me sé de memoria tus intenciones, quién eres y de dónde eres y adónde vas. Llegaré antes que tú llegues."

"Éste no es el lugar —dijo el hombre al ver el río—. Lo cruzaré aquí y luego más allá y quizá salga a la misma orilla. Tengo que estar al otro lado, donde no me conocen, donde

[18] **mellado:** dull
[19] **matorrales:** underbrush
[20] *de a muchos:* in quantity

nunca he estado y nadie sabe de mí; luego caminaré derecho, hasta llegar. De allí nadie me sacará nunca."

Pasaron más parvadas de chachalacas, graznando con gritos que ensordecían.

"Caminaré más abajo. Aquí el río se hace un enredijo y puede devolverme a donde no quiero regresar."

"Nadie te hará daño nunca, hijo. Estoy aquí para protegerte. Por eso nací antes que tú y mis huesos se endurecieron primero que los tuyos."

Oía su voz, su propia voz, saliendo despacio de su boca. La sentía sonar como una cosa falsa y sin sentido.

¿Por qué habría dicho aquello? Ahora su hijo se estaría burlando de él. O tal vez no. "Tal vez esté lleno de rencor conmigo por haberlo dejado solo en nuestra última hora. Porque era también la mía; era únicamente la mía. Él vino por mí. No los buscaba a ustedes, simplemente era yo el final de su viaje, la cara que él soñaba ver muerta, restregada contra el lodo, pateada y pisoteada hasta la desfiguración. Igual que lo que yo hice con su hermano; pero lo hice cara a cara, José Alcancía, frente a él y frente a ti y tú nomás llorabas y temblabas de miedo. Desde entonces supe quién eras y cómo vendrías a buscarme. Te esperé un mes, despierto de día y de noche, sabiendo que llegarías a rastras,[21] escondido como una mala víbora. Y llegaste tarde. Y yo también llegué tarde. Llegué detrás de ti. Me entretuvo[22] el entierro del recién nacido. Ahora entiendo. Ahora entiendo por qué se me marchitaron las flores en la mano."

"No debí matarlos a todos —iba pensando el hombre—. *No valía la pena echarme ese tercio[23] tan pesado en mi espalda. Los muertos pesan más que los vivos; lo aplastan a uno. Debía de haberlos tentaleado de uno por uno hasta dar con él; lo hubiera conocido por el bigote; aunque estaba oscuro hubiera sabido dónde pegarle antes que se levantara... Después de todo, así estuvo mejor. Nadie los llorará y yo viviré en paz. La cosa es encontrar el paso para irme de aquí antes que me agarre la noche."*

---

[21] **a rastras:** on hands and knees
[22] **Me entretuvo:** I was delayed by
[23] *tercio:* burden

El hombre entró a la angostura del río por la tarde. El sol no había salido en todo el día, pero la luz se había borneado, volteando las sombras; por eso supo que era después del mediodía. "Estás atrapado —dijo el que iba detrás de él y que ahora estaba sentado a la orilla del río—. Te has metido en un atolladero. Primero haciendo tu fechoría y ahora yendo hacia los cajones, hacia tu propio cajón. No tiene caso²⁴ que te siga hasta allá. Tendrás que regresar en cuanto te veas encañonado. Te esperaré aquí. Aprovecharé el tiempo para medir la puntería, para saber dónde te voy a colocar la bala. Tengo paciencia y tú no la tienes, así que ésa es mi ventaja. Tengo mi corazón que resbala y da vueltas en su propia sangre, y el tuyo está desbaratado, revenido y lleno de pudrición. Ésa es también mi ventaja. Mañana estarás muerto, o tal vez pasado mañana o dentro de ocho días. No importa el tiempo. Tengo paciencia."

El hombre vio que el río se encajonaba entre altas paredes y se detuvo. "*Tendré que regresar*", dijo.

El río en estos lugares es ancho y hondo y no tropieza con ninguna piedra. Se resbala en un cauce como de aceite espeso y sucio. Y de vez en cuando se traga alguna rama en sus remolinos, sorbiéndola sin que se oiga ningún quejido.

"Hijo —dijo el que estaba sentado esperando—: no tiene caso que te diga que el que te mató está muerto desde ahora. ¿Acaso yo ganaré algo con eso? La cosa es que yo no estuve contigo. ¿De qué sirve explicar nada? No estaba contigo. Eso es todo. Ni con ella. Ni con él. No estaba con nadie; porque el recién nacido no me dejó ninguna señal de recuerdo."

El hombre recorrió un largo tramo río arriba.

En la cabeza le rebotaban burbujas de sangre. "*Creí que el primero iba a despertar a los demás con su estertor, por eso me di prisa.*" "*Discúlpenme la apuración*",²⁵ les dijo. Y después sintió que el gorgoreo aquel era igual al ronquido de la gente dormida; por eso se puso tan en calma cuando salió a la noche de afuera, al frío de aquella noche nublada.

*

²⁴ **No tiene caso:** It doesn't make any sense
²⁵ **Discúlpenme la apuración:** Sorry to do this so fast

Parecía venir huyendo.[26] Traía una porción de lodo en las zancas, que ya ni se sabía cuál era el color de sus pantalones. Lo vi desde que se zambulló en el río. Apechugó el cuerpo y luego se dejó ir corriente abajo, sin manotear, como si caminara pisando en el fondo. Después rebalsó la orilla y puso sus trapos a secar. Lo vi que temblaba de frío. Hacía aire y estaba nublado.

Me estuve asomando desde el boquete de la cerca donde me tenía el patrón al encargo de sus borregos. Volvía y miraba a aquel hombre sin que él se maliciara que alguien lo estaba espiando.

Se apalancó en sus brazos y se estuvo estirando y aflojando su humanidad,[27] dejando orear el cuerpo para que se secara. Luego se enjaretó[28] la camisa y los pantalones agujerados. Vi que no traía machete ni ningún arma. Sólo la pura funda que le colgaba de la cintura, huérfana.[29]

Miró y remiró para todos lados y se fue. Y ya iba yo a enderezarme para arriar mis borregos, cuando lo vi volver con la misma traza de desorientado.

Se metió otra vez al río, en el brazo de en medio, de regreso.[30] "¿Qué trairá este hombre?"[31] me pregunté.

Y nada. Se echó de vuelta al río y la corriente se soltó zangoloteándolo como un reguilete,[32] y hasta por poco y se ahoga. Dio muchos manotazos y por fin no pudo pasar y salió allá abajo, echando buches de agua hasta desentriparse.[33]

Volvió a hacer la operación de secarse en pelota y luego arrendó río arriba por el rumbo de donde había venido.

Que me lo dieran ahorita.[34] De saber[35] lo que había hecho

[26] A shepherd speaks—A. C.
[27] **Se . . . humanidad:** He waved his arms and stretched and relaxed his whole body
[28] **se enjaretó:** he put on
[29] **huérfana:** empty (refers to the holster)
[30] **en . . . regreso:** into the middle inlet, on the way back
[31] **¿Qué . . . hombre?:** What's he up to?
[32] **zangoloteándolo . . . reguilete:** bouncing him around like a shuttlecock
[33] **desentriparse:** throwing his guts up
[34] **Que . . . ahorita:** I wish he were here now.
[35] **De saber:** If I had only known

lo hubiera apachurrado a pedradas[36] y ni siquiera me entraría el remordimiento.

Ya lo decía yo que era un jüilón.[37] Con sólo verle la cara. Pero no soy adivino, señor licenciado. Sólo soy un cuidador de borregos y hasta si usted quiere algo miedoso cuando da la ocasión. Aunque, como usted dice, lo pude muy bien agarrar desprevenido y una pedrada bien dada en la cabeza lo hubiera dejado allí tieso. Usted ni quién se lo quite que tiene la razón.[38]

Eso que me cuenta de todas las muertes que debía y que acababa de efectuar, no me lo perdono. Me gusta matar matones, créame usted. No es la costumbre; pero se ha de sentir sabroso[39] ayudarle a Dios a acabar con esos hijos del mal.

La cosa es que no todo quedó allí.[40] Lo vi venir de nueva cuenta al día siguiente. Pero yo todavía no sabía nada. ¡De haberlo sabido!

Lo vi venir más flaco que el día antes, con los güesos afuerita del pellejo, con la camisa rasgada. No creí que fuera él, así estaba de desconocido.

Lo conocí por el arrastre de sus ojos:[41] medio duros, como que lastimaban. Lo vi beber agua y luego hacer buches como quien está enjuagándose la boca; pero lo que pasaba era que se había tragado un buen puño de ajolotes, porque el charco donde se puso a sorber era bajito y estaba plagado de ajolotes. Debía de tener hambre.

Le vi los ojos, que eran dos agujeros oscuros como de cueva.

Se me arrimó[42] y me dijo: "¿Son tuyas esas borregas?" Y yo le dije que no. "Son de quien las parió", eso le dije.

No le hizo gracia la cosa. Ni siquiera peló el diente.[43] Se pegó a la más ovachona[44] de mis borregas y con sus manos como tenazas le agarró las patas y le sorbió el pezón. Hasta acá se oían

---

[36] **apachurrado a pedradas:** flattened him out with a shower of stones
[37] **jüilón:** fugitive
[38] **Usted . . . razón:** You're right, no matter how you look at it.
[39] **se . . . sabroso:** one must feel contentment
[40] **La . . . allí:** But that wasn't the end of it.
[41] **arrastre . . . ojos:** the look in his eyes
[42] **Se me arrimó:** He came up to me
[43] **Ni . . . diente:** He didn't even crack a smile.
[44] **ovachona:** fattest

los balidos del animal; pero él no la soltaba, seguía chupe y chupe[45] hasta que se hastió de mamar. Con decirle[46] que tuve que echarle criolina en las ubres para que se le desinflamaran y no se le fueran a infestar los mordiscos que el hombre les había dado.

¿Dice usted que mató a toditita la familia de los Urquidi? De haberlo sabido lo atajo a puros leñazos.

Pero uno es ignorante. Uno vive remontado en el cerro, sin más trato que los borregos, y los borregos no saben de chismes.

Y al otro día se volvió a aparecer. Al llegar yo, llegó él. Y hasta entramos en amistad.

Me contó que no era de por aquí, que era de un lugar muy lejos; pero que no podía andar ya porque le fallaban las piernas: "Camino y camino y no ando nada. Se me doblan las piernas de la debilidad. Y mi tierra está lejos, más allá de aquellos cerros." Me contó que se había pasado dos días sin comer más que puros yerbajos.[47] Eso me dijo.

¿Dice usted que ni piedad le entró cuando mató a los familiares de los Urquidi? De haberlo sabido se habría quedado en juicio y con la boca abierta mientras estaba bebiéndose la leche de mis borregas.

Pero no parecía malo. Me contaba de su mujer y de sus chamacos. Y de lo lejos que estaban de él. Se sorbía los mocos[48] al acordarse de ellos.

Y estaba re[49] flaco, como trasijado. Todavía ayer se comió un pedazo de animal que se había muerto del relámpago. Parte amaneció comida de seguro por las hormigas arrieras y la parte que quedó él la tatemó en las brasas que yo prendía para calentarme las tortillas y le dio fin.[50] Ruñó los güesos hasta dejarlos pelones.

"El animalito murió de enfermedad", le dije yo.

Pero como si ni me oyera. Se lo tragó enterito. Tenía hambre.

Pero dice usted que acabó con la vida de esa gente. De haberlo

[45] **chupe y chupe:** kept on sucking
[46] **Con decirle:** It was so bad
[47] **yerbajos:** weeds
[48] **Se . . . mocos:** He sobbed
[49] **re:** very
[50] **Parte . . . fin:** Part of the animal I found that morning had been already eaten by the ants and the part that was left he roasted on the coals that I had lit up to warm my tortillas and he ate it up.

sabido. Lo que es ser ignorante y confiado. Yo no soy más que borreguero y de áhi en más no sé nada. ¡Con decirle que se comía mis mismas tortillas y que las embarraba[51] en mi mismo plato!

¿De modo que ora que vengo a decirle lo que sé, yo salgo encubridor? Pos ora sí.[52] ¿Y dice usted que me va a meter en la cárcel por esconder a ese individuo? Ni que yo fuera[53] el que mató a la familia esa. Yo sólo vengo a decirle que allí en un charco del río está un difunto. Y usted me alega que desde cuándo y cómo es y de qué modo es ese difunto. Y ora que yo se lo digo, salgo encubridor. Pos ora sí.

Créame usted, señor licenciado, que de haber sabido quién era aquel hombre no me hubiera faltado el modo de hacerlo perdedizo.[54] ¿Pero yo qué sabía? Yo no soy adivino. Él sólo me pedía de comer y me platicaba de sus muchachos, chorreando lágrimas.

Y ahora se ha muerto. Yo creí que había puesto a secar sus trapos entre las piedras del río; pero era él, enterito, el que estaba allí boca abajo, con la cara metida en el agua. Primero creí que se había doblado al empinarse sobre el río y no había podido ya enderezar la cabeza y que luego se había puesto a resollar agua, hasta que le vi la sangre coagulada que le salía por la boca y la nuca repleta de agujeros como si lo hubieran taladrado. Yo no voy a averiguar eso. Sólo vengo a decirle lo que pasó, sin quitar ni poner nada.[55] Soy borreguero y no sé de otras cosas.

CUESTIONARIO

1. Según el que acosaba al asesino, ¿por qué iba a ser tan fácil encontrarle?

2. En los párrafos 4, 5 y 7, hay letras itálicas. ¿Quién habla, y a quién dirige sus palabras?

[51] **las embarraba:** he stirred them around
[52] **Pos ora sí:** That's really something.
[53] **Ni . . . fuera:** As if I were
[54] **no . . . perdedizo:** I would have found a way to kill him
[55] **sin . . . nada:** without leaving out or adding anything

3. *El perseguidor se describe a sí mismo como uno que va "rastreándolo hasta cansarlo". ¿Qué es un rastreador?*

4. *¿A qué hora ocurrió el crimen?*

5. *¿A cuántos mató, y por qué a todos?*

6. *¿Cómo expresó el asesino su sentido de culpa?*

7. *¿Cómo sabemos que el asesino se equivocó, es decir, que no dio con la víctima pensada?*

8. *¿Cuál fue el motivo para el atentado?*

9. *¿Por qué no pudo el padre proteger a su familia?*

10. *¿Cómo sabía el perseguidor que el asesino se había atrapado a sí mismo?*

11. *¿A quién hablaba el borreguero?*

12. *Según él, ¿qué aspecto tenía el asesino?*

13. *El asesino tenía mucha hambre. ¿Cómo la muestra el autor?*

14. *Por fin, ¿cómo murió el asesino?*

15. *Si el borreguero hubiera sabido quién era el asesino, ¿qué habría hecho?*

16. *¿De qué tenía miedo el borreguero?*

PREGUNTA GENERAL

En este cuento el autor ha empleado tres puntos de vista que giran alrededor de la misma serie de acontecimientos. Escríbase un breve ensayo que muestre cómo cambia nuestra actitud mientras que leemos lo que dice el asesino, el padre y el borreguero.

¡Díles que no me maten!

❀

—¡Díles que no me maten, Justino! Anda, vete a decirles eso. Que por caridad. Así díles. Díles que lo hagan por caridad.

—No puedo. Hay allí un sargento que no quiere oir hablar nada de ti.

—Haz que te oiga.[1] Date tus mañas[2] y díle que para sustos ya ha estado bueno. Díle que lo haga por caridad de Dios.

—No se trata de sustos. Parece que te van a matar de a de veras.[3] Y yo ya no quiero volver allá.

—Anda otra vez. Solamente otra vez, a ver qué consigues.

—No. No tengo ganas de ir. Según eso, yo soy tu hijo. Y, si voy mucho con ellos, acabarán por saber quién soy y les dará por afusilarme[4] a mí también. Es mejor dejar las cosas de este tamaño.[5]

—Anda, Justino. Díles que tengan tantita lástima de mí. Nomás eso díles.

[1] **Haz . . . oiga:** Make him listen to you.
[2] **Date tus mañas:** Use your wits
[3] **Parece . . . veras:** It looks like they really are going to kill you.
[4] **les . . . afusilarme:** they will feel like shooting me
[5] **de este tamaño:** just as they are

Justino apretó los dientes y movió la cabeza diciendo:

—No.

Y siguió sacudiendo la cabeza durante mucho rato.

—Díle al sargento que te deje ver al coronel. Y cuéntale lo viejo que estoy. Lo poco que valgo. ¿Qué ganancia sacará con matarme? Ninguna ganancia. Al fin y al cabo él debe de tener un alma. Díle que lo haga por la bendita salvación de su alma.

Justino se levantó de la pila de piedras en que estaba sentado y caminó hasta la puerta del corral. Luego se dio vuelta para decir:

—Voy, pues. Pero si de perdida[6] me afusilan a mí también, ¿quién cuidará de mi mujer y de los hijos?

—La Providencia, Justino. Ella se encargará de ellos. Ocúpate de ir allá y ver qué cosas haces por mí. Eso es lo que urge.

Lo habían traído de madrugada. Y ahora era ya entrada la mañana y él seguía todavía allí, amarrado a un horcón,[7] esperando. No se podía estar quieto. Había hecho el intento de dormir un rato para apaciguarse, pero el sueño se le había ido. También se le había ido el hambre. No tenía ganas de nada. Sólo de vivir. Ahora que sabía bien a bien que lo iban a matar, le habían entrado unas ganas tan grandes de vivir como sólo las puede sentir un recién resucitado.

Quién le iba a decir que volvería aquel asunto tan viejo, tan rancio, tan enterrado como creía que estaba.[8] Aquel asunto de cuando tuvo que matar a don Lupe. No nada más por nomás,[9] como quisieron hacerle ver los de Alima, sino porque tuvo sus razones. Él se acordaba:

Don Lupe Terreros, el dueño de la Puerta de Piedra, por más señas su compadre. Al que él, Juvencio Nava, tuvo que matar por eso; por ser el dueño de la Puerta de Piedra y que, siendo también su compadre, le negó el pasto para sus animales.

Primero se aguantó por puro compromiso. Pero después,

---

[6] **de perdida:** by chance
[7] **amarrado . . . horcón:** tied to a post
[8] **Quién . . . estaba:** Who could have imagined that his past, so old, stale, and buried as it was, would return now?
[9] **No . . . nomás:** Not for nothing

cuando la sequía,[10] en que vio cómo se le morían uno tras otro sus animales hostigados por el hambre y que su compadre don Lupe seguía negándole la yerba de sus potreros, entonces fue cuando se puso a romper la cerca y a arrear la bola[11] de animales flacos hasta las paraneras para que se hartaran de comer. Y eso no le había gustado a don Lupe, que mandó tapar otra vez la cerca, para que él, Juvencio Nava, le volviera a abrir otra vez el agujero. Así, de día se tapaba el agujero y de noche se volvía a abrir, mientras el ganado estaba allí, siempre pegado a la cerca, siempre esperando; aquel ganado suyo que antes nomás se vivía oliendo èl pasto sin poder probarlo.

Y él y don Lupe alegaban y volvían a alegar sin llegar a ponerse de acuerdo.

Hasta que una vez don Lupe le dijo:

—Mira, Juvencio, otro animal más que metas al potrero y te lo mato.

Y él le contestó:

—Mire, don Lupe, yo no tengo la culpa de que los animales busquen su acomodo. Ellos son inocentes. Ahí se lo haiga[12] si me los mata.

"Y me mató un novillo.

"Esto pasó hace treinta y cinco años, por marzo, porque ya en abril andaba yo en el monte, corriendo del exhorto. No me valieron ni las diez vacas que le di al juez, ni el embargo de mi casa para pagarle la salida de la cárcel. Todavía después se pagaron con lo que quedaba nomás por no perseguirme, aunque de todos modos me perseguían. Por eso me vine a vivir junto con mi hijo a este otro terrenito[13] que yo tenía y que se nombra Palo de Venado. Y mi hijo creció y se casó con la nuera Ignacia y tuvo ya ocho hijos. Así que la cosa ya va para viejo,[14] y según eso debería estar olvidada. Pero, según eso, no lo está.

"Yo entonces calculé que con unos cien pesos quedaba arre-

---

[10] **cuando la sequía:** when the drought descended

[11] **arrear la bola:** to drive

[12] **Ahí . . . haiga:** it's your skin

[13] **terrenito:** small farm

[14] **la . . . viejo:** it happened so long ago

glado todo. El difunto don Lupe era solo, solamente con su mujer y los dos muchachitos todavía de a gatas.[15] Y la viuda pronto murió también dizque[16] de pena. Y a los muchachitos se los llevaron lejos, donde unos parientes. Así que, por parte de ellos, no había que tener miedo.

"Pero los demás se atuvieron a que[17] yo andaba exhortado y enjuiciado para asustarme y seguir robándome. Cada que llegaba alguien[18] al pueblo me avisaban:

—"Por ahí andan unos fuereños, Juvencio.

"Y yo echaba pal monte, entreverándome entre los madroños y pasándome los días comiendo sólo verdolagas.[19] A veces tenía que salir a la medianoche, como si me fueran correteando[20] los perros. Eso duró toda la vida. No fue un año ni dos. Fue toda la vida."

Y ahora habían ido por él, cuando no esperaba ya a nadie, confiado en el olvido en que lo tenía la gente; creyendo que al menos sus últimos días los pasaría tranquilo. "Al menos esto —pensó— conseguiré con estar viejo.[21] Me dejarán en paz."

Se había dado a esta esperanza por entero. Por eso era que le costaba trabajo imaginar morir así, de repente, a estas alturas[22] de su vida, después de tanto pelear para librarse de la muerte; de haberse pasado su mejor tiempo tirando de un lado para otro arrastrado por los sobresaltos y cuando su cuerpo había acabado por ser un puro pellejo correoso curtido por los malos días en que tuvo que andar escondiéndose de todos.

Por si acaso, ¿no había dejado hasta que se le fuera su mujer?[23] Aquel día en que amaneció con la nueva de que su mujer se le había ido, ni siquiera le pasó por la cabeza la intención de salir

---

[15] **de a gatas:** crawling

[16] **dizque:** they say

[17] **se . . . que:** they insisted

[18] **Cada . . . alguien:** Every time someone arrived

[19] **Y . . . verdolagas:** And I would head for the mountains, hiding in the thickets and spending my days eating nothing but herbs.

[20] **correteando:** chasing

[21] **conseguiré . . . viejo:** I'll finally enjoy my old age

[22] **a estas alturas:** at this time

[23] **Por . . . mujer?:** Hadn't he even let his wife leave him?

a buscarla. Dejó que se fuera sin indagar para nada ni con quién ni para dónde, con tal de no bajar al pueblo. Dejó que se fuera como se le había ido todo lo demás, sin meter las manos.[24] Ya lo único que le quedaba para cuidar era la vida, y ésta la conservaría a como diera lugar.[25] No podía dejar que lo mataran. No podía. Mucho menos ahora.

Pero para eso lo habían traído de allá, de Palo de Venado. No necesitaron amarrarlo para que los siguiera. Él anduvo solo, únicamente maniatado por el miedo. Ellos se dieron cuenta de que no podía correr con aquel cuerpo viejo, con aquellas piernas flacas como sicuas[26] secas, acalambradas por el miedo de morir. Porque a eso iba.[27] A morir. Se lo dijeron.

Desde entonces lo supo. Comenzó a sentir esa comezón en el estómago, que le llegaba de pronto siempre que veía de cerca la muerte y que le sacaba el ansia por los ojos, y que le hinchaba la boca con aquellos buches de agua agria que tenía que tragarse sin querer. Y esa cosa que le hacía los pies pesados mientras su cabeza se le ablandaba y el corazón le pegaba con todas sus fuerzas en las costillas. No, no podía acostumbrarse a la idea de que lo mataran.

Tenía que haber alguna esperanza. En algún lugar podría aún quedar alguna esperanza. Tal vez ellos se hubieran equivocado. Quizá buscaban a otro Juvencio Nava y no al Juvencio Nava que era él.

Caminó entre aquellos hombres en silencio, con los brazos caídos. La madrugada era oscura, sin estrellas. El viento soplaba despacio, se llevaba la tierra seca y traía más, llena de ese olor como de orines que tiene el polvo de los caminos.

Sus ojos, que se habían apeñuscado[28] con los años, venían viendo la tierra, aquí, debajo de sus pies, a pesar de la oscuridad. Allí en la tierra estaba toda su vida. Sesenta años de vivir sobre de ella, de encerrarla entre sus manos, de haberla probado como se prueba el sabor de la carne. Se vino largo rato desmenuzándola

[24] **sin . . . manos:** without interfering
[25] **a . . . lugar:** however he could
[26] **sicuas:** Mexican name for a tree
[27] **Porque . . . iba:** Because that's where he was going.
[28] **apeñuscado:** narrowed

con los ojos, saboreando cada pedazo como si fuera el último, sabiendo casi que sería el último.

Luego, como queriendo decir algo, miraba a los hombres que iban junto a él. Iba a decirles que lo soltaran, que lo dejaran que se fuera.[29] "Yo no le he hecho daño a nadie, muchachos", iba a decirles, pero se quedaba callado. "Más adelantito se los diré", pensaba. Y sólo los veía. Podía hasta imaginar que eran sus amigos; pero no quería hacerlo. No lo eran. No sabía quiénes eran. Los veía a su lado ladeándose y agachándose de vez en cuando para ver por dónde seguía el camino.

Los había visto por primera vez al pardear de la tarde, en esa hora desteñida en que todo parece chamuscado. Habían atravesado los surcos pisando la milpa tierna. Y él había bajado a eso: a decirles que allí estaba comenzando a crecer la milpa. Pero ellos no se detuvieron.

Los había visto con tiempo. Siempre tuvo la suerte de ver con tiempo todo. Pudo haberse escondido, caminar unas cuantas horas por el cerro mientras ellos se iban y después volver a bajar. Al fin y al cabo la milpa no se lograría de ningún modo.[30] Ya era tiempo de que hubieran venido las aguas y las aguas no aparecían y la milpa comenzaba a marchitarse. No tardaría en estar seca del todo.

Así que ni valía la pena de haber bajado; haberse metido entre aquellos hombres como en un agujero, para ya no volver a salir.

Y ahora seguía junto a ellos, aguantándose las ganas de decirles que lo soltaran. No les veía la cara; sólo veía los bultos que se repegaban o se separaban de él. De manera que cuando se puso a hablar, no supo si lo habían oído. Dijo:

—Yo nunca le he hecho daño a nadie —eso dijo. Pero nada cambió. Ninguno de los bultos pareció darse cuenta. Las caras no se volvieron a verlo. Siguieron igual, como si hubieran venido dormidos.

Entonces pensó que no tenía nada más que decir, que tendría que buscar la esperanza en algún otro lado. Dejó caer otra vez los brazos y entró en las primeras casas del pueblo en medio

[29] **que lo . . . fuera:** that they let him go
[30] **milpa . . . modo:** the corn wouldn't have grown anyway

de aquellos cuatro hombres oscurecidos por el color negro de la noche.

—Mi coronel, aquí está el hombre.

Se habían detenido delante del boquete de la puerta. Él, con el sombrero en la mano, por respeto, esperando ver salir a alguien. Pero sólo salió la voz:

—¿Cuál hombre? —preguntaron.

—El de Palo de Venado, mi coronel. El que usted nos mandó a traer.

—Pregúntale que si ha vivido alguna vez en Alima —volvió a decir la voz de allá adentro.

—¡Ey, tú! ¿Que si has habitado en Alima? —repitió la pregunta el sargento que estaba frente a él.

—Sí. Díle al coronel que de allá mismo soy. Y que allí he vivido hasta hace poco.

—Pregúntale que si conoció a Guadalupe Terreros.

—Que dizque si conociste a Guadalupe Terreros.

—¿A don Lupe? Sí. Díle que sí lo conocí. Ya murió.

Entonces la voz de allá adentro cambió de tono:

—Ya sé que murió —dijo. Y siguió hablando como si platicara con alguien allá, al otro lado de la pared de carrizos.

—Guadalupe Terreros era mi padre. Cuando crecí y lo busqué me dijeron que estaba muerto. Es algo difícil crecer sabiendo que la cosa de donde podemos agarrarnos para enraizar[31] está muerta. Con nosotros, eso pasó.

"Luego supe que lo habían matado a machetazos, clavándole después una pica de buey[32] en el estómago. Me contaron que duró más de dos días perdido y que, cuando lo encontraron, tirado en un arroyo, todavía estaba agonizando y pidiendo el encargo de que le cuidaran a su familia.

"Esto, con el tiempo, parece olvidarse. Uno trata de olvidarlo. Lo que no se olvida es llegar a saber que el que hizo aquello está aún vivo, alimentando su alma podrida con la ilusión de la vida eterna. No podría perdonar a ése, aunque no lo conozco;

---

[31] **cosa . . . enraizar:** the thing that we can grab hold of to take root
[32] **pica de buey:** stick to goad oxen

pero el hecho de que se haya puesto en el lugar donde yo sé que está, me da ánimos para acabar con él. No puedo perdonarle que siga viviendo. No debía haber nacido nunca.''

Desde acá, desde afuera, se oyó bien claro cuanto dijo. Después ordenó:

—¡Llévenselo y amárrenlo un rato, para que padezca, y luego fusílenlo!

—¡Mírame, coronel! —pidió él—. Ya no valgo nada. No tardaré en morirme solito, derrengado de viejo. ¡No me mates...!

—¡Llévenselo! —volvió a decir la voz de adentro.

—... Ya he pagado, coronel. He pagado muchas veces. Todo me lo quitaron. Me castigaron de muchos modos. Me he pasado cosa de cuarenta años escondido como un apestado, siempre con el pálpito[33] de que en cualquier rato me matarían. No merezco morir así, coronel. Déjame que, al menos, el Señor me perdone. ¡No me mates! ¡Díles que no me maten!

Estaba allí, como si lo hubieran golpeado, sacudiendo su sombrero contra la tierra. Gritando.

En seguida la voz de allá adentro dijo:

—Amárrenlo y dénle algo de beber hasta que se emborrache para que no le duelan los tiros.

Ahora, por fin, se había apaciguado. Estaba allí arrinconado al pie del horcón. Había venido su hijo Justino y su hijo Justino se había ido y había vuelto y ahora otra vez venía.

Lo echó encima del burro. Lo apretaló bien apretado al aparejo[34] para que no se fuese a caer por el camino. Le metió su cabeza dentro de un costal para que no diera mala impresión. Y luego le hizo palos al burro y se fueron, arrebiatados, de prisa, para llegar a Palo de Venado todavía con tiempo para arreglar el velorio del difunto.

—Tu nuera y los nietos te extrañarán —iba diciéndole—. Te mirarán a la cara y creerán que no eres tú. Se les afigurará que te ha comido el coyote, cuando te vean con esa cara tan llena de boquetes por tanto tiro de gracia[35] como te dieron.

[33] **pálpito:** terror
[34] **Lo . . . aparejo:** He tightened it against the saddle
[35] **tiro de gracia:** coup de grâce

CUESTIONARIO

1. *¿Qué relación había entre Justino y Juvencio?*
2. *Según Juvencio, ¿por qué no debían fusilarle?*
3. *Al saber que iba a morir, ¿cómo reaccionó Juvencio?*
4. *¿A quién había matado Juvencio? ¿Por qué?*
5. *¿Qué significa el hecho de que don Lupe haya matado un novillo?*
6. *¿Cuántos años hace que ocurrió todo esto?*
7. *¿Cómo salió Juvencio de la cárcel?*
8. *¿Cómo fue perseguido Juvencio?*
9. *¿Qué fue de la mujer de Juvencio?*
10. *Después del prendimiento, ¿por qué no intentaba escaparse Juvencio?*
11. *Cuando Juvencio trató de hablar con los guardias, ¿cómo reaccionaron?*
12. *¿Quién fue el coronel?*
13. *Según él, ¿cómo había muerto don Lupe?*
14. *¿Qué ordenó el coronel?*
15. *¿Cómo trató de disculparse Juvencio?*
16. *¿Mostró lástima el coronel al final?*
17. *¿Quiénes llegaron a recoger el cadáver de Juvencio?*
18. *¿Por qué le dieron tantos tiros de gracia?*
19. *¿Qué actitud tenía el coronel hacia su padre?*
20. *¿Qué pensaba Justino de Juvencio? ¿Fue malagradecido el hijo?*

PREGUNTA GENERAL

Describase brevemente qué habría sentido el coronel al ver al asesino de su padre, y luego justifique y explique por qué suavizó el fusilamiento de Juvencio.

Luvina

De los cerros altos del sur, el de Luvina es el más alto y el más pedregoso. Está plagado de esa piedra gris con la que hacen la cal, pero en Luvina no hacen cal con ella ni le sacan ningún provecho. Allí la llaman piedra cruda, y la loma que sube hacia Luvina la nombran cuesta de la Piedra Cruda. El aire y el sol se han encargado de desmenuzarla, de modo que la tierra de por allí es blanca y brillante como si estuviera rociada siempre por el rocío del amanecer; aunque esto es un puro decir, porque en Luvina los días son tan fríos como las noches y el rocío se cuaja en el cielo antes que llegue a caer sobre la tierra.

...Y la tierra es empinada. Se desgaja por todos lados en barrancas hondas, de un fondo que se pierde de tan lejano. Dicen los de Luvina que de aquellas barrancas suben los sueños; pero yo lo único que vi subir fue el viento, en tremolina, como si allá abajo lo tuvieran encañonado en tubos de carrizo.[1] Un viento que no deja crecer ni a las dulcamaras:[2] esas plantitas tristes que apenas si pueden vivir un poco untadas a la tierra, agarradas con

---

[1] **como . . . carrizo:** as if it were squeezed into reed pipes
[2] **dulcamaras:** a plant called bittersweet in English

todas sus manos al despeñadero de los montes. Sólo a veces, allí donde hay un poco de sombra, escondido entre las piedras, florece el chicalote[3] con sus amapolas blancas. Pero el chicalote pronto se marchita. Entonces uno lo oye rasguñando el aire con sus ramas espinosas, haciendo un ruido como el de un cuchillo sobre una piedra de afilar.

—Ya mirará usted ese viento que sopla sobre Luvina. Es pardo. Dicen que porque[4] arrastra arena de volcán; pero lo cierto es que es un aire negro. Ya lo verá usted. Se planta en Luvina prendiéndose de las cosas como si las mordiera.[5] Y sobran días en que se lleva el techo de las casas como si se llevara un sombrero de petate, dejando los paredones lisos, descobijados. Luego rasca como si tuviera uñas: uno lo oye a mañana y tarde, hora tras hora, sin descanso, raspando las paredes, arrancando tecatas de tierra, escarbando con su pala picuda[6] por debajo de las puertas, hasta sentirlo bullir dentro de uno como si se pusiera a remover los goznes[7] de nuestros mismos huesos. Ya lo verá usted.

El hombre aquel que hablaba se quedó callado un rato, mirando hacia afuera.

Hasta ellos llegaban el sonido del río pasando sus crecidas aguas por las ramas de los camichines;[8] el rumor del aire moviendo suavemente las hojas de los almendros, y los gritos de los niños jugando en el pequeño espacio iluminado por la luz que salía de la tienda.

Los comejenes entraban y rebotaban contra la lámpara de petróleo, cayendo al suelo con las alas chamuscadas. Y afuera seguía avanzando la noche.

—¡Oye, Camilo, mándanos otras dos cervezas más! —volvió a decir el hombre. Después añadió:

—Otra cosa, señor. Nunca verá usted un cielo azul en Luvina. Allí todo el horizonte está desteñido; nublado siempre por una

---

[3] **chicalote:** Mexican poppy
[4] **Dicen que porque:** They say it's because
[5] **Se . . . mordiera:** The black air takes hold of things as if it were biting them.
[6] **arrancando . . . picuda:** stripping off the topsoil, scraping away with its sharp shovel
[7] **goznes:** hinges
[8] **camichines:** fig trees

mancha caliginosa que no se borra nunca. Todo el lomerío pelón,[9] sin un árbol, sin una cosa verde para descansar los ojos; todo envuelto en el calín ceniciento. Usted verá eso: aquellos cerros apagados[10] como si estuvieran muertos y a Luvina en el más alto, coronándolo con su blanco caserío como si fuera una corona de muerto. . .
Los gritos de los niños se acercaron hasta meterse dentro de la tienda. Eso hizo que el hombre se levantara, fuera hacia la puerta y les dijera: "¡Váyanse más lejos! ¡No interrumpan! Sigan jugando, pero sin armar alboroto."
Luego, dirigiéndose otra vez a la mesa, se sentó y dijo:
—Pues sí, como le estaba diciendo. Allá llueve poco. A mediados de año llegan unas cuantas tormentas que azotan la tierra y la desgarran, dejando nada más el pedregal flotando encima del tepetate. Es bueno ver entonces cómo se arrastran las nubes, cómo andan de un cerro a otro dando tumbos como si fueran vejigas infladas; rebotando y pegando de truenos igual que si se quebraran en el filo de las barrancas.[11] Pero después de diez o doce días se van y no regresan sino al año siguiente, y a veces se da el caso de que no regresen en varios años.
"...Sí, llueve poco. Tan poco o casi nada, tanto que la tierra, además de estar reseca y achicada como cuero viejo, se ha llenado de rajaduras y de esa cosa que allí llaman 'pasojos de agua',[12] que no son sino terrones endurecidos como piedras filosas, que se clavan en los pies de uno al caminar, como si allí hasta a la tierra le hubieran crecido espinas. Como si así fuera."
Bebió la cerveza hasta dejar sólo burbujas de espuma en la botella y siguió diciendo:
—Por cualquier lado que se le mire, Luvina es un lugar muy triste. Usted que va para allá se dará cuenta. Yo diría que es el lugar donde anida la tristeza. Donde no se conoce la sonrisa, como si a toda la gente le hubieran entablado la cara. Y usted, si quiere, puede ver esa tristeza a la hora que quiera. El aire que allí sopla

---

[9] **lomerío pelón:** bare hills
[10] **cerros apagados:** hills without life
[11] **dando . . . barrancas:** jumping as if they were inflated bladders; smashing and thundering as if they were breaking apart on the edge of the gorges
[12] **'pasojos de agua':** "thorns of water"

la revuelve, pero no se la lleva nunca. Está allí como si allí hubiera nacido. Y hasta se puede probar y sentir, porque está siempre encima de uno, apretada contra de uno, y porque es oprimente como una gran cataplasma sobre la viva carne del corazón.

"... Dicen los de allí que cuando llena la luna, ven de bulto la figura del viento recorriendo las calles de Luvina, llevando a rastras una cobija negra; pero yo siempre lo que llegué a ver, cuando había luna en Luvina, fue la imagen del desconsuelo... siempre.

"Pero tómese su cerveza. Veo que no le ha dado ni siquiera una probadita.[13] Tómesela. O tal vez no le guste así tibia como está. Y es que aquí no hay de otra. Yo sé que así sabe mal;[14] que agarra un sabor como a meados[15] de burro. Aquí uno se acostumbra. A fe que allá ni siquiera esto se consigue. Cuando vaya a Luvina la extrañará. Allí no podrá probar sino un mezcal que ellos hacen con una yerba llamada hojasé, y que a los primeros tragos estará usted dando de volteretas como si lo chacamotearan.[16] Mejor tómese su cerveza. Yo sé lo que le digo."

Allá afuera seguía oyéndose el batallar del río. El rumor del aire. Los niños jugando. Parecía ser aún temprano, en la noche.

El hombre se había ido a asomar una vez más a la puerta y había vuelto. Ahora venía diciendo:

—Resulta fácil ver las cosas desde aquí, meramente traídas por el recuerdo, donde no tienen parecido ninguno. Pero a mí no me cuesta ningún trabajo seguir hablándole de lo que sé, tratándose de Luvina. Allá viví. Allá dejé la vida... Fui a ese lugar con mis ilusiones cabales[17] y volví viejo y acabado. Y ahora usted va para allá... Está bien. Me parece recordar el principio. Me pongo en su lugar y pienso... Mire usted, cuando yo llegué por primera vez a Luvina... ¿Pero me permite antes que me tome su cerveza? Veo que usted no le hace caso. Y a mí me sirve de mucho. Me alivia. Siento como si me enjuagaran la cabeza con aceite alcanforado... Bueno, le contaba que cuando llegué por primera

[13] **Veo ... probadita:** I see you haven't taken even a sip.
[14] **sabe mal:** tastes bad
[15] **agarra ... meados:** tastes like piss
[16] **como ... chacamotearan:** as if they had hit something
[17] **ilusiones cabales:** high hopes

vez a Luvina, el arriero que nos llevó no quiso dejar ni siquiera que descansaran las bestias. En cuanto nos puso en el suelo, se dio media vuelta:

—"Yo me vuelvo —nos dijo.

—"Espera, ¿no vas a dejar sestear tus animales? Están muy aporreados.

—"Aquí se fregarían más[18] —nos dijo—. Mejor me vuelvo.

"Y se fue, dejándose caer por la cuesta de la Piedra Cruda, espoleando sus caballos como si se alejara de algún lugar endemoniado.

"Nosotros, mi mujer y mis tres hijos, nos quedamos allí, parados en mitad de la plaza, con todos nuestros ajuares en los brazos. En medio de aquel lugar donde sólo se oía el viento...

"Una plaza sola, sin una sola yerba para detener el aire. Allí nos quedamos.

"Entonces yo le pregunté[19] a mi mujer:

—"¿En qué país estamos, Agripina?

"Y ella se alzó de hombros.

—"Bueno, si no te importa, ve a buscar dónde comer y dónde pasar la noche. Aquí te aguardamos —le dije.

"Ella agarró al más pequeño de sus hijos y se fue. Pero no regresó.

"Al atardecer, cuando el sol alumbraba sólo las puntas de los cerros, fuimos a buscarla. Anduvimos por los callejones de Luvina, hasta que la encontramos metida en la iglesia: sentada mero en medio[20] de aquella iglesia solitaria, con el niño dormido entre sus piernas.

—"¿Qué haces aquí, Agripina?

—"Entré a rezar —nos dijo.

—"¿Para qué? —le pregunté yo.

"Y ella se alzó de hombros.

"Allí no había a quién rezarle. Era un jacalón vacío,[21] sin puertas, nada más con unos socavones abiertos[22] y un techo res-

---

[18] **Aquí . . . más:** They would be worse off here
[19] **pergunté:** *pregunté*
[20] **mero en medio:** right in the middle
[21] **jacalón vacío:** empty shack
[22] **socavones abiertos:** open galleries

quebrajado por donde se colaba el aire como por un cedazo.[23]

—"¿Dónde está la fonda?

—"No hay ninguna fonda.

—"¿Y el mesón?

—"No hay ningún mesón.

—"¿Viste a alguien? ¿Vive alguien aquí? —le pregunté.

—"Sí, allí enfrente... Unas mujeres... Las sigo viendo. Mira, allí tras las rendijas de esa puerta veo brillar los ojos que nos miran... Han estado asomándose para acá... Míralas. Veo las bolas brillantes de su ojos... Pero no tienen qué darnos de comer. Me dijeron sin sacar la cabeza que en este pueblo no había de comer... Entonces entré aquí a rezar, a pedirle a Dios por nosotros.

—"¿Por qué no regresaste allí? Te estuvimos esperando.

—"Entré aquí a rezar. No he terminado todavía.

—"¿Qué país es éste, Agripina?

"Y ella volvió a alzarse de hombros.

"Aquella noche nos acomodamos para dormir en un rincón de la iglesia, detrás del altar desmantelado. Hasta allí llegaba el viento, aunque un poco menos fuerte. Lo estuvimos oyendo pasar por encima de nosotros, con sus largos aullidos; lo estuvimos oyendo entrar y salir por los huecos socavones de las puertas; golpeando con sus manos de aire las cruces del viacrucis: unas cruces grandes y duras hechas con palo de mezquite que colgaban de las paredes a todo lo largo[24] de la iglesia, amarradas con alambres que rechinaban a cada sacudida del viento como si fuera un rechinar de dientes.

"Los niños lloraban porque no los dejaba dormir el miedo. Y mi mujer, tratando de retenerlos a todos entre sus brazos. Abrazando su manojo de hijos. Y yo allí, sin saber qué hacer.

"Poco antes del amanecer se calmó el viento. Después regresó. Pero hubo un momento en esa madrugada en que todo se quedó tranquilo, como si el cielo se hubiera juntado con la tierra, aplastando los ruidos con su peso... Se oía la respiración de los niños ya descansada. Oía el resuello de mi mujer ahí a mi lado:

—"¿Qué es? —me dijo.

[23] **cedazo:** sieve

[24] **de ... largo:** all along the walls

—"¿Qué es qué? —le pregunté.

—"Eso, el ruido ese.

—"Es el silencio. Duérmete. Descansa, aunque sea un poquito, que ya va a amanecer.

"Pero al rato oí yo también. Era como un aletear de murciélagos en la oscuridad, muy cerca de nosotros. De murciélagos de grandes alas que rozaban el suelo. Me levanté y se oyó el aletear más fuerte, como si la parvada de murciélagos se hubiera espantado y volara hacia los agujeros de las puertas. Entonces caminé de puntitas hacia allá, sintiendo delante de mí aquel murmullo sordo. Me detuve en la puerta y las vi. Vi a todas las mujeres de Luvina con su cántaro al hombro, con el rebozo colgado de su cabeza y sus figuras negras sobre el negro fondo de la noche.

—"¿Qué quieren? —les pregunté—. ¿Qué buscan a estas horas?

"Una de ellas respondió:

—"Vamos por agua.

"Las vi paradas frente a mí, mirándome. Luego, como si fueran sombras, echaron a caminar calle abajo con sus negros cántaros.

"No, no se me olvidará jamás esa primera noche que pasé en Luvina.

"...¿No cree usted que esto se merece otro trago? Aunque sea nomás para que se me quite el mal sabor del recuerdo."

—Me parece que usted me preguntó cuántos años estuve en Luvina, ¿verdad...? La verdad es que no lo sé. Perdí la noción del tiempo desde que las fiebres me lo enrevesaron;[25] pero debió haber sido una eternidad... Y es que allá el tiempo es muy largo. Nadie lleva la cuenta de las horas ni a nadie le preocupa cómo van amontonándose los años. Los días comienzan y se acaban. Luego viene la noche. Solamente el día y la noche hasta el día de la muerte, que para ellos es una esperanza.

"Usted ha de pensar que le estoy dando vueltas a una misma idea. Y así es, sí señor... Estar sentado en el umbral de la puerta, mirando la salida y la puesta del sol, subiendo y bajando la cabeza, hasta que acaban aflojándose los resortes[26] y entonces

[25] **enrevesaron:** confused my mind

[26] **aflojándose los resortes:** the springs within one go slack

todo se queda quieto, sin tiempo, como si se viviera siempre en la eternidad. Eso hacen allí los viejos.

"Porque en Luvina sólo viven los puros viejos y los que todavía no han nacido, como quien dice... Y mujeres sin fuerzas, casi trabadas de tan flacas.[27] Los niños que han nacido allí se han ido... Apenas les clarea el alba[28] y ya son hombres. Como quien dice, pegan el brinco del pecho de la madre al azadón[29] y desaparecen de Luvina. Así es allí la cosa.[30]

Sólo quedan los puros viejos y las mujeres solas, o con un marido que anda donde sólo Dios sabe dónde... Vienen de vez en cuando como las tormentas de que le hablaba; se oye un murmullo en todo el pueblo cuando regresan y uno como gruñido cuando se van... Dejan el costal del bastimento para los viejos y plantan otro hijo en el vientre de sus mujeres, y ya nadie vuelve a saber de ellos sino al año siguiente, y a veces nunca... Es la costumbre. Allí le dicen la ley, pero es lo mismo. Los hijos se pasan la vida trabajando para los padres como ellos trabajaron para los suyos y como quién sabe cuántos atrás de ellos cumplieron con su ley...

"Mientras tanto, los viejos aguardan por ellos y por el día de la muerte, sentados en sus puertas, con los brazos caídos, movidos sólo por esa gracia que es la gratitud del hijo... Solos, en aquella soledad de Luvina.

"Un día traté de convencerlos de que se fueran a otro lugar, donde la tierra fuera buena. '¡Vámonos de aquí! —les dije—. No faltará modo de acomodarnos en alguna parte. El Gobierno nos ayudará.'

"Ellos me oyeron, sin parpadear, mirándome desde el fondo de sus ojos de los que sólo se asomaba una lucecita allá muy adentro.

—"¿Dices que el Gobierno nos ayudará, profesor? ¿Tú conoces al Gobierno?

"Les dije que sí.

---

[27] **trabadas . . . flacas:** nonexistent because they are so thin
[28] **Apenas . . . alba:** They no sooner see day
[29] **azadón:** hoe
[30] **Así . . . cosa:** That's the way things are there.

—"También nosotros lo conocemos. Da esa casualidad. De lo que no sabemos nada es de la madre del Gobierno.[31] "Yo les dije que era la Patria. Ellos movieron la cabeza diciendo que no. Y se rieron. Fue la única vez que he visto reir a la gente de Luvina. Pelaron sus dientes molenques y me dijeron que no, que el Gobierno no tenía madre.

"Y tienen razón, ¿sabe usted? El señor ese sólo se acuerda de ellos cuando alguno de sus muchachos ha hecho alguna fechoría acá abajo. Entonces manda por él hasta Luvina y se lo matan. De hay en más[32] no saben si existen.

—"Tú nos quieres decir que dejemos Luvina porque, según tú, ya estuvo bueno de aguantar hambres sin necesidad —me dijeron—. Pero si nosotros nos vamos, ¿quién se llevará[33] a nuestros muertos? Ellos viven aquí y no podemos dejarlos solos.

"Y allá siguen. Usted los verá ahora que vaya. Mascando bagazos[34] de mezquite seco y tragándose su propia saliva para engañar el hambre. Los mirará pasar como sombras, repegados al muro de las casas, casi arrastrados por el viento.

"¿No oyen ese viento? —les acabé por decir—. Él acabará con ustedes.

—"Dura lo que debe de durar. Es el mandato de Dios —me contestaron—. Malo cuando deja de hacer aire. Cuando eso sucede, el sol se arrima mucho a Luvina y nos chupa la sangre y la poca agua que tenemos en el pellejo. El aire hace que el sol se esté allá arriba. Así es mejor.

"Ya no les volví a decir nada. Me salí de Luvina y no he vuelto ni pienso regresar.

"...Pero mire las maromas[35] que da el mundo. Usted va para allá ahora, dentro de pocas horas. Tal vez ya se cumplieron quince años que me dijeron a mí lo mismo: 'Usted va a ir a San Juan Luvina.'

"En esa época tenía yo mis fuerzas. Estaba cargado de ideas...

[31] **Da . . . Gobierno:** It so happens. But we don't know anything about the mother of the government.
[32] **De . . . más:** As for everything else
[33] **se llevará:** will take away
[34] **bagazos:** pressed pulp
[35] **maromas:** *vueltas* (fig.)

Usted sabe que a todos nosotros nos infunden ideas. Y uno va con esa plasta encima para plasmarla en todas partes. Pero en Luvina no cuajó eso. Hice el experimento y se deshizo...

"San Juan Luvina. Me sonaba a nombre de cielo aquel nombre. Pero aquello es el purgatorio. Un lugar moribundo donde se han muerto hasta los perros y ya no hay ni quien le ladre al silencio; pues en cuanto uno se acostumbra al vendaval que allí sopla, no se oye sino el silencio que hay en todas las soledades. Y eso acaba con uno. Míreme a mí. Conmigo acabó. Usted que va para allá comprenderá pronto lo que le digo...

"¿Qué opina usted si le pedimos a este señor que nos matice unos mezcalitos?[36] Con la cerveza se levanta uno a cada rato y eso interrumpe mucho la plática. ¡Oye, Camilo, mándanos ahora unos mezcales!

"Pues, sí, como le estaba yo diciendo..."

Pero no dijo nada. Se quedó mirando un punto fijo sobre la mesa donde los comejenes ya sin sus alas rondaban como gusanitos desnudos.

Afuera seguía oyéndose cómo avanzaba la noche. El chapoteo del río contra los troncos de los camichines. El griterío ya muy lejano de los niños. Por el pequeño cielo de la puerta se asomaban las estrellas.

El hombre que miraba a los comejenes se recostó sobre la mesa y se quedó dormido.

CUESTIONARIO

1. El autor emplea varios elementos de la naturaleza para intensificar la atmósfera de aridez natural y espiritual. ¿Cuáles son estos elementos, y cómo los maneja el autor?

2. El autor hace del viento un protagonista, dándolo un aspecto amenazador, por ejemplo. ¿De qué medios se sirve el autor para darnos esa impresión?

3. ¿Por qué no podía el hombre tolerar la presencia de los niños?

[36] **si** . . . **mezcalitos:** if we ask him to pour us some mezcal

4. ¿*Hay muchas tormentas en la región de Luvina?* ¿*Cuándo llegan?*

5. *El otro no bebió su cerveza.* ¿*Por qué?*

6. ¿*Dónde tiene lugar el cuento?* *Estaban los dos en Luvina?* ¿*Cómo lo sabemos?*

7. ¿*Que pasó al hombre cuando llegó a Luvina por primera vez?*

8. ¿*Cuántos había en su familia?*

9. ¿*Quién fue a buscar alojamiento para la familia?* ¿*Qué significa este dato?*

10. *El hombre, después de una larga espera, fue en busca de su esposa.* ¿*Dónde la encontró?*

11. ¿*Qué dijo Agripina, la esposa?*

12. ¿*Dónde pasó la familia la primera noche?*

13. ¿*Qué fue el ruido que se oyó poco antes del amanecer?*

14. ¿*Sabia el hombre cuántos años había pasado en Luvina?* ¿*Cayó enfermo?*

15. *Según el hombre,* ¿*quiénes son los que viven en Luvina?*

16. ¿*Qué pasa a la mayoría de los padres de familia en Luvina?*

17. *La frase "De lo que no sabemos nada es de la madre del Gobierno" es a la vez signo de ignorancia y muestra del humor melancólico de Rulfo.* ¿*Por qué?*

18. ¿*Cree usted que el hombre fue un empleado del gobierno?*

19. *Según el hombre* ¿*sufrió mucho en Luvina?*

20. ¿*Qué es lo que pensamos cuando, después de tanto beber, el hombre se queda dormido?*

PREGUNTA GENERAL

Desde el punto de vista geográfico, sociológico, religioso y político, Luvina es un lugar condenado. Escríbase un breve ensayo sobre el fatalismo del autor, tal como lo hemos visto en el cuento.

❀

No oyes ladrar los perros

❀

—Tú que vas allá arriba, Ignacio, díme si no oyes alguna señal de algo o si ves alguna luz en alguna parte.

—No se ve nada.

—Ya debemos estar cerca.

—Sí, pero no se oye nada.

—Mira bien.

—No se ve nada.

—Pobre de ti, Ignacio.

La sombra larga y negra de los hombres siguió moviéndose de arriba abajo, trepándose a las piedras, disminuyendo y creciendo según avanzaba por la orilla del arroyo. Era una sola sombra, tambaleante.

La luna venía saliendo de la tierra, como una llamarada redonda.

—Ya debemos estar llegando a ese pueblo, Ignacio. Tú que llevas las orejas de fuera,[1] fíjate a ver si no oyes ladrar los perros. Acuérdate que nos dijeron que Tonaya estaba detrasito[2] del

[1] **orejas de fuera:** unmuffled ears (The father's ears are blocked by his son's legs.)

[2] **detrasito:** just behind

monte. Y desde qué horas que hemos dejado el monte. Acuérdate, Ignacio.

—Sí, pero no veo rastro de nada.

—Me estoy cansando.

—Bájame.

El viejo se fue reculando[3] hasta encontrarse con el paredón y se recargó allí, sin soltar la carga de sus hombros. Aunque se le doblaban las piernas, no quería sentarse, porque después no hubiera podido levantar el cuerpo de su hijo, al que allá atrás, horas antes, le habían ayudado a echárselo a la espalda. Y así lo había traído desde entonces.

—¿Cómo te sientes?

—Mal.

Hablaba poco. Cada vez menos. En ratos parecía dormir. En ratos parecía tener frío. Temblaba. Sabía cuándo le agarraba a su hijo el temblor por las sacudidas que le daba, y porque los pies se le encajaban en los ijares como espuelas. Luego las manos del hijo, que traía trabadas en su pescuezo, le zarandeaban la cabeza como si fuera una sonaja.[4]

Él apretaba los dientes para no morderse la lengua y cuando acababa aquello le preguntaba:

—¿Te duele mucho?

—Algo —contestaba él.

Primero le había dicho: "Apéame aquí... Déjame aquí... Vete tú solo. Yo te alcanzaré[5] mañana o en cuanto me reponga un poco." Se lo había dicho como cincuenta veces. Ahora ni siquiera eso decía.

Allí estaba la luna. Enfrente de ellos. Una luna grande y colorada que les llenaba de luz los ojos y que estiraba y oscurecía más su sombra sobre la tierra.

—No veo ya por dónde voy —decía él.

Pero nadie le contestaba.

El otro iba allá arriba, todo iluminado por la luna, con su cara descolorida, sin sangre, reflejando una luz opaca. Y él acá abajo.

[3] **se fue reculando:** gradually walked backwards
[4] **le . . . sonaja:** shook his head as if it were a child's rattle
[5] **Yo te alcanzaré:** I'll catch up to you

—¿Me oíste, Ignacio? Te digo que no veo bien.

Y el otro se quedaba callado.

Siguió caminando, a tropezones.[6] Encogía el cuerpo y luego se enderezaba para volver a tropezar de nuevo.

—Éste no es ningún camino. Nos dijeron que detrás del cerro estaba Tonaya. Ya hemos pasado el cerro. Y Tonaya no se ve, ni se oye ningún ruido que nos diga que está cerca. ¿Por qué no quieres decirme qué ves, tú que vas allá arriba, Ignacio?

—Bájame, padre.

—¿Te sientes mal?

—Sí.

—Te llevaré a Tonaya a como dé lugar.[7] Allí encontraré quien te cuide. Dicen que allí hay un doctor. Yo te llevaré con él. Te he traído cargando desde hace horas y no te dejaré tirado aquí para que acaben contigo quienes sean.[8]

Se tambaleó un poco. Dio dos o tres pasos de lado y volvió a enderezarse.

—Te llevaré a Tonaya.

—Bájame.

Su voz se hizo quedita, apenas murmurada:

—Quiero acostarme un rato.

—Duérmete allí arriba.[9] Al cabo te llevo bien agarrado.

La luna iba subiendo, casi azul, sobre un cielo claro. La cara del viejo, mojada en sudor, se llenó de luz. Escondió los ojos para no mirar de frente, ya que no podía agachar la cabeza agarrotada entre las manos de su hijo.

—Todo esto que hago, no lo hago por usted.[10] Lo hago por su difunta madre. Porque usted fue su hijo. Por eso lo hago. Ella me reconvendría si yo lo hubiera dejado tirado allí, donde lo encontré, y no lo hubiera recogido para llevarlo a que lo curen, como estoy haciéndolo. Es ella la que me da ánimos, no usted. Comenzando porque a usted no le debo más que puras dificultades, puras mortificaciones, puras vergüenzas.

---

[6] **a tropezones:** stumbling
[7] **a como dé lugar:** when I can
[8] **quienes sean:** whoever they might be
[9] **allí arriba:** on my back
[10] Note the change from *tú* to *usted*.

Sudaba al hablar. Pero el viento de la noche le secaba el sudor. Y sobre el sudor seco, volvía a sudar.

—Me derrengaré, pero llegaré con usted a Tonaya, para que le alivien esas heridas que le han hecho. Y estoy seguro de que, en cuanto se sienta usted bien, volverá a sus malos pasos.[11] Eso ya no me importa. Con tal que se vaya lejos, donde yo no vuelva a saber de usted. Con tal de eso... Porque para mí usted ya no es mi hijo. He maldecido la sangre que usted tiene de mí. La parte que a mí me tocaba la he maldecido. He dicho: "¡Que se le pudra en los riñones la sangre que yo le di!" Lo dije desde que supe que usted andaba trajinando por los caminos, viviendo del robo y matando gente... Y gente buena. Y si no,[12] allí está mi compadre Tranquilino. El que lo bautizó a usted. El que le dio su nombre. A él también le tocó la mala suerte de encontrarse con usted. Desde entonces dije: "Ése no puede ser mi hijo."

—Mira a ver si ya ves algo. O si oyes algo. Tú que puedes hacerlo desde allá arriba, porque yo me siento sordo.

—No veo nada.

—Peor para ti, Ignacio.

—Tengo sed.

—¡Aguántate! Ya debemos estar cerca. Lo que pasa es que ya es muy noche y han de haber apagado la luz en el pueblo. Pero al menos debías de oir si ladran los perros. Haz por oir.[13]

—Dame agua.

—Aquí no hay agua. No hay más que piedras. Aguántate. Y aunque la hubiera, no te bajaría tomar agua. Nadie me ayudaría a subirte otra vez y yo solo no puedo.

—Tengo mucha sed y mucho sueño.

—Me acuerdo cuando naciste. Así eras entonces. Despertabas con hambre y comías para volver a dormirte. Y tu madre te daba agua, porque ya te habías acabado la leche de ella. No tenías llenadero.[14] Y eras muy rabioso. Nunca pensé que con el tiempo se te fuera a subir aquella rabia a la cabeza...[15] Pero así fue.

[11] **malos pasos:** bad ways
[12] **si no:** if you don't believe me
[13] **Haz por oir:** Try to hear.
[14] **No tenías llenadero:** You couldn't be filled up.
[15] **Nunca . . . cabeza:** I never thought that, as time passed, that fury would take hold of you the way it did. . .

Tu madre, que descanse en paz, quería que te criaras fuerte. Creía que cuando tú crecieras irías a ser su sostén. No te tuvo más que a ti. El otro hijo que iba a tener la mató. Y tú la hubieras matado otra vez si ella estuviera viva a estas alturas.

Sintió que el hombre aquel que llevaba sobre sus hombros dejó de apretar las rodillas y comenzó a soltar los pies, balanceándolos de un lado para otro. Y le pareció que la cabeza, allá arriba, se sacudía como si sollozara.

Sobre su cabello sintió que caían gruesas gotas, como de lágrimas.

—¿Lloras, Ignacio? Lo hace llorar a usted el recuerdo de su madre, ¿verdad? Pero nunca hizo usted nada por ella. Nos pagó siempre mal. Parece que, en lugar de cariño, le hubiéramos retacado el cuerpo de maldad.[16] ¿Y ya ve? Ahora lo han herido. ¿Qué pasó con sus amigos? Los mataron a todos. Pero ellos no tenían a nadie. Ellos bien hubieran podido decir: "No tenemos a quién darle nuestra lástima." ¿Pero usted, Ignacio?

Allí estaba ya el pueblo. Vio brillar los tejados bajo la luz de la luna. Tuvo la impresión de que lo aplastaba el peso de su hijo al sentir que las corvas se le doblaban en el último esfuerzo. Al llegar al primer tejabán, se recostó sobre el pretil de la acera y soltó el cuerpo, flojo, como si lo hubieran descoyuntado.

Destrabó difícilmente los dedos con que su hijo había venido sosteniéndose de su cuello y, al quedar libre, oyó cómo por todas partes ladraban los perros.

—¿Y tú no los oías, Ignacio? —dijo—. No me ayudaste ni siquiera con esta esperanza.

CUESTIONARIO

1. ¿Qué significa la frase "Era una sola sombra, tambaleante"?

2. ¿Por qué les importaban tanto los ladridos de los perros a los dos hombres?

[16] **Parece . . . maldad:** It seems that we filled your body with evil instead of affection.

3. *¿Cómo sabemos que el hijo está herido?*
4. *¿Cuál fue el nombre del pueblo que buscaban los dos?*
5. *Según el padre, ¿cómo había sido el hijo?*
6. *¿Se esforzaba el padre por amor a su hijo?*
7. *¿Cómo había ganado la vida el hijo últimamente?*
8. *Qué recuerdos tenía el padre de su hijo?*
9. *¿Vive el hijo al final?*

PREGUNTA GENERAL

¿Cómo desarrolla el autor el tema de la "mala sangre" en este cuento?

✺ ✺ ✺

José Donoso

CHILE • b. 1924

*José Donoso is something of an
anomaly within the immensely rich panorama of contemporary Latin-
American letters. This is not to say that his writing is at all eccentric
or bizarre, or that it has any of the suggestive exoticism which often
marks the work of the Latin-American writers, only sometimes for the
better. Donoso is an anomaly precisely because his fiction seems so
balanced and civilized. He is the first to admit that he has been strongly
influenced by the temperate, analytical example of the great British and
American novelists; Jane Austen and Henry James are two of his most
evident models. But he has also learned from the literature of his own
country. It is good to remember that Donoso, one of the few major
writers of today who are ardent traditionalists, comes from Chile, a
country with an established tradition of serious fiction that tends to be
urban in setting and densely psychological in the development of its
characters. Eduardo Barrios, Pedro Prado, and Manuel Rojas are a
few of his distinguished Chilean predecessors. Donoso's work is thus
strengthened by a familiarity with the accomplishments of two sets of
earlier masters; but in the end, influences can hardly explain a major
talent, and Donoso is very much his own man.*

*José Donoso was born in Santiago de Chile on October 5, 1924, and
was educated there at a British primary school (one of his classmates
was Carlos Fuentes) and at the University of Chile. In 1949 he was
awarded a scholarship for study at Princeton; before he received his
B.A. in 1951, he had written his first two stories, in English, for a
campus literary magazine. Donoso then held a variety of pedagogical
posts in Chile. For two years (1965–67) he was visiting lecturer at the
Writer's Workshop of the University of Iowa, the first practicing Latin-
American writer of distinction to teach creative writing in the United
States. He now resides in Mallorca.*

*Donoso's significance as a writer is international—his works have
resonance in both the Hispanic and the Anglo-Saxon worlds, on both
the North and the South American continents—but at the same time*

he is eminently Chilean, for his work is the product of an intense and critical view of the Chilean bourgeoisie. His first novel, Coronación, *was an acrid portrait of the collapsing Chilean oligarchy, replete with a full cast of pathetic and useless characters—a vicious and senile grandmother, a bumbling, impotent son, and a substratum of servants and* lumpenproletariat *who observe the end of the aristocracy with a bemused and envious kind of objectivity. Two more recent novels,* Este domingo *and* El lugar sin límites, *make even more terrifying and profound examinations into the inner world of the mannered society of Santiago.*

Donoso has a spectacular talent for the visualization of telling detail. Nothing escapes his eye while he describes a boarding-house room, the sitting room of a mansion, a Victorian bedroom. This scrutiny does not end with the accumulation of detail for its own visual effect, for Donoso knows that each object in a Santiago mansion, say, tells an infinite number of things about the people around that object. So it is a psychological as well as a descriptive method. Very often Donoso's view is that of a child. In "Paseo," the first story in this selection, one really feels how big the people are, how overwhelmed a child feels in the presence of adults whose sensibilities toward children have been dulled by the endless routine of house and office. At the same time, Donoso's ability as an omniscient narrator (as in "Santelices," also included here) shows him as a master of the psychological depiction of anguish.

Much of the fascination that we feel when we read Donoso's stories lies precisely in his awareness of the frustration and the whole dark world of passions within the lavishly overfurnished world of the Chilean upper middle class. In fact, the passions suggested by Donoso are all the more maniacal because of the equally intense social pressures and surroundings. Once again, the external circumstances of existence are as much a part of each character as his inner life.

The scrutiny of heightened sensibilities that one finds in some of Donoso's works was never in the past a favorite topic of Latin-American novelists; their values were often closer to those of the frontier than to those of the manse. As a result, the novel of the tierra *has been written in Latin America many times, but the novel of the* ciudad *is still in the process of evolution. However, just as our own novelists in the late 1880's lost interest in our forests and riverboats and began to direct their attention to the social categories of the hermetic urban world, so Latin-American writers are now exhibiting an increasing fascination with the structure and the mores of the city. José Donoso is an active promoter of this new field for the Latin-American novel, and he has prepared himself by delving into Dickens and James and mastering certain traditional Anglo-Saxon techniques of fiction that may suitably be transformed to the new urban world of Latin America.*

The two stories presented here, "Paseo" and "Santelices," tell much the same story and have an uncommon thematic correspondence between them. This is a sign of the coherence and the breadth of Donoso's imaginative world. For that matter, it would not be at all difficult to relate these two masterpieces to the novels. In both stories, a homely reality is meticulously described, with scenes of daily life full of petty routine, fanatic domestic organization, and elaborate ritualism. These descriptions are lovingly done, but the stories are hardly idylls of the city, for Donoso subtly reveals to us the subterranean currents of terror that underlie this apparently benign but suppressed world. Aunt Matilde, the pathetic heroine of "Paseo," and Santelices, the Prufrockian hero of the story named for him, both finally recognize the darker reality around them, and the discovery perforce leads them to doom and oblivion. It is a complex and suggestive world, but Donoso never once loses his iron control over these infernally driven characters.

Paseo

Para Mabel Cardahi

I

Esto sucedió cuando yo era muy chico cuando mi tía Matilde y tío Gustavo y tío Armando, hermanos solteros de mi padre, y él mismo, vivían aún. Ahora están todos muertos. Es decir, prefiero suponer que están todos muertos porque resulta más fácil, y ya es demasiado tarde para atormentarse con preguntas que seguramente no se hicieron en el momento oportuno. No se hicieron porque los acontecimientos parecieron paralizar a los hermanos, dejándolos como ateridos de horror. Luego comenzaron a construir un muro de olvido o indiferencia que lo cubriera todo[1] para poder enmudecer sin necesidad de martirizarse haciendo conjeturas impotentes. Bien puede no haber sido así,[2] puede que mi imaginación y mi recuerdo me traicionen. Después de todo yo no era más que un niño entonces, al que no tenían por qué participar las angustias de las pesquisas,[3] si las hubo, ni el resultado de sus conversaciones.

[1] **que . . . todo:** that covered up everything
[2] **Bien . . . así:** It may not have been that way at all
[3] **al . . . pesquisas:** who didn't have to take part in the anguish of the investigations

171

¿Qué pensar? A veces oía a los hermanos hablar quedamente, lentamente, como era su costumbre, encerrados en la biblioteca, pero la maciza puerta tamizaba el significado de las palabras, permitiéndome escuchar sólo el contrapunto grave y pausado de sus voces. ¿Qué decían? Yo deseaba que allí dentro estuvieran hablando de lo que era importante de verdad, que, abandonando el respetuoso frío con que se trataban, abrieran sus angustias y sus dudas haciéndolas sangrar.[4] Pero tenía tan poca fe en que así fuera,[5] que mientras rondaba junto a los altos muros del vestíbulo cerca de la puerta de la biblioteca, se grabó en mi mente la certeza de que habían elegido olvidar, reuniéndose sólo para discutir, como siempre, los pleitos del estudio jurídico[6] que les pertenecía, especializado en derecho marítimo. Ahora pienso que quizás tuvieran razón en desear borrarlo todo, porque ¿para qué vivir con el terror inútil de verse obligado a aceptar que las calles de una ciudad pueden tragarse a un ser humano, anularlo, dejándolo sin vida y sin muerte, suspendido en una dimensión más inciertamente peligrosa que cualquiera dimensión con nombre?

Y sin embargo. . .

Un día, meses después de los acontecimientos, sorprendí a mi padre mirando la calle desde el balcón de la sala del segundo piso. El cielo estaba estrecho, denso, y el aire húmedo agobiaba las grandes hojas lacias de los ailantos. Me acerqué a mi padre, ávido de una respuesta que contuviera una mínima aclaración:[7]

—¿Qué hace aquí, papá? —susurré.

Al responder, algo se cerró súbitamente sobre la desesperación de su rostro, como el golpe de un postigo[8] que se cierra sobre una escena vergonzosa.

—¿No ves? Estoy fumando. . . —replicó.

Y encendió un cigarrillo.

No era verdad. Yo sabía por qué acechaba calle arriba y calle abajo, con sus ojos ensombrecidos, llevándose de vez en cuando la

---

[4] **abrieran . . . sangrar:** they would open up their torments and their doubts, making them bleed
[5] **Pero . . . fuera:** But I had so little faith in things working out that way
[6] **estudio jurídico:** law office
[7] **que . . . aclaración:** that might contain a minimal clarification
[8] **postigo:** peep hole

mano a su suave patilla[9] castaña: era con la esperanza de ver que
reaparecía, que regresaba como si tal cosa[10] debajo de los árboles
de la acera, con la perra blanca trotando a sus talones. ¿Hubiera
esperado así de tener[11] cualquiera certeza?

Poco a poco me fui dando cuenta de que no sólo mi padre,
sino que todos los hermanos, como escondiéndose unos de los
otros y sin confesarse ni a sí mismos lo que hacían, rondaban
las ventanas de la casa, y si alguien llegaba a mirar desde la acera
de enfrente, quizás divisara la sombra de cualquiera de ellos apostada junto a una cortina o rostros envejecidos por el sufrimiento
atisbando desde atrás de los cristales.

II

Ayer pasé frente a la casa donde entonces vivíamos. Hacía
años que no andaba por allí. En aquel tiempo la calle era adoquinada con quebracho[12] y bajo los ailantos copudos transitaba
de vez en cuando un tranvía estrepitoso de fierros sueltos.[13] Ahora ya no existen ni adoquines de madera, ni tranvías, ni árboles
en las aceras. Pero nuestra casa está en pie aún, angosta y vertical
como un librito apretado entre los gruesos volúmenes de los edificios nuevos, con tiendas en la planta baja y un burdo cartel
recomendando camisetas de punto[14] que cubre los dos balcones
del segundo piso.

Cuando vivíamos allí casi todas las casas eran altas y delgadas
como la nuestra. La cuadra estaba siempre alegre con los juegos
de los niños en los manchones de sol de la acera, y con los chismes
de las sirvientas de hogares prósperos al regresar de sus compras.
Pero nuestra casa no era alegre. Lo digo así, "no era alegre", en
vez de "era triste", porque es exactamente lo que quiero decir.

[9] **patilla:** side whiskers
[10] **era . . . cosa:** it was with the hope of seeing her reappear, return as if she
had been just taking a walk
[11] **de tener:** if he had
[12] **adoquinada con quebracho:** paved with blocks of a very hard Argentinian
wood
[13] **estrepitoso . . . sueltos:** clanging with loose pieces of metal
[14] **camisetas de punto:** undershirts

La palabra "triste" no sería justa porque tiene connotaciones demasiado definidas, peso y dimensiones propias. Y lo que sucedía en nuestra casa era justamente lo contrario: una ausencia, una falta que por ser desconocida era irremediable, algo que si pesaba, pesaba por no existir.

Cuando murió mi madre, antes que yo cumpliera cuatro años, se estimó necesaria la presencia de una mujer junto a mí para que me protegiera con sus cuidados. Como tía Matilde era la única mujer de la familia y vivía con mis tíos Gustavo y Armando, los tres solterones vinieron a vivir en nuestra casa, que era amplia y vacía.

Tía Matilde desempeñó sus funciones junto a mí con ese esmero característico de cuanto hacía. Yo no dudaba de que me quisiera, pero jamás logré sentir ese cariño como una experiencia palpable que nos unía. Había algo rígido en sus afectos, igual que en los hombres de la familia, y el amor existía confinado dentro de cada individualidad, sin saltar límites para expresarse y unir. Para ellos, expresar sus afectos era desempeñar perfectamente sus funciones unos respecto a los otros, y, sobre todo, no incomodar, jamás incomodar. Tal vez expresar cariño de otra manera les fuera innecesario ya, puesto que tenían tanta historia juntos, tanto pasado en común dentro del cual quizás fuera expresado hasta el hartazgo,[15] y todo ese posible pasado de ternura se hallaba ahora estilizado bajo la forma de acciones certeras, símbolos útiles que no requerían mayor elucidación. Quedaba sólo el respeto como contacto entre los cuatro hermanos silenciosos y aislados que recorrían los pasillos de aquella honda casa que, a semejanza de un libro, sólo mostraba la angosta franja de su lomo[16] a la calle.

Yo, naturalmente, no tenía historia en común con tía Matilde. ¿Cómo podía tenerla si no era más que un niño que comprendía sólo a medias los adustos motivos de los mayores? Deseaba ardientemente que ese cariño confinado se rebasara,[17] expresán-

[15] **tanto . . . hartazgo:** so much past in common in which [that love] had already been expressed until they were tired of it

[16] **franja . . . lomo:** edge of its back

[17] **Deseaba . . . se rebasara:** I passionately wanted that constricted love to break out of itself

dose de otro modo, con un arrebato. por ejemplo, o con una tontería. Pero ella no podía adivinar este deseo mío porque su atención no estaba enfocada sobre mí, yo era una persona periférica a su vida, tangente a lo sumo, nunca central. Y no era central porque su centro entero estaba colmado[18] por mi padre y por mis tíos Gustavo y Armando. Tía Matilde nació única mujer —mujer fea, además— en una familia de varones apuestos, y al darse cuenta de que su matrimonio era poco probable, se consagró a velar por la comodidad de esos hombres, a llevarles la casa,[19] a cuidarles la ropa, a encargar para ellos sus platos favoritos. Desempeñaba estas funciones sin el menor servilismo, orgullosa de su papel porque no dudaba de la excelencia y dignidad de sus hermanos. Además, como todas las mujeres, poseía en grado sumo esa fe tan oscura en que el bienestar físico es, si no lo principal, ciertamente lo primero, y que no tener hambre ni frío ni incomodidad es la base para cualquier bien de otro orden. No es que sufriera con las fallas en este sentido, sino que, más bien, la impacientaban, y al ver miseria o debilidad en torno suyo tomaba medidas inmediatas para remediar lo que, sin duda, eran errores en un mundo que debía, que tenía que ser perfecto. En otro plano era intolerancia por camisas que no estuvieran planchadas estupendamente, por carne que no fuera de primerísima calidad, por la humedad que debido a un descuido se introducía en la caja de los habanos. Aquí residía el vigor indiscutido de tía Matilde, alimentando por medio de él las raíces de la grandeza de sus hermanos, y aceptando que ellos la protegieran porque eran hombres, más sabios y más fuertes que ella.

Después de comida, siguiendo lo que sin duda era una liturgia antiquísima en la familia, tía Matilde subía al piso de los dormitorios y en el cuarto de cada uno de sus hermanos alistaba las camas, apartando los cobertores con sus manos huesudas. Ponía un chal a los pies de la cama de tal,[20] que era friolento; colocaba un almohadón de plumas a la cabecera de cual,[21] que leía antes de dormirse. Luego, dejando los veladores encendidos junto a los

---

[18] **colmado:** entirely taken up
[19] **llevarles la casa:** supervise the house
[20] **tal:** one of the brothers
[21] **cual:** another brother

vastos lechos, bajaba a la sala de billar a reunirse con los hombres, para tomar café y jugar unas cuantas carambolas antes que, como conjurados por ella, se retiraran a llenar las efigies vacías de los pijamas dispuestos sobre las blancas sábanas entreabiertas. Pero tía Matilde jamás abría mi cama. Al subir a mi cuarto yo llevaba el corazón detenido con la esperanza de encontrar mi cama abierta con la reconocible pericia de sus manos, pero siempre tuve que conformarme con el estilo tanto menos puro de la sirvienta encargada de hacerlo. Nunca me concedió esa marca de importancia, porque yo no era su hermano. Y no ser "uno de mis hermanos" le parecía una desdicha de la que eran víctimas muchas personas, casi todas en realidad, incluso yo, que al fin y al cabo no era más que hijo de uno de ellos.

A veces tía Matilde me mandaba a llamar a su cuarto, y cosiendo junto a la alta ventana se dirigía a mí sin jamás preguntarme nada, dando por hecho[22] que todos mis sentimientos, gustos y reflexiones eran producto de lo que ella decía, segura de que nada podía entorpecerme para recibir íntegras sus palabras.[23] Yo la escuchaba atento. Me ponderaba el privilegio que era haber nacido de uno de sus hermanos, pudiendo así vivir en contacto con todos ellos. Me hablaba de la probidad absoluta de sus sagaces actuaciones como abogados en los más intrincados pleitos marítimos, comunicándome su entusiasmo por su prosperidad y distinción, que sin duda yo prolongaría. Me explicaba el embargo de un cargamento de bronce, cierta avería por colisión con un insignificante remolcador, los efectos desastrosos de la sobreestadía de un barco de bandera exótica. Esto, para ella, era la vida, esto y los problemas de la casa. Pero al hablarme de los barcos, sus palabras no enunciaban la magia de esos roncos pitazos navegantes que yo solía oir a lo lejos en las noches de verano cuando, desvelado por el calor, subía hasta el desván, y asomándome por una lucerna contemplaba las lejanas luces que flotaban, y esos bloques de tinieblas de la ciudad yacente a la que carecía de acceso porque mi vida era, y siempre iba a ser, perfectamente ordenada. Tía Matilde no me insinuaba esa magia porque la desconocía, no tenía lugar en su vida, como no podía tener lugar

---

[22] **dando por hecho:** taking as a fact
[23] **nada . . . palabras:** nothing could get in the way of my accepting at face value what she said

en la vida de gente que estaba destinada a morir dignamente para después instalarse con toda comodidad en el cielo, un cielo idéntico a nuestra casa. Mudo, yo la escuchaba hablar, con la vista prendida a la hebra de hilo claro que al ser alzada contra su blusa negra parecía captar toda la luz de la ventana. Yo poseía una melancólica sensación de imposibilidad frente a esos pitazos navegantes en la noche, y a esa ciudad oscura y estrellada tan semejante al cielo al que ella no concedía misterio alguno. Pero me regocijaba ante el mundo de seguridad que sus palabras trazaban para mí, ese magnífico camino recto que desembocaba en una muerte no temida, igual a esta vida, sin nada fortuito ni inesperado. Porque la muerte no era terrible. Era el corte final, limpio y definitvo, nada más. El infierno existía, claro, pero no para nosotros sino que para castigar a los demás habitantes de la ciudad, o a los anónimos marineros que ocasionaban las averías que, al terminar los pleitos, llenaban las arcas familiares.

Tía Matilde era tan ajena a la idea de amenaza de lo inesperado, a toda idea de temor, que, porque creo que el temor y el amor van tan unidos, me acomete la tentación de pensar que en aquella época no quería a nadie. Pero tal vez me equivoque. A su manera, aislada y rígida, es posible que a sus hermanos la ligara una suerte de amor. En la noche, después de la cena, se reunían en la sala de billar para tomar café y jugar unos partidos. Yo los acompañaba. Allí, frente a ese círculo de amores confinados que no me incluía en su ruedo, sufría percibiendo que los hilos de sus afectos ya ni siquiera intentaban atarse.[24] Es curioso que mi imaginación, al recordar la casa, no me permita más que grises, sombras, matices; pero evocando esa hora, sobre el verde estridente del tapete, el rojo y blanco de las bochas[25] y el cubito de tiza azul vuelven a inflamarse en mi memoria, iluminados por la lámpara baja cuya pantalla desterraba todo el resto de la habitación a la penumbra. Siguiendo una de las tantas formas rituales de la famila, la voz lisa de tía Matilde iba rescatando por turnos a cada uno de sus hermanos de la oscuridad, para que hicieran sus jugadas:

—Ahora tú, Gustavo. . .

---

[24] **hilos . . . atarse:** the threads of their feelings no longer even tried to attach themselves [to anyone]

[25] **bochas:** billiard balls

Y al inclinarse sobre el verde de la mesa, taco en mano, se iluminaba el rostro de tío Gustavo, frágil como un papel, cuya nobleza era extrañamente contradicha por sus ojos demasiado pequeños y juntos. Terminando de jugar regresaba a la sombra, donde aspiraba un habano cuyo humo se desprendía flojo hasta disolverse en la oscuridad del techo. Su hermana decía entonces:

—Bueno, Armando. . .

Y el rostro fofo y tímido de tío Armando, con sus grandes ojos celestes opacados por las gafas de marco de oro, bajaba a la luz. Su jugada era generalmente mala, porque era "el niño", como a veces lo llamaba tía Matilde. Después de los comentarios suscitados por su juego, se refugiaba detrás del diario y tía Matilde decía:

—Pedro, tu turno. . .

Yo retenía la respiración al verlo inclinarse para jugar, la retenía viéndolo sucumbir ante el mandato de su hermana, y con el corazón hecho un nudo rogaba que se rebelara contra los órdenes preestablecidos. Naturalmente, yo no podía darme cuenta de que ese orden rígido era en sí una forma de rebelión inventada por ellos contra lo caótico, para que no los tocara la mano terrible de lo que no se puede explicar ni solucionar. Mi padre, entonces, se inclinaba sobre el paño verde, midiendo con su mirada suave las distancias y posiciones de las bolas. Hacía su jugada y al hacerla resoplaba de manera que sus bigotes y su patilla se agitaban un poco alrededor de la boca entreabierta. Luego me entregaba su taco para que lo tizara con el cubo de tiza azul. Así, con este mínimo papel que me asignaba, me hacía tocar, por lo menos en la periferia, el círculo que lo unía a su hermanos, sin hacerme participar más que tangencialmente en él.

Después jugaba tía Matilde. Era la mejor jugadora. Al ver que su rostro tosco, construido como con los defectos de los rostros de sus hermanos, descendía desde la sombra, yo sabía que iba a ganar, que tenía que ganar. Y, sin embargo. . . , ¿no he visto un destello de alegría en sus ojos diminutos en medio de ese rostro irregular como un puño brutalmente apretado, cuando por casualidad alguno de ellos lograba vencerla? Esa gota de alegría era porque, aunque lo deseara, nunca se hubiera permitido dejarlos ganar. Eso sería introducir el misterioso elemento del amor en un juego que no debía incluirlo, porque el cariño debe permanecer en su sitio, sin rebasarse para deformar la realidad exacta de una carambola.

III

Jamás me gustaron los perros. Tal vez alguno me haya asustado siendo yo muy niño, no lo recuerdo, pero siempre me han desagradado. En todo caso, por aquella época mi desagrado por esos animales era inútil, ya que en casa no había perros, y como yo salía poco, se presentaban escasas ocasiones para que me incomodaran. Para mis tíos y mis padres, los perros, como todo el reino animal, no existían. Las vacas, claro, suministraban la crema que enriquecía el postre dominguero servido sobre una bandeja de plata; eran los pájaros los que al crepúsculo piaban agradablemente en la copa del olmo, único habitante del pequeño jardín al que la casa daba la espalda. Pero el reino animal existía sólo en la medida en que contribuyera al regalo de sus personas.[26] Para qué decir, entonces, que los perros, haraganes como son los perros de la ciudad, ni siquiera les rozaban la imaginación con una posibilidad de existencia.

Es cierto que a veces, regresando de misa los domingos, algún perro solía cruzarse en nuestro camino, pero era fácil no concederle existencia. Tía Matilde, que siempre iba adelante conmigo, sencillamente no elegía verlo, y unos pasos más atrás, mi padre y mis tíos iban preocupados con problemas demasiado importantes para fijarse en algo tan banal como un perro callejero.

A veces tía Matilde y yo íbamos a misa temprano para comulgar. Rara vez lograba concentrarme al recibir el sacramento, porque generalmente la idea de que ella me vigilaba sin mirar ocupaba el primer plano de mi conciencia. Aunque sus ojos estuvieran dirigidos al altar o su frente humillada ante el Santísimo, cualquier movimiento mío llamaba su atención, tanto que, al salir de la iglesia, me decía con disimulado reproche que sin duda fue una pulga atrapada en los bancos lo que me impidió concentrarme en meditar que la muerte es el buen fin previsto,

---

[20] **sólo . . . personas:** only insofar as they contributed to their personal comfort

y en rogar que no fuera dolorosa,[27] que para eso servían misas, rezos y comuniones.

Fue una de esas mañanas.

Una llovizna minuciosa amenazaba transformarse en temporal, y los adoquines de quebracho extendían sus nítidos abanicos brillosos de acera a acera, tarjados por los rieles del tranvía. Como tenía frío y deseaba estar pronto de vuelta en casa, apresuré el paso bajo el hongo enlutado del paraguas sostenido por tía Matilde. Pasaban pocas personas porque era temprano. Un señor muy moreno nos saludó sin levantar el sombrero, a causa de la lluvia. Mi tía, entonces, acaparó mi atención, reiterándome su desprecio por la gente de raza mixta, pero de pronto, cerca de donde caminábamos, un tranvia que no oí venir frenó brutalmente haciéndola suspender su monólogo. El conductor se asomó por la ventanilla:

—¡Perro imbécil! —vociferó.

Nos detuvimos para mirar.

Una pequeña perra blanca escapó casi de entre las ruedas del tranvía, y rengueando[28] penosamente, con la cola entre las piernas, fue a refugiarse en el umbral de una puerta. El tranvía volvió a partir.

—Estos perros, es el colmo que los dejen andar así...[29] —protestó tía Matilde.

Al seguir nuestro camino pasamos junto a la perra acurrucada en el rincón del umbral. Era pequeña y blanca, con las patas demasiado cortas para su porte y un feo hocico puntiagudo que pregonaba toda una genealogía de mesalianzas callejeras, resumen de razas impares que durante generaciones habían recorrido la ciudad buscando alimento en los tarros de basura y entre los desperdicios del puerto. Estaba empapada, débil, tiritando de frío o de fiebre. Al pasar frente a ella percibí una cosa extraña: mi tía miró a la perra y los ojos de la perra se cruzaron con su mirada. No vi la expresión de los ojos de mi tía. Sólo vi que la perra la miró, haciendo suya esa mirada, contuviera lo que contuviere,[30] sólo porque se fijaba en ella.

[27] **y . . . dolorosa**: and pray that it [death] might not be a painful one
[28] **rengueando**: limping
[29] **es . . . así**: it's the limit that they let them run around like that
[30] **contuviera . . . contuviere**: no matter what that look contained

Seguimos hacia casa. Unos pasos más allá, cuando yo estaba a punto de olvidar a la perra, mi tía me sorprendió al darse vuelta bruscamente y exclamar:

—¡Pssst! ¡Ándate!

Se había vuelto con una certeza tan absoluta de encontrarla siguiéndonos, que vibré con la pregunta muda que surgió de mi sorpresa: "¿Cómo lo supo?"[31] No podía haberla oído puesto que la distancia a que nos seguía era apreciable. Pero no lo dudó. ¿Tal vez esa mirada que se cruzó entre ellas, de la que yo sólo pude ver lo mecánico —la cabeza de la perra alzada apenas hacia tía Matilde, la cabeza de tía Matilde entornada apenas hacia ella—, contuvo algún compromiso secreto, alguna promesa de lealtad que yo no percibí? No lo sé. En todo caso, al darse vuelta para echar a la perra, su "pssst" corto y definitivo era la voz de algo como un deseo impotente de alejar un destino que ya se ha tenido que aceptar. Es probable que diga todo esto a la luz de hechos posteriores, que mi imaginación adorne de significado lo que no fue más que trivial. Sin embargo, puedo asegurar que en ese momento sentí extrañeza, temor casi, ante la repentina pérdida de dignidad de mi tía al condescender a volverse, otorgándole rango[32] a una perra enferma y sucia que nos seguía por razones que no podían tener importancia.

Llegamos a casa. Subimos las gradas y el animal se quedó abajo, mirándonos desde la lluvia torrencial recién desencadenada. Entramos, y el delectable proceso del desayuno posterior a la comunión logró borrar de mi mente a la perra blanca. Jamás sentí tan protectora nuestra casa como aquella mañana, nunca fue tan grande mi regocijo por la seguridad con que esas viejas paredes deslindaban mi mundo.

¿Qué hice el resto de esa mañana? No lo recuerdo, pero supongo que haría lo de siempre: leer revistas, hacer tareas, vagar por la escalera, bajar hasta la cocina para preguntar qué había de almuerzo ese domingo.

En uno de mis vagabundeos por las estancias[33] vacías —mis tíos se levantaban tarde los domingos de lluvia, excusándose de ir a la iglesia—, alcé la cortina de una ventana para ver si la

---

[31] **¿Cómo lo supo?:** How did she know [the dog was there]?

[32] **otorgándole rango:** bestowing rank

[33] **estancias:** bedrooms or sitting rooms

lluvia prometía amainar. El temporal seguía. Y parada al pie de las gradas, tiritando aún y escudriñando la casa, volví a ver a la perra blanca. Dejé caer la cortina para no verla allí, empapada y como presa de una fascinación. De pronto, detrás de mí, del ámbito oscuro de la sala, surgió la voz queda de tía Matilde, que, inclinada para atracar un fósforo a la leña ya dispuesta en la chimenea, me preguntaba:

—¿Está ahí todavía?

—¿Quién?

Yo sabía quién.

—La perra blanca...

Respondí que allí estaba. Pero mi voz fue insegura al formar las sílabas, como si de alguna manera la pregunta de mi tía derribara los muros que nos cobijaban, permitiendo que la lluvia y el viento inclemente se instalaran dentro de nuestra casa.

IV

Debe de haber sido el último temporal de ese invierno, porque recuerdo claramente que los días siguientes se abrieron y que las noches comenzaron a entibiarse.

La perra blanca continuó apostada en nuestra puerta, siempre temerosa, escudriñando las ventanas como si buscara a alguien. En la mañana, al partir al colegio, yo trataba de espantarla para que se fuera, pero no bien[34] me trepaba al autobús la veía reaparecer tímidamente por la esquina o desde atrás de un farol. Las sirvientas también trataron de alejarla, pero sus tentativas fueron tan infructuosas como las mías, porque la perra nunca dejaba de regresar, como si permanecer cerca de nuestra casa fuera una tentación que, aunque peligrosa, tenía que obedecer.

Una noche estábamos todos despidiéndonos al pie de la escalera antes de irnos a dormir. Tío Gustavo, que siempre se encargaba de hacerlo, ya había apagado todas las luces, menos la de la escalera, dejando el gran espacio del vestíbulo poblado por las densidades de los muebles. Tía Matilde, que recomen-

---

[34] **no bien:** just as soon as

daba a tío Armando que abriera la ventana de su cuarto para que entrara un poco de aire, de pronto enmudeció, dejando sus despedidas inconclusas y los movimientos de todos nosotros, que comenzábamos a subir, detenidos.

—¿Qué pasa? —preguntó mi padre bajando un escalón.

—Suban —murmuró tía Matilde, dándose vuelta para mirar la penumbra del vestíbulo.

Pero no subimos.

El silencio de la sala, generalmente tan espacioso, se colmó con la voz secreta de cada objeto —un grano de tierra escurriéndose entre el viejo papel y el muro, maderas crujientes, el trepidar de algún cristal suelto— y esos escasos segundos se inundaron de resonancias. Alguien, además de nosotros, estaba donde estábamos nosotros. Una pequeña forma blanca venció la penumbra junto a la puerta de servicio. Era la perra, que atravesó el vestíbulo rengueando lentamente en dirección a tía Matilde, y sin mirarla siquiera se echó a sus pies.

Fue como si la inmovilidad de la perra hubiera vuelto a hacer posible el movimiento de los que contemplábamos la escena. Mi padre bajó dos escalones, tío Gustavo encendió la luz, tío Armando subió pesadamente y se encerró en su dormitorio.

—¿Qué es esto? —preguntó mi padre.

Tía Matilde permanecía inmóvil.

—¿Cómo entraría? [35] —se preguntó de pronto.

Sus palabras parecían apreciar la proeza que significaba haber saltado tapias en ese estado lamentable, o haberse introducido en el sótano por un vidrio roto, o haber burlado la vigilancia de las sirvientas para deslizarse por una puerta casualmente abierta.

—Matilde, llama para que se la lleven —dijo mi padre, y subió seguido por tío Gustavo.

Quedamos ella y yo mirando la perra.

—Está inmunda —dijo en voz baja—. Y tiene fiebre. Mira, está herida. . .

Llamó a una sirvienta para que se la llevara, ordenándole que le diera de comer y que al otro día llamara a un veterinario.

—¿Se va a quedar en la casa? —pregunté.

[35] ¿Cómo entraría?: How could it have gotten in?

—¿Cómo va a andar así por la calle? —murmuró tía Matilde—. Tiene que sanar para poder echarla. Y tiene que sanar pronto, porque no quiero tener animales en la casa.

Luego agregó:

—Sube a acostarte.

Ella siguió a la sirvienta que se llevaba a la perra.

Reconocí esa antigua urgencia de tía Matilde porque todo anduviera bien en torno suyo, ese vigor y pericia que la hacían reina indudable de las cosas inmediatas, encontrándose tan segura dentro de sus limitaciones, que para ella lo único necesario era solucionar desperfectos, errores no de intención o motivo, sino de estado. La perra blanca, por lo tanto, iba a sanar. Ella misma, porque el animal había entrado en el radio de su poder, se encargaría de ello. El veterinario le vendaría la pata herida bajo su propia vigilancia, y protegida por guantes de goma y por un paño, ella misma se encargaría de lavarle las pústulas con desinfectantes que la harían gemir. Pero tía Matilde permanecería sorda a esos gemidos, segura, tremendamente segura, de que cuanto hacía era para bien.

Así fue.

La perra se quedó en la casa. No es que yo la viera, pero conocía el equilibrio de personas que la habitaban, de manera que la presencia de cualquier extraño, aunque permaneciera en los confines del sótano, podía establecer un desnivel en lo acostumbrado. Algo, algo me acusaba su existencia bajo el mismo techo que yo. Quizás ese algo no fuera tan imponderable. A veces veía a tía Matilde con los guantes de goma en la mano, llevando un frasco lleno de líquido rojo. Encontré un plato con piltrafas en un pasillo del sótano, donde fui a contemplar la bicicleta que acababan de regalarme. Débilmente, amortiguado por pisos y muros, a veces llegaba hasta mis oídos la sospecha de un ladrido.

Una tarde bajé a la cocina, y la perra blanca entró, manchada como un payaso con el desinfectante rojo. Las sirvientas la echaron sin miramientos. Pero vi que no rengueaba ya, que su cola, antes lacia, se enroscaba como una pluma dejando a la vista su trasero desvergonzado.

Esa tarde le pregunté a tía Matilde:

—¿Cuándo la va a echar?

—¿A quién? —preguntó ella.

Lo sabía perfectamente.

—A la perra blanca.

—Todavía no está bien —respondió. Más tarde pensé insistir, diciéndole que aunque la perra no estuviera sana del todo, seguramente ya nada le impediría encaramarse en los tarros para husmear la basura en busca de comida. No lo hice porque creo que fue esa misma noche cuando tía Matilde, después de perder la primera partida de billar, decidió que no tenía ganas de jugar otra. Sus hermanos siguieron jugando, y ella, sumida en el enorme sofá de cuero, les iba indicando sus turnos. De pronto se equivocó en el orden de los nombres. Hubo un momento de desconcierto, pero el hilo del orden fue retomado prontamente por esos hombres que rechazaban la casualidad si no les era favorable. Pero yo ya había visto.

Era como si tía Matilde no estuviera allí. Respiraba a mi lado como siempre. La honda alfombra silenciadora cedía como de costumbre bajo sus pies. Sus manos cruzadas tranquilamente —tal vez aun más tranquilamente que otras noches— pesaban sobre su falda. ¿Cómo es posible que se sienta con tanta certeza la ausencia de un ser cuando su corazón está en otra parte? Sólo su corazón estaba ausente, pero la voz con que iba llamando a sus hermanos arrastraba significaciones desusadas porque nacía en otro lugar.

Las noches siguientes fueron iguales, enturbiadas por ese borrón casi invisible de su ausencia. Dejó por completo de tomar parte en el juego y de llamarlos por sus nombres. Ellos parecieron no notarlo. Pero quizás lo notaran, porque los partidos se hicieron más cortos, y noté que la deferencia con que la trataban aumentó infinitesimalmente.

Una noche, cuando salíamos del comedor, la perra hizo su aparición en el vestíbulo y se unió al grupo familiar. Ellos, como de costumbre, aguardaron en la puerta de la biblioteca para que su hermana los precediera hasta la sala de billar, esta vez seguida airosamente por la perra blanca. No hicieron comentario alguno, como si no la hubieran visto, iniciando su partido como todas las noches.

La perra se sentó a los pies de tía Matilde, muy quieta, sus ojos vivísimos recorriendo la sala y siguiendo las maniobras de los jugadores, como si todo aquello la entretuviera muchísmo. Ahora estaba gorda y tenía la pelambre brillosa, todo su cuerpo, desde el palpitante hociquillo hasta la cola lista para agitarse, repleto de una vital capacidad de diversión. ¿Cuánto tiempo había permanecido en casa? ¿Un mes? Tal vez más. Pero en ese mes tía Matilde la había obligado a sanar, cuidándola sin despliegues de ternura, pero con la gran sabiduría de sus manos huesudas empeñada en componer lo descompuesto. Le había curado las llagas, implacable ante su dolor y sus gemidos. Su pata estaba sana. La había desinfectado, alimentado, bañado, y ahora la perra blanca era un ser entero.

Todo esto, sin embargo, no parecía unirla a la perra. Quizás la aceptara como esa noche mis tíos también aceptaron su presencia: rechazarla hubiera sido darle una importancia que para ellos no podía tener. Yo veía a tía Matilde tranquila, recogida, colmada de un elemento nuevo que no llegaba a desbordarse para tocar su objeto, y ahora éramos seis los seres separados por algo más vasto que trechos de alfombra y de aire.

En una de sus jugadas, tío Armando, que era torpe, tiró al suelo el cubito de tiza azul. Inmediatamente, obedeciendo a un resorte que la unía a su picaresco pasado callejero, la perra corrió hasta la tiza y, arrebatándosela a tío Armando, que se había inclinado para recogerla, la tomó en el hocico. Entonces sucedió algo sorprendente. Tía Matilde, como si de pronto se deshiciera, estalló en una carcajada incontenible que la agitó entera durante unos segundos. Quedamos helados. Al oirla, la perra abandonó la tiza, corrió hacia ella con la cola agitada en alto, y saltó sobre su falda. La risa de tía Matilde se aplacó, pero tío Armando, vejado, abandonó la sala para no presenciar ese desmoronamiento del orden mediante la intrusión de lo absurdo. Tío Gustavo y mi padre prosiguieron el juego; ahora era más importante que nunca no ver, no ver nada, no comentar, no darse por aludido[36] de los acontecimientos, y así quizás detener algo que avanzaba.

Yo no encontré divertida la carcajada de tía Matilde. Era demasiado evidente que algo oscuro la había suscitado. La perra

---

[36] **no** . . . **aludido:** not admit to knowing

se aquietó sobre su falda. Los chasquidos de las bolas al golpearse, precisos y espaciados, parecieron conducir la mano de tía Matilde primero desde su lugar en el sofá hasta su falda, y luego hasta el lomo de la perra adormecida. Al ver esa mano inexpresiva reposando allí, observé también que la tensión que jamás antes había percibido como tal en las facciones de mi tía —nunca sospeché que pudiera ser otra cosa que dignidad— se había disuelto, y que una gran paz suavizaba su rostro. No pude resistirlo. Obedeciendo a algo más poderoso que mi voluntad me acerqué a ella sobre el sofá. Esperé que me llamara con una mirada o que me incluyera mediante una sonrisa, pero no lo hizo porque la nueva relación entablada era demasiado exclusiva, y en ella no había lugar para mí. Eran sólo dos los seres unidos. Aunque no lo deseaba, yo quedaba afuera. Y los demás, los hermanos, permanecían aislados porque desoyeron la peligrosa invitación que tía Matilde se atrevió a escuchar.

V

Cuando yo llegaba del colegio por la tarde, iba directamente a la planta baja, y montando mi bicicleta nueva daba vuelta tras vuelta por el estrecho jardín del fondo de la casa, centrado en torno al olmo y al par de escaños de fierro. Detrás de la tapia, los nogales de la otra casa comenzaban a mostrar un leve bozo primaveral, pero yo no hacía caso de las estaciones y sus dádivas porque tenía cosas demasiado graves en que pensar. Y como sabía que nadie bajaba al jardín hasta que el ahogo de pleno verano lo hiciera perentorio,[37] era el mejor sitio para meditar sobre lo que en casa sucedía.

Superficialmente se hubiera dicho que nada sucedía. ¿Pero cómo permanecer tranquilo frente a la curiosa relación anudada entre mi tía y la perra blanca? Era como si tía Matilde, después de servir esmeradamente y conformarse con su vida impar, por fin hubiera hallado a su igual, a alguien que hablaba su lenguaje más inconfesado, y como entre damas, llevaban una vida íntima llena de amabilidades y refinamientos gratos. Comían bombones

[37] **ahogo . . . perentorio:** oppressive heat of the summer made it necessary

que venían en cajas atadas con frívolos cintajos. Mi tía disponía naranjas, piñas, uvas en las empinadas fruteras de cristal, y la perra la observaba como si criticara su buen gusto o fuera a darle su opinión. Era como si hubiera descubierto una región más benigna de la vida en este compartir de agrados, tanto que ahora todo había perdido importancia para ella frente a este nuevo mundo afectuoso.

Era frecuente que pasando junto a la puerta de su habitación yo escuchara una carcajada similar a la que había echado por tierra el viejo orden de su vida[38] aquella noche, o que la oyera dialogar —no monologaba como conmigo— con una interlocutora cuya voz yo no oía. Era la vida nueva. La perra, la culpable, dormía en una cesta en su cuarto, una cesta primorosa, femenina, absurda a mi parecer, y la seguía a todas partes, menos al comedor. La entrada allí le estaba vedada, pero esperando la salida de su amiga, la seguía hasta la biblioteca o el billar, según donde nos instaláramos, y se sentaba a su lado o en su falda, cruzando, de tanto en tanto, cómplices miradas de entendimiento. Yo sentía que la perra era la más fuerte de las dos, la que mostraba y enseñaba cosas desconocidas a tía Matilde, que se había entregado por completo a su experiencia.

¿Cómo era posible?, me preguntaba yo. ¿Por qué tuvo que esperar hasta ahora para lograr rebasarse por fin y entablar un diálogo por primera vez en su vida? A veces la veía insegura respecto a la perra, como temerosa de que así como un buen día llegó, también partiera,[39] dejándola sola, con todo este nuevo caudal pesándole en las manos. ¿O temía aún por su salud? Era demasiado extraño. Estas ideas flotaban como borrones suspendidos en mi imaginación, mientras oía crujir la gravilla[40] del sendero bajo las ruedas de mi bicicleta. Lo que no era borroso, en cambio, era mi vehemente deseo de enfermar de gravedad, para ver si así lograba yo también cosechar una relación parecida. Porque la enfermedad de la perra había sido la causa de todo. Sin eso mi tía jamás se hubiera ligado con ella. Pero yo tenía una salud de fierro, y además era claro que el corazón de tía

[38] **similar . . . vida:** similar to the one which had destroyed the old order of her life
[39] **así . . . partiera:** one fine day the dog would go away
[40] **gravilla:** *Chilean,* gravel

Matilde no daba cabida más que para[41] un solo amor a la vez, sobre todo si era tan inmenso.

Mi padre y mis tíos no parecieron notar cambio alguno. La perra era silenciosa, y abandonando sus modales de callejera, pareció adquirir las maneras un tanto dignas de tía Matilde, conservando, sin embargo, todo su empaque de hembra a la cual las durezas de la vida no han podido ensombrecer ni su buen humor ni su inclinación por la aventura. Para ellos resultaba más fácil aceptarla que rechazarla, ya que lo último[42] hubiera comprometido por lo menos sus comentarios, y tal vez hasta una revisión incómoda de sus cánones de seguridad.

Una noche, cuando el jarro de limonada ya había hecho su aparición sobre la consola de la biblioteca, refrescando ese rincón de la penumbra, y las ventanas quedaban abiertas al aire, mi padre se detuvo bruscamente al entrar en la sala de billar.

—¿Qué es esto? —exclamó mirando el suelo.

Consternados, los tres hombres se pararon a mirar una pequeña charca redonda en el piso encerado.

—¡Matilde! —llamó tío Gustavo.

Ella se acercó a mirar y enrojeció de vergüenza. La perra se había refugiado bajo la mesa del billar en la habitación contigua. Al dirigirse a la mesa, mi padre la vio allí, y cambiando bruscamente de rumbo[43] salió de la sala seguido por sus hermanos, dirigiéndose a los dormitorios, donde cada uno se encerró mudo y solo.

Tía Matilde no dijo nada. Subió a su cuarto seguida de la perra. Yo permanecí en la biblioteca con un vaso de limonada en la mano, mirando el cielo del verano, y escuchando, escuchando ansiosamente algún pitazo lejano de un barco, y el rumor de la ciudad desconocida, terrible y también deseada, que se extendía bajo las estrellas.

Pronto oí bajar a tía Matilde, que apareció con el sombrero puesto y con las llaves tintineando en la mano.

—Anda a acostarte —dijo—. Voy a llevarla a pasear a la calle para que haga sus necesidades.

Luego agregó algo que me hizo temblar:

[41] **no . . . para:** had room for only
[42] **ya . . . último:** since the latter possibility
[43] **cambiando . . . rumbo:** brusquely changing direction

—Está tan linda la noche. . .

Y salió.

De esa noche en adelante, en vez de subir después de comida para abrir las camas de sus hermanos, iba a su pieza, se encasquetaba el sombrero y volvía a bajar, haciendo tintinear las llaves. Salía con la perra, sin decirle nada a nadie. Y mis tíos y mi padre y yo nos quedábamos en el billar, y más avanzada la estación, sentados en los escaños del jardín, con todo el rumor del olmo y la claridad del cielo pesando sobre nosotros. Jamás se habló de estos paseos nocturnos de tía Matilde, jamás mostraron de manera alguna que se daban cuenta de que algo importante había cambiado en la casa al introducirse allí un elemento que contradecía todo orden.

Al principio tía Matilde permanecía afuera a lo sumo veinte minutos o media hora, regresando pronto para tomar cualquier cosa con nosotros y cambiar algunos comentarios triviales. Más tarde, sus salidas se fueron prolongando inexplicablemente. Ya no era una dama que sacaba a pasear a su perra por razones de higiene; allá afuera, en las calles, en la ciudad, había algo poderoso que la arrastraba. Esperándola, mi padre miraba furtivo su reloj de bolsillo, y si el atraso era muy grande, tío Gustavo subía a la sala del segundo piso, como si hubiera olvidado algo allí, para mirar por el balcón. Pero permanecían mudos. Una vez que el paseo de tía Matilde se prolongó demasiado, mi padre caminó una y otra vez por el sendero que serpenteaba entre los macizos de hortensias, abiertas como ojos azules vigilando la noche. Tío Gustavo tiró un habano que no logró encender a su gusto, y luego otro, aplastándolo con el taco de su zapato. Tío Armando volcó una taza de café. Yo los miraba esperando que por fin estallaran, que dijeran algo, que lleneran con angustia expresada esos minutos que se prolongaban y se prolongaban unos detrás de otros sin la presencia de tía Matilde. Eran las doce y media cuando llegó.

—¿Para qué me esperaron en pie? —preguntó sonriente.

Traía el sombrero en la mano, y su cabello, de ordinario tan cuidado, estaba revuelto. Observé que un ribete de barro manchaba sus zapatos perfectos.

—¿Qué te pasó? —preguntó tío Armando.

—Nada —fue su respuesta, y con ella clausuró para siempre todo posible derecho de sus hermanos para inmiscuirse en esas horas desconocidas, alegres o trágicas o anodinas, que ahora eran su vida.

Digo que eran su vida porque durante esos instantes que permaneció con nosotros antes de subir a su cuarto, con la perra también embarrada junto a ella, percibí una animación en sus ojos, una alegre inquietud parecida a la de los ojos del animal, como recién bañados en escenas nunca antes vistas, a las que nosotros carecíamos de acceso. Esas dos eran compañeras. La noche las protegía. Pertenecían a los rumores, a los pitazos de los barcos que atravesando muelles, calles oscuras o iluminadas, casas, fábricas y parques, llegaban a mis oídos.

Sus paseos con la perra continuaron durante algún tiempo. Ahora nos despedíamos inmediatamente después de la comida, y cada uno se iba a encerrar en su cuarto, mi padre, tío Gustavo, tío Armando y yo. Pero ninguno se dormía hasta oirla llegar, tarde, a veces terriblemente tarde, cuando la luz del alba ya clareaba la copa de nuestro olmo. Sólo después de oirla cerrar la puerta de su dormitorio cesaban los pasos con que mi padre medía su habitación, o se cerraba por fin la ventana del cuarto de uno de sus hermanos para excluir ese fragmento de noche que ya no era peligrosa.

Una vez la oí subir muy tarde, y como me pareció oirla cantar una melodía suavemente y con gran dulzura, entreabrí mi puerta y me asomé. Al verla pasar frente a mi cuarto, con la perra blanca envuelta en sus brazos, su rostro me pareció sorprendentemente joven y perfecto, aunque estuviera algo sucio, y vi que había un jirón en su falda. Esa mujer era capaz de todo; tenía la vida entera por delante. Me acosté aterrorizado pensando que era el fin.

Y no me equivoqué. Porque una noche, muy poco tiempo después, tía Matilde salió a pasear con la perra después de comida y no volvió más.

Esperamos en pie toda la noche, cada uno en su cuarto, y no regresó. Al día siguiente nadie dijo nada. Pero continuaron las esperas mudas, y todos rondábamos en silencio, sin parecer hacerlo, las ventanas de la casa, aguardándola. Desde ese primer día el temor hizo derrumbarse la dignidad armoniosa de los

rostros de los tres hermanos, y envejecieron mucho en poco tiempo.
—Su tía se fue de viaje —me respondió la cocinera cuando
por fin me atreví a preguntarle.
Pero yo sabía que no era verdad.
La vida en casa continuó tal como si tía Matilde viviera aún
con nosotros. Es cierto que ellos solían reunirse en la biblioteca,
y quizás encerrados allí hablaran, logrando sobrepasar el muro
de temor que los aislaba, dando rienda suelta[44] a sus temores y
a sus dudas. Pero no estoy seguro. Varias veces vino un visitante
que claramente no era de nuestro mundo, y se encerraron con
él. Pero no creo que les haya traído noticias de las posibles
pesquisas, quizás no fuera más que el jefe de un sindicato de
estibadores que venía a reclamar indemnización por algún accidente. La puerta de la biblioteca era demasiado maciza, demasiado pesada, y jamás supe si tía Matilde, arrastrada por la perra
blanca, se perdió en la ciudad, o en la muerte, o en una región
más misteriosa que ambas.

CUESTIONARIO

1. ¿Quiénes había en la familia?

2. Mientras que fumaba la pipa, ¿qué hacía el padre del niño?

3. ¿Cómo describe el autor la casa ancestral?

4. ¿Cómo desempeñaba la tía Matilde las funciones de la casa?

5. ¿Había cariño en las relaciones entre ellos? ¿En qué sentido?

6. ¿En qué tenía la tía Matilde "una fe ciega"?

7. Describa brevemente la rutina diaria de la tía Matilde.

8. ¿Cómo consideraba la tía Matilde la vida mundana fuera de la casa?

9. Según el narrador, ¿por qué había tanto "órden rígido" en la casa?

10. ¿Qué importancia tiene la amenaza de la tía Matilde a la perra, "¡Pssst! ¡Ándate!"?

11. ¿Por qué sanó la tía Matilde a la perra blanca cuando evidente-mente no le gustaban los perros en general?

[44] **dando rienda suelta:** giving free rein

12. *¿Era muy evidente la presencia de la perra en la casa al final? ¿Cómo apareció?*

13. *¿Por qué no quería jugar más la tía Matilde?*

14. *¿Cómo sabemos, en efecto, que el espíritu de la tía Matilde ya estaba ausente del ambiente familiar?*

15. *¿Qué significa la carcajada de la tía Matilde, teniendo en cuenta su personalidad ya tan conocida?*

16. *¿Qué muestra la frase siguiente? "Esperé que me llamara con una mirada o que me incluyera mediante una sonrisa, pero no lo hizo porque la nueva relación entablada era demasiado exclusiva, y en ella no había lugar para mí."*

17. *¿Por qué quería enfermarse el niño?*

18. *¿Cómo debemos interpretar las salidas nocturnas de la tía Matilde con la perra?*

19. *¿Cómo reaccionaban los demás de la familia?*

20. *¿Cómo había cambiado la tía Matilde?*

21. *¿Cómo se explica su desaparición?*

PREGUNTA GENERAL

Este cuento se basa en la más minuciosa descripción de hechos cotidianos. Sin embargo, hay otro nivel más oscuro que late debajo de la rutina que establece con tanto esmero la tía Matilde. ¿Cómo efectúa el autor la revelación de ese otro nivel? (Por ejemplo, ¿cómo se sirve el autor de lo cómico? ¿Cómo emplea el silencio para revelarnos el estado sicológico de los tíos? ¿Qué representa la perra?)

※

Santelices

※

I

—Porque usted comprenderá,
pues, Santelices, que si dejáramos que todos los pensionistas
hicieran lo mismo que usted, nos quedaríamos en la calle.[1] Sí,
sí, ya sé lo que me va a decir y le encuentro toda la razón.[2]
¿Cómo cree que le íbamos a negar permiso para clavar unos
cuantos,[3] si ha vivido con nosotros tres años y me imagino que ya
no se irá más?

Era imposible comprender cómo don Eusebio hablaba tanto
si los vencidos músculos de su boca desdentada parecían incapaces
de producir otra cosa que débiles borbotones[4] y pucheros. Santelices meditó que si él se dejaba tentar por las facilidades que
la Bertita le daba para no usar su plancha de dientes[5] —"Con

[1] **nos . . . calle:** we would be out in the street
[2] **le . . . razón:** I understand your logic
[3] **clavar unos cuantos:** nail a few [pictures to the wall]
[4] **parecían . . . borbotones:** seemed incapable of producing anything but
feeble bubbling
[5] **si . . . dientes:** if he let himself be tempted by the justifications put forth
by Bertita for not using his dental plate

confianza, no más, Santelices", le decía, o "Póngase cómodo, que aquí no hay niñas bonitas que pretender"—, su propia boca quedaría como la de don Eusebio en poco tiempo.

—Pero clavar veinticinco es demasiado.

—Veintitrés... —corrigió Santelices, trabándose en su lengua.

—Veinticinco, veintitrés, da lo mismo. Póngase en mi caso. ¿Cómo me dejarían el empapelado[6] de la casa si a todos se les ocurriera clavar veinticinco cuadritos en su pieza? ¿Se da cuenta? Después nadie querría tomar las piezas. Usted sabe cómo es esta gente de fijada en pequeñeces, exigiendo, cuando le apuesto que antes de venir a vivir aquí ni sabían lo que es un excusado de patente...[7]

—Claro, pero no eran ni clavos...

—Clavos, tachuelos, qué sé yo, da lo mismo.[8] Mire esa pared. Y esa otra. No quiero ni pensar en el boche que va a armar la Bertita[9] cuando vea. ¿Y cuánto me va a costar empapelar de nuevo? Calcule. ¡Un platal![10] Y con lo sinvergüenzas para cobrar que se han puesto los empapeladores...

—Pero si el papel estaba malón,[11] ya, pues...

—Hágame el favor de decirme, Santelices. ¿Qué le entró de repente[12] por clavar todos esos monos tan feazos en la pared? ¿Y de dónde diablos sacó tantos? Francamente, le diré que lo encuentro un poco raro..., como cosa de loco. Y usted lo que menos tiene es de loco,[13] pues, Santelices. El otro día no más comentábamos con la Bertita que si todos los pensionistas que nos llegan fueran como usted, tan tranquilos y ordenados para sus cosas, este negocio sería un gusto en vez del calvario que es...

—Muy agradecido, pero...

—No tiene nada que agradecerme. No digo más que la pu-

---

[6] **Cómo . . . empapelado:** What would be left of the wallpaper
[7] **excusado de patente:** first-rate toilet
[8] **da lo mismo:** it's all the same
[9] **boche . . . Bertita:** how insulted Bertita will be
[10] **¡Un platal!:** A fortune!
[11] **malón:** in bad shape
[12] **Qué . . . repente:** How did it occur to you suddenly
[13] **lo . . . loco:** the last thing you are is crazy

rita verdad. Más que un pensionista usted es un familiar, casi un pariente se podría decir, sobre todo porque es una persona corriente en su trato,[14] sin pretensiones, como uno. Y le voy a decir una cosa en confianza, de hombre a hombre; no lo repita por ahí después..., mire que la Bertita, usted sabe...

—Cómo se le ocurre, don Eusebio...

El viejo bajó la voz:

—Si los cuadros fueran mujeres en traje de baño, o de esas con un poquito de ropa interior de encaje negro que salen en esos calendarios tan bonitos que hay ahora, fíjese que yo lo comprendería. Qué quiere que le diga, lo comprendería. Viejo soy, pero usted me conoce y sabe que soy harto joven de espíritu, alegre y todo. Y no le diría nada a la Bertita. Pero esto..., si es muy raro, pues, Santelices; no me venga a decir que no...

—No sé, pero...

—Y mire cómo dejó el empapelado...; mire ese hoyo...

—Pero, don Eusebio, si yo me pienso quedar con la pieza...

—... y ese otro. La tierra de la pared se está cayendo encima de la sábana que yo mismo le cambié la semana pasada. ¡Mire, por Dios! Antes que a mi pobre hijita le dé un ataque cuando vea, yo mismo voy a llamar a un empapelador para pedirle un presupuesto, y, cueste lo que cueste, usted va a tener que correr con todos los gastos...[15]

Y don Eusebio salió de la habitación, llevándose un puñado de estampas como prueba de la perversidad de su pensionista.

II

Santelices estaba atrasado para la oficina.

Generalmente se ponía los calcetines y las ligas, la camiseta y los calzoncillos, sentado encima de la cama. Cuando hacía mucho frío en la mañana se vestía casi entero, sin destaparse, en el calorcito acumulado por las frazadas durante la noche. Faltaban dos minutos para la hora de entrada, que era a las ocho y media. Sentado al borde del catre tiritaba sin saber qué ha-

[14] **corriente . . . trato:** easy to get along with
[15] **correr . . . gastos:** pay for everything

cer. Las ilustraciones y fotografías clavadas en la pared la noche anterior, que fue arrancando apresuradamente durante la retahila[16] de don Eusebio, se hallaban rajadas, arrugadas, revueltas con los pantalones de su pijama encima de las sábanas, agrias aún con el olor de su cuerpo.

Al subir a su dormitorio, después de la partida de canasta de la noche anterior, supo que entonces lo iba a hacer. La intención de hacerlo se venía acumulando dentro de él desde tiempo atrás, porque al pasar frente a una ferretería la semana pasada había comprado un kilo de tachuelas sin saber para qué. Era demasiado difícil dormirse sintiendo que esos largos ojos amarillos, esas patas acolchadas, esos cuerpos suntuosos en el letargo caldeado de otros climas, estaban prisioneros, planos en el último cajón de su cómoda. Era como si los hubiera oído dar alaridos desde allí y no pudo resistirse, a pesar de que eran cerca de las tres de la mañana.

Porque anoche, como si la Bertita hubiera adivinado que después de retirarse a su dormitorio él tenía intención de hacer algo de lo cual ella quedaba excluida, prolongó la canasta vuelta tras vuelta, hasta una hora increíble. Santelices tenía sueño y protestó que debía ir a trabajar temprano al día siguiente. Más que sueño tenía una avidez por ir allá arriba, a su cuarto, como otras noches, cuando la Bertita se mostraba menos implacable con la hora, para abrir sus álbumes con recortes y fotografías, sus libros, sus carpetas con estampas, sus sobres llenos de ilustraciones, dibujos, datos y artículos. Como la Bertita sabía que la canasta habitual de después de comida con ella, don Eusebio y un muerto,[17] le gustaba a Santelices con locura y que jamás abandonaba el juego si había cartas sobre la mesa, era fácil retenerlo prolongando la partida. No jugaban por dinero. Cada uno tenía una bolsita con porotos[18] —unos porotos grandes, muy blancos, como de porcelana— que hacían las veces de dinero.[19] Los sábados sacaban las cuentas.[20] El que iba perdiendo invitaba

[16] **retahila:** series of arguments
[17] **muerto:** dummy
[18] **porotos:** hard beans
[19] **hacían . . . dinero:** took the place of money
[20] **sacaban las cuentas:** totaled everything up

a los otros dos al cine, a ver la película que ellos eligieran, y ella volvía a guardar las bolsitas.

Al final de esa noche, Santelices estaba casi dormido. Le pesaban las cartas en la mano y los párpados sobre los ojos, hasta que al final, en la mesa del comedor, de cielo alto, iluminado por una sola ampolleta, lejana,[21] no veía más que una esalada de piques, tréboles y corazones. A cada vuelta la Bertita lo sacaba de su sopor dándole un codazo.

—Ya, pues, Santelices —le decía—. A usted le toca. La gracia de la canasta es que sea rápida, sobre todo si se juega con un muerto...

—Esta noche parece que fueran dos los muertos —acotó don Eusebio, soltando una carcajada tan enérgica que la plancha de dientes de Santelices se agitó como un pez rosado dentro del vaso en la mesa que trepidaba.

—Ya, papá —mandó la Bertita—. Parece que tuviera ocho años en vez de ochenta. No se ría más.

Al final, Santelices revivió un poco, porque don Eusebio comenzó a inventar reglas nuevas para el juego, que lo favorecían. Al principio las dejó pasar, porque estaba demasiado amodorrado para discutir, y su esperanza era que todo terminara pronto. Pero cuando don Eusebio aseguró descaradamente que en la canasta bien jugada se podía tomar el mazo con carta y comodín antes de bajarse, siempre que la carta fuera un as,[22] la indignación despertó de golpe a Santelices.

—No es cierto —vociferó, agarrando la mano del viejo, estirada ya para apoderarse del mazo.

La Bertita se atragantó con la granadina que estaba tomando.

—¿Insinúa que mi papá está haciendo trampa?[23]

—No se puede, ni se puede, ni se puede —chillaba Santelices—. Cuando yo veraneaba en las termas de Panimávida, conocí a una señora que estuvo en Uruguay...

---

[21] **de . . . lejana:** with a high ceiling, lit by only a single, distant bulb
[22] **se . . . as:** rules allowed you to pick up the pile with only one card and a joker in your hand before opening your game, on condition that the card you had was an ace (The *comodín*, number two, acts as the wild card in canasta.)
[23] **haciendo trampa:** cheating

—¡Cuándo ha veraneado en termas usted! —le gritó el viejo, con la mano todavía prisionera en la de Santelices.

—Deje a mi papá, y, por favor, no sea farsante —le dijo la Bertita—. Usted sabe que no hay nada que me moleste más que la gente mentirosa, ah...

—Y después dice que yo soy el mentiroso —protestó don Eusebio—. Convídame un trago[24] de granadina, hijita, mira que esta pelea me dio sed de algo dulce...

—No. Me queda muy poca.

—Te vas a hinchar. Es mucho tomarse media botella en una noche...

—No se puede llevar el mazo —insistió Santelices—. No se puede, ni se puede; a mí no me hacen leso...[25]

—¿Quién lo va a estar haciendo leso por unos cuantos porotos? —dijo don Eusebio.

—¿Y el biógrafo[26] no es nada? Hace cuatro domingos que estoy convidando yo.

—Bah, el biógrafo, el biógrafo...

—Esta canasta es una lata —dijo la Bertita—. Nunca me había aburrido tanto. Bueno, terminemos, me dio sueño. Mayoría de votos. Usted, ¿qué dice, Santelices? ¿Que se puede o que no se puede tomar el mazo con as y comodín antes de bajarse?

—Que no se puede.

—Que no se puede, un voto. Yo voto que se puede. Un voto a favor y uno en contra. ¿Y usted, papá: que se puede o que no se puede?

—Que no se puede —respondió el viejo, distraído porque estaba mirando codiciosamente la botella de granadina.

La Bertita, indignada con la confusión de su padre, que, según ella, la dejó en ridículo, revolvió de un manotazo todas las cartas sobre la mesa y se paró. Partió a dormir sin despedirse, dejando que los hombres ordenaran las cartas para guardarlas. Pero no olvidó llevarse las bolsitas con porotos.

Subiendo la escalera hasta su dormitorio, Santelices iba pen-

---

[24] **Convídame un trago:** Treat me to a swallow
[25] **a . . . leso:** nobody makes a fool out of me
[26] **biógrafo:** movies

sando en que no le quedaban más que escasas cuatro horas de sueño antes de levantarse para ir a la oficina. Por un vidrio roto de la claraboya caía una gota insistente en una palangana. De las piezas del pasadizo oscuro salían los ronquidos de los pensionistas con los que don Eusebio y la Bertita no se mezclaban, concediéndole sólo a él el favor de su intimidad. La forma precisa y helada de la llave en su mano y el minúsculo ruido metálico al meterla en la cerradura lo despertaron un poco. Se puso su pijama. Con el llavero en la mano se dirigió a su cómoda y abrió el último cajón.

Le bastó volcar los sobres en su cama y extender algunas carpetas para que su cuarto se transformara. Nuevos olores, potentes y animales, vencieron los fatigados olores cotidianos. Se crearon ramas inmóviles, listas para temblar después del salto feroz. En lo más hondo de la vegetación, los matorrales crujieron bajo el peso de patas sigilosas y el pasto se agitó con la astucia de los cuerpos que merodeaban. Las efusiones animales dejaron el aire impuro. Y la sombra verde y violeta, y la luz manchada se conmovieron con la peligrosa presencia de la belleza, con la amenaza que acecha desde la gracia y la fuerza.

Santelices sonrió. Esto la Bertita era incapaz de comprenderlo. Ya no importaban ni la hora, ni el sueño, ni la oficina: el tiempo había extendido sus límites en un abrazo generoso. Santelices lo sacó todo. Lo extendió encima de su cama, en el suelo, en la mesa, en la cómoda y en el tocador, y contemplándolas con lentitud y regodeo, buscó su kilo de tachuelas. Su colección era la mayor, la más hermosa del mundo. Aunque jamás la mostró ni habló de ella a nadie, le bastaba esta seguridad íntima para sentirse superior, firme, orgulloso frente a los demás, que jamás llegarían a sospechar lo que él guardaba en el último cajón de su cómoda.

Con su primer sueldo de archivero, hacía muchos años, se dio el lujo de comprar una caja de chocolates adornada con una cinta celeste, en cuya tapa figuraba un mimoso cachorro de la especie doméstica, jugando con un ovillo de lana. Después de comidos los bombones se resistió a botar la caja porque la encontraba muy bonita y la guardó. La tuvo guardada durante muchos años. A veces recordaba esa sonrisa que no era sonrisa, esa insinuación de peligro en la pata juguetona de uñas apenas descubiertas. Entonces sacaba la caja para mirarla. Con el tiempo la fue sacando más a menudo, hasta sentir que no le bastaba, que lo esencial que lo impulsó a guardarla estaba diluido, casi completamente ausente de ella. Una tarde que hojeaba números atrasados[27] de revistas en una librería de viejo, descubrió un reportaje en colores que mostraba no la especie doméstica, sino otras maravillosamente distintas: las que viven en la selva y matan. Se acordó de su caja de bombones, y al enamorarse de lo que veía, la olvidó. Aquí en las fotografías sensacionales que contemplaba con la nuca fría de emoción, la proximidad de la amenaza, la crueldad desnuda, parecían acrecentar la belleza, dotarla de eficacia agobiadora, hacerla hervir, llamear, cegar, hasta dejar sus manos transpiradas y sus párpados temblorosos. Compró golosamente la revista. Desde entonces comenzó a recorrer a menudo las librerías, buscando algo, algo que prolongara esa emoción, que la ampliara, la multiplicara, y compraba todo lo que podía encontrar. A veces se tentaba con libros carísimos, que lo dejaban desbancado[28] durante varios meses. Más de una vez encargó al extranjero monografías en idiomas incomprensibles, pero hojeándolas, acariciándolas, le parecía que adquiría algo, algo más.

A veces pasaban meses que en su vagar por las librerías no lograba encontrar nada. En la penumbra de su pieza, con sólo el globo azul de su velador encendido, miraba las estampas, buscaba su emoción extraviada entre las ilustraciones, que permanecían perversamente inanimadas, reducidas a papel y tinta de imprenta. Algo en él mismo, también quedaba inanimado. La avidez de su búsqueda tullía su imaginación, porque el ansia de obtener ese algo justo crecía como una enredadera enceguecedora y paralizante,[29] que no dejaba espacio más que para sí misma.

Fue una de esas tardes cuando la Bertita le dijo:

—Oiga, Santelices, ¿qué le tienen comida la color por ahí que anda tan raro?[30]

---

[27] **numeros atrasados:** back numbers
[28] **desbancado:** broke
[29] **enredadera . . . paralizante:** blinding and paralyzing clinging vine
[30] **¿qué le . . . raro?:** why are you so pale and acting so strange?

Fue como si le hubiera arrebatado lo poco suyo[31] que le quedaba.

En la oficina pretextó una enfermedad y se fue al zoológico. Pasó largo rato junto a las jaulas de las fieras. Las moscas zumbaban alrededor de sus fauces y sus excrementos fétidos. Las colas estaban sucias, las pieles raídas y opacas, las jaulas eran desilusionantemente pequeñas. Cuando los cuidadores les echaron trozos de reses con unas horquetas[32] largas, las fieras se lanzaron sobre las piltrafas sanguinolentas, haciendo crujir los huesos, gruñendo, echando una baba caliente al devorarlas. Santelices huyó. Eso era lo que quería, pero no era eso. Durante el tiempo que siguió a su visita al zoológico, en sus búsquedas por las librerías, ya no se conformaba con las bellas estampas en que las fieras lucían su sonrisa triangular y su paseo sinuoso como una satisfactoria insinuación de la muerte. Sediento, buscaba escenas feroces, donde la actualidad de las fauces humeantes estuviera teñida aún con el ardor de la sangre, o en las que el peso del animal dejara caer toda su brutalidad sobre la víctima espantada. El pecho de Santelices palpitaba junto con la víctima, y para salvarse del pánico pegaba sus ojos al agresor para identificarse con él.

Anoche había dado libertad a los más hermosos, a los príncipes, a sus preferidos. Los clavó sobre la cabecera de su catre, junto al tocador y al ropero de luna, y permaneció largo rato tendido en la cama con la luz velada, más que mirándolos, sintiéndolos adueñarse de su pieza. Se liberaron rumores peligrosos, que podían no ser más que una pata en un charco, una rama quebrada o el repentino erguirse de orejas puntiagudas. Acudieron cuerpos de andar perfecto, guiños de ojos que al oscurecer fulguraban hasta quemar, olores, bocanadas de aire usado en pulmones poderosos, presencias, roces, calor de pieles tendidas sobre la elegancia de músculos precisos, toda una enervante incitación a participar en una vida candente, a exponerse a ser fauce y sangre, víctima y agresor.

Pero Santelices se quedó dormido.

Fue menos de una hora más tarde cuando don Eusebio gol-

---

[31] **lo poco suyo:** the little that was his
[32] **horquetas:** forked poles

peó a su puerta, entrando sin esperar. Al encender la luz explicó que venía a pedirle el favor —que Santelices, sin duda, concedería, dada la intimidad exclusiva que ellos le brindaban— de que se levantara temprano ese día, porque el calentador de agua de uno de los baños estaba malo y sería conveniente descongestionar lo más posible el otro a la hora en que los pensionistas salían para el trabajo. No alcanzó a terminar su explicación, porque sus ojos se fijaron de pronto, su boca desdentada quedó abierta, y un segundo después del pasmo comenzó la retahila, obligando a Santelices que arrancara todo eso de la pared inmediatamente.

Cuando el viejo salió, Santelices se demoró mucho en vestirse. No le importaba llegar tarde a la oficina ese día: al fin y al cabo, en dieciséis años de trabajo jamás lo había hecho. Mientras bajaba en la punta de los pies, se le revolvió el estómago con la certeza de que la Bertita lo oiría salir. Volvió a su cuarto y se cambió los zapatos por otros de suela de goma, y volvió a bajar, más silenciosamente aún. No había luz en su pieza..., ¿o sí? Se deslizó con la mayor suavidad que pudo frente a su puerta, pero oyó el grito esperado:

—¡Santelices!

Se detuvo con el sombrero en alto sobre su cabeza calva.

—¿Me hablaba, Bertita?

—No se me haga el leso, oiga.[33] Venga para acá...

Santelices titubeó con la mano en la perilla antes de entrar, examinando dos moscas muertas, secas durante años, presas entre el visillo polvoriento y el vidrio.[34] La Bertita estaba en cama todavía, incorporada en medio de lo que parecía un mar de almohadones gordos en la inmensa marquesa.[35] Sobre la mesa del velador había una caja de polvos volcada, una peineta con pelos enredados, pinches, bigudíes, horquillas.[36] Junto a ella vigilaba don Eusebio, con una escoba en la mano y un trapo amarrado a la cabeza.

[33] **No . . . oiga:** Listen, don't act the simpleton with me.
[34] **entre . . . vidrio:** between the dusty curtain and the window glass
[35] **marquesa:** couch
[36] **caja . . . horquillas:** upturned powder box, a large curved comb with hair entwined in it, hatpins, hair curlers, hairpins

—¿Que le parece poco lo que hay que hacer que se queda parado ahí como un idiota? [37] —le gritó la Bertita, y el viejo salió a escape a suplir a la sirvienta despedida la semana anterior. Cuando quedaron solos, la Bertita bajó los ojos y comenzó a lloriquear. Las manos le temblaban sobre la colcha de raso azul. El pecho era como una gran bomba que inflaba, inflaba. Las lágrimas se revenían en las amplias mejillas recién empolvadas; al ver esto, Santelices comprendió que la Bertita se había compuesto especialmente para esperarlo, y quiso salir de la habitación.

—¡Santelices!— oyó de nuevo.

La Bertita lo tenía preso en su mirada, ahora seca.

—Es que...

—Quiere decirme, mire...

—Si yo no...

—...cómo es posible que después de todo lo que yo he hecho por usted...

Y comenzó a lloriquear de nuevo, diciendo:

—Todos esos monos mugrientos...; usted me odia...

—Cómo puede decir...

—Sí, sí, me odia. Y yo que me porté como una madre con usted cuando lo operaron, haciéndole sus comiditas especiales, acompañándolo todo el tiempo para que no se aburriera solo, y acuérdese que le cedí esta pieza, mi propia pieza y mi propia cama, para que estuviera más cómodo y se sanara bien. Usted es el colmo de lo malagradecido...[38]

Santelices recordó con un escalofrío su convalencia en el dormitorio de la Bertita, después de su operación de úlcera. Se había imaginado ese mes de reposo en cama con sueldo pagado y suplente en la oficina como el paraíso mismo. ¡Todo el tiempo que tendría para examinar con tranquilidad continuada sus álbumes con recortes y fotografías! ¡Todo lo que podría llegar a leer sobre sus costumbres, sobre la distribución geográfica de las especies, sobre sus extraños habitats! Pero sin que él pudiera oponerse, la Bertita lo instaló en el piso bajo cuando él estaba todavía demasiado endeble, en su propio dormitorio, para tenerlo

---

[37] **¿Que ... idiota?:** Why are you standing there like an idiot—do you think you have nothing to do?

[38] **colmo de malagradecido:** the height of ungratefulness

más a mano, y se pasaba el día entero junto a él, ahogándolo con
sus cuidados, sin dejarlo solo ni un minuto en todo el día, entre-
teniéndolo, vigilándolo, viendo en su menor gesto un deseo inexistente, un significado que él no quería darle, un pedido de
algo que no necesitaba. Allá arriba, en su propio dormitorio, los
ojos brillaron ciegos y los cuerpos perfectos permanecieron planos
en el cajón de su cómoda todo el mes entero, aguardándolo.
Porque la Bertita no le permitió regresar a su habitación hasta
quedar enteramente satisfecha de la mejoría completa de Santelices.

—Pero si yo la aprecio tanto, pues, Bertita. . .

—¿Me aprecia, ah? —preguntó, dejando de llorar de pronto,
mientras agitaba las estampas traídas por don Eusebio—. ¿Ah,
sí, ah? ¿Y cree que por eso tiene derecho a romper toda la casa
como se le antoja? Y estos monos asquerosos. . . Por eso es que
se encerraba en su pieza; ahora sí que lo descubrí y ahora sí que
ya no va a poder hacer ninguna de sus cosas raras sin que yo sepa,
y esas cosas no pueden pasar en esta casa, porque pobres seremos,
pero somos gente decente. ¡Mírenlo no más, rompiéndole la casa
a la gente decente! Usted quiere la breva pelada y en la boca,[39]
sí, eso es lo que quiere, igual que todos los hombres, que una, la
tonta, se sacrifique por ellos y después hacen cosas raras y ni le
dicen a una. . . , y después la odian. . .

—Cómo se le ocurre,[40] Bertita, si yo la quiero mucho. . .

—No venga a hacer risa de mí porque soy una pobre solterona sola, que tengo que aguantar al inservible de mi papá,
que no es capaz ni de defenderme. Usted lo conoce ahora de
viejo, cuando no le quedan muchos años de vida, pero viera[41]
cómo era antes; todo lo que nos hizo sufrir, por Dios. Un inconsciente, como todos los hombres, como usted: egoísta, creído,[42]
cochino, porque estos monos, mírelos, no me venga con cuentos,
son una pura cochinada. Y después jugando canasta con una
como un santito, para pasarle gato por liebre. . . ,[43] cómo no.
Creen que una es lesa. Voy a hacer estucar de nuevo toda su pieza

[39] **Usted . . . boca:** You want everything to be a cinch
[40] **Cómo . . . ocurre:** How could you think such a thing
[41] **viera:** you should have seen
[42] **creído:** presumptuous
[43] **pasarle . . . liebre:** in order to deceive me

y empapelarla con el papel más caro, y aunque me cueste un millón va a tener que pagar usted. Voy a ir al tiro[44] a ver la mugre que dejó allá arriba, y capaz que hasta me resfríe por culpa suya.[45]

Al ver que el gran cuerpo de la Bertita se alzaba de un salto de entre las sábanas y los cojines, impúdicamente vestido de un camisón semitransparente que le había comprado a una señora de la pensión después de un viajecito, Santelices abrió la puerta y huyó. El olor a pieza encerrada, a polvos, a granadina pegajosa y rosada, a cuerpo flojo de virgen vieja, lo persiguió en la carrera de cuatro cuadras hasta su oficina. Subió los cinco pisos corriendo, porque el ascensor estaba descompuesto, entró sin saludar a nadie y se encerró en su oficina, pidiendo que por ningún motivo lo molestaran, que no pidieran expedientes hasta el lunes, porque hoy debía revisar. Se paseó entre los anaqueles llenos de papelorios.[46] En el alféizar de su ventana unas palomas picoteaban algo y, de vez en cuando, lo miraban. Se sentó en su escritorio y se volvió a parar. Desde la ventana miró el estrecho patio de luz[47] cartado en dos por los rayos oblicuos, las nubes que se arrastraban en el cielo terso de la mañana allá arriba, y la muchacha rubia que jugaba en el fondo del patio, cinco pisos más abajo.

Esperó toda la mañana, no salió a almorzar y continuó encerrado toda la tarde. Lo miró todo una y otra vez, el cielo, los anaqueles, la muchacha que jugaba con un gato, tratando de no pensar, de alejar el momento de la llegada a su casa para encontrar que ahora no tenía nada...

III

Cuando Santelices salió del trabajo esa tarde, se fue a vagar por las calles y alrededor del zoológico, que ya estaba cerrado para el público. Dando una y otra vuelta cerca de las rejas, se de-

[44] **al tiro:** right away
[45] **capaz . . . suya:** even though I'll catch cold on account of you
[46] **anaqueles . . . papelorios:** shelves full of old business files
[47] **patio de luz:** patio at the bottom of a light shaft

tenía bruscamente al distinguir entre la turbia multiplicidad de olores los que le eran conocidos. Desde el encierro de las jaulas nocturnas le llegaban rugidos débiles que se fueron agotando. Pero como no tenía ganas de ver nada, ni de oir nada, se fue en cuanto la noche se cerró bruscamente y siguió vagando por las calles. Comió un sandwich con salsa demasiado condimentada que lo hizo pensar en la posibilidad de otra úlcera. Después se metió a un cine rotativo[48] y se quedó dormido en la butaca. Cuando salió era cerca de la una de la mañana. Con seguridad en la pensión de la Bertita ya no quedaba nadie en pie. Sólo entonces se resolvió a regresar.

En el pasillo lo acogió un olor a papeles quemados, sobreimpuesto al olor de fritura de todos los viernes —pejerreyes falsos—,[49] pero sin lograr borrarlo. Había un silencio muy grande en el caserón, como si nadie nunca lo hubiera habitado. Llegó a su cuarto y se puso el pijama de franela a rayas. Durante un rato se dedicó a buscar con desgano sus estampas y recortes, sus álbumes y sobres, por los cajones, debajo de la cama, encima del ropero. Pero le dio frío y se acostó tiritando, después de hacer unas buchadas[50] con toda tranquilidad, porque sabía, estaba seguro antes de llegar, que la Bertita lo había destruido todo. Las había quemado. Durante el día en la oficina estuvo pasándoles revista[51] en su mente para despedirse de ellas. ¿Qué más podía hacer? Cualquier protesta o reivindicación era imposible. Al evocar las estampas se veía a sí mismo como un niño muy chico y a la Bertita parada junto a él, dando vuelta las páginas[52] de los álbumes, señalándole las ilustraciones sin dejar que las tocara. Su presencia forzada junto al hechizo de las bestias fue aplastando las imágenes evocadas, desangrándolas, dejándolas reducidas al recuerdo de las circunstancias de la compra, al peso de los libros, a la dimensión variada de las fotografías brillantes, a papel, a cartulina, a colores de imprenta. La

---

[48] **cine rotativo:** seedy movie house with continuous showings
[49] **pejerreyes falsos:** mock mackerel, a dish made of leftovers, usually string beans
[50] **hacer unas buchadas:** washing out his mouth
[51] **pasándoles revista:** going over them
[52] **dando . . . páginas:** turning the pages

esencia de las fieras se resistió a acudir.[53] Era como si Santelices hubiera ido quemando mentalmente cada una de las estampas en una llama que después se apagó.

Tomó la costumbre de levantarse al alba para evitar a la Bertita y a don Eusebio. Regresaba muy tarde a desplomarse agotado en su cama y dejar que un sueño pesante y sin imágenes se apoderara de él. Se alimentaba de sandwiches, de maní, de caramelos, de modo que su digestión, siempre tan delicada, se descompuso. En la oficina era el mismo de siempre: cumplidor, decoroso, ordenado. Nadie notó ningún cambio. Como era una temporada de poco trabajo, tenía tiempo de sobra para no hacer nada, para sentarse junto a la ventana y mirar el cielo, para darles migas a las palomas que acudían al alféizar, para escudriñar los techos de la ciudad por un costado abierto del patio o para entretenerse observando a la muchacha rubia que en el fondo del patio de luz, cinco pisos más abajo, parecía estar siempre ocupada en algo: lavando ropa, regando una mata apestada,[54] jugando con el gato o peinando largamente sus cabellos.

A veces pasaba frente a casas que tenían pegado algún letrero que decía: "Se arriendan piezas con pensión". Entraba a examinar lo ofrecido, figurándose que le sería posible cambiarse de casa. Conversaba un rato con la patrona, que quedaba encantada con la respetabilidad tan clara[55] de su posible pensionista, pero Santelices siempre terminaba encontrando algún defecto, la luz del baño, la escalera muy larga, el cielo del dormitorio descascarándose, para pretextar una negativa. Sin embargo, no se engañaba: sabía que no era pretexto. Sabía que jamás se iría de la casa de la Bertita. Era demasiado difícil comenzar a fabricar una nueva relación con alguien, con cualquiera que fuese.[56] La idea le dolía. Le causaba una aprensión muy definida. Además, ya tenía edad suficiente como para que fuera lícito prendarse de lo cómodo y pagar un alto precio por ello. Mal que mal,[57] saber que todas las noches podía jugar unas manos de

[53] se . . . acudir: refused to respond
[54] mata apestada: sickly plant
[55] tan clara: so evident
[56] cualquiera que fuese: no matter who it was
[57] Mal que mal: In spite of everything

canasta sin sus dientes postizos, estar seguro de que nunca les faltaría un botón a sus camisas, que sus zapatos estarían limpios en la mañana, que se respetaban sus irregularidades estomacales, sus gustos, sus pequeñas manías, era algo tan sólido que sería una tragedia para él abandonarlo.

Pero todavía no lograba resolverse a regresar a la casa a una hora en que un encuentro lo obligaría a tomar posiciones definidas respecto a sus estampas perdidas. Al fin y al cabo, era innegable que había estropeado la pared. Tenían derecho a represalias. Cada vez que se acordaba sentía algo caliente que hozaba dentro de sus tripas...; estaban quemadas. Pero prefería cualquier cosa antes que un enfrentamiento con la Bertita —no podía extender la mano para pedirle lo que era de él—. Ganas de volver, sin embargo, de retomar el canon de su existencia ordenada, no podía decir que le faltaban. Meditaba estas cosas mientras numeraba expedientes o junto a la ventana de su oficina. En la ventana de enfrente habían pintado un letrero nuevo: "Leiva Hermanos". ¿Quiénes serían? Allá abajo, en el fondo del patio de luz, la muchacha cosía. Era una lástima no poder verle la cara, que debía ser de un extraordinario embeleso al jugar con su gata; sabía que era gata porque había tenido cría y ahora eran cinco, tal vez seis, los animalitos que circulaban alrededor de la muchacha, y ella les daba leche y les hacía mimos.[58]

Fue tal vez el embeleso que le procuró el nacimiento de los gatitos lo que le hizo olvidar sus temores. Esa tarde se dirigió derecho a su casa, después del trabajo, como si nada hubiera sucedido, con la intención de que su naturalidad borrara toda exigencia de su parte y anulara todo reproche de parte de la Bertita. Jamás había existido, tenía que implicar, un episodio desagradable entre ellos. Por lo demás, como iba a tener que entregar las armas[59] tarde o temprano, más valía hacerlo ahora, antes que su digestión se resintiera definitivamente y que sus pies reventaran de tanto caminar por las calles.

Entró a la casa silbando. Se dio cuenta de que al oirlo la Bertita cortaba repentinamente el poderoso chorro de agua del baño para salir a su encuentro. Santelices subió la escalera sin

[58] **les hacía mimos:** played with them
[59] **entregar las armas:** to give up

mirarla, y desde el rellano se fijó en ella, que lo miraba pasmada desde abajo, secándose los brazos con una toalla.

—Ah, Bertita... —exclamó Santelices—. Buenas tardes...

Y siguió subiendo sin escuchar lo que la Bertita decía.

Al llegar a su cuarto se tendió en su cama sonriendo. Resultaba intensamente placentero este cuarto amplio, aunque un poco oscuro; esta nueva vida sin siquiera el peligro del papel impreso, sin la atormentadora invitación que desde tantos años él mismo venía extendiéndose día a día, noche a noche, sin participar más que de ecos alejados e inofensivos. Se había adormilado un poco, cuando sintió un llamado muy suave en su puerta.

—¿Santelices?

—¿Bertita? Pase no más...

Santelices sintió cómo la mano de la Bertita abandonaba bruscamente la perilla al oir su invitación...

—No, no, gracias. No quiero molestarlo. Usted tendrá sus cosas que hacer...

Santelices no respondió para ver qué sucedía. Después de unos segundos, la Bertita siguió:

—...es para decirle que la comida va a estar lista como en un cuarto de hora, así que...

Hubo una pausa, tentativa que Santelices no llenó.

—...hice de ese guiso de pollo que a usted le gusta tanto...

—¿Cuál? —preguntó él.

La mano ansiosa de la Bertita volvió a posarse en la perilla.

—Ese que vimos juntos ahora tiempo en una revista argentina, ¿se acuerda?; y que para probarlo lo hice para el día de mi papá...

—Ah, bueno, en un ratito más bajo...

—Regio entonces,[60] pero no se apure. En un cuarto de hora...

Le pareció que la Bertita permanecía junto a la puerta un minuto, no, un segundo más de la cuenta[61] antes de regresar por el pasadizo tarareando algo. Aguardó un rato, se mojó la cara en

[60] **Regio entonces:** Well fine, then

[61] **más . . . cuenta:** longer than usual

el lavatorio, botó el agua en el balde floreado,[62] se arregló la corbata y bajó.

El pollo estaba sabrosísimo. Había que confesar que la Bertita tenía muy buena mano[63] para la cocina cuando se dignaba preparar algo. Pareció marearse con el halago de Santelices:

—Tiene mano de ángel, Bertita, mano de ángel. Feliz mortal el que pase la vida al lado suyo...

Se sirvió tres presas.

Pusieron la radio, el programa "Noches de España", que don Eusebio celebró con un entusiasmo sospechosamente excesivo, como obedeciendo a una consigna. La Bertita lo miró severa, y cuando el viejo se puso a contar chistes andaluces bastante subidos de color,[64] la Bertita lo interrumpió para proponer una canasta. Todos celebraron la idea como brillantísima y sacaron los naipes. Las partidas de esa noche fueron amenas, risueñas, rápidas. Santelices ganó con facilidad, sin que la Bertita ni don Eusebio protestaran.

—Mire, toque cómo está de llena su bolsita, Santelices. ¿Qué rico, no?

—¿Me la guarda usted, por favor?

—Claro, yo se la cuido...

Al finalizar la semana, la bolsita de Santelices estaba repleta y las otras dos, escuálidas.[65] Don Eusebio parecía un poco picado de tener que invitar al cine ese domingo y habló poco, enfrascándose en la página hípica del diario hasta que su hija se la arrebató. Santelices eligió la película "Volcán de pasiones", como homenaje a la Bertita, que durante toda la semana estuvo hablando de las ganas que tenía de verla, porque la misma pensionista que le había vendido la camisa nylon de contrabando le contó que se trataba de una mujer preciosa que parecía mala, pero que en el fondo era buena. Tanto mimaron a Santelices esa semana que se sintió con fuerzas para pedir prestados a don Eusebio sus anteojos de larga vista,[66] los que usaba para ir a las

[62] **balde floreado:** bucket with floral decorations
[63] **tenía . . . mano:** had a real talent
[64] **subidos de color:** off-color
[65] **escuálidas:** empty
[66] **anteojos . . . vista:** binoculars

carreras antes de que la Bertita lo redimiera de ese vicio que tantas lágrimas le había costado. Santelices explicó que era para entretenerse mirando por la ventana de su oficina, en esa época de poco trabajo.

Los anteojos eran, en realidad, para mirar por la ventana. Específicamente para mirar a la muchacha que jugaba en el patio con los gatos todo el día, todos los días.

Cuando llegó a la oficina se fue derecho a la ventana, pero le costó encontrar el foco preciso. El ansia trababa sus manos y lo hacía pensar que siempre podía haber un foco mejor. Por fin quedó satisfecho. Era una muchacha de unos diecisiete años, de lacios cabellos rubios, delicada, con una fatal cifra de melancolía en el rostro que parecía decir que no pertenecía a nadie ni a nada. Santelices se conmovió. Alrededor de la muchacha jugueteaban los ocho o nueve gatos overos, romanos,[67] rojizos, hijos de la gata enorme que dormía en su falda. Santelices sintió un sobresalto al ver lo grande que era la gata. Examinó el patio con los anteojos. Pero ¿no había otro gato muy grande agazapado en la sombra de la artesa?[68] ¿Y qué eran esas sombras que se movían detrás de las matas? A medida que avanzó la tarde, Santelices vio que por encima de la tapia, desde los alféizares, y descolgándose de las ramas de un árbol que antes él no había notado, llegaron al patio varios gatos más, que la muchacha acariciaba sonriente. ¿Qué sucedía en ese patio cuando era de noche y todas las oficinas del edificio se cerraban? Sabido es que los félidos se tornan traicioneros en la noche, que algo les sucede, que los llena una ferocidad que se aplaca con el día. ¿Permanecía siempre allí la muchacha rodeada de los félidos indolentes?

Entre los mimos prolongados de su casa, le era fácil olvidar los sobresaltos que le proporcionaba la muchacha. Por lo demás, y éste era su secreto, si las delicadezas de la Bertita para con[69] él llegaban a terminarse, como siempre y detrás de cada una de sus atenciones temía, quedaba siempre el consuelo de esa amistad a la distancia con la muchacha rubia que vivía en el patio de luz. Fue tanta la seguridad que la conciencia de esto

---

[67] **overos, romanos:** black and white, tortoise-shell
[68] **artesa:** tub
[69] **para con:** with regard to

le proporcionó, que una noche, cuando supo que había charquicán[70] de comida, Santelices dijo:

—No me gusta el charquicán, quiero pollo.

—Pollo dos veces por semana, ni que fuera corredor de la
bolsa...[71] mírenlo, qué se cree...[72] —respondió la Bertita.

—Sí, pero tengo ganas de comer pollo.

La Bertita se enojó:

—Oiga, mire, se le está pasando el tejo de exigente,[73] Santelices; todo porque sabe que nosotros a usted...

Algo se había ido descubriendo en los ojos de la Bertita,
que de nuevo, después de estos meses, quedaron peligrosamente
desnudos. Mientras se subía las mangas del delantal floreado
no pestañeó ni una vez y después se sirvió un vaso enorme de
granadina. Santelices dijo rápido, antes de que la mirada ex-
tinguiera su osadía:

—Oiga, Bertita, cuénteme una cosa. ¿No se acuerda de unos
monitos míos, unos cuadritos que ahora tiempo puse en la pared
de mi pieza y después no los pude encontrar? ¿No sabe qué se
hicieron?

A la Bertita casi se le cayó el vaso de la mano. Sus ojos
duros se disolvieron al esquivar la mirada de Santelices:

—Ay, por Dios, que friega usted con sus monitos, ¿no?[74]
¿Para qué se le ocurre hablar de eso ahora, cuando hace como
dos meses? ¿No le da vergüenza de andar preocupado con jue-
guitos de chiquillo chico? Después de..., bueno, de eso, estuve
hablando con mi papá y como parece que usted piensa quedarse
definitivamente con la pieza...

El la venció diciendo:

—Mm, puede ser...

Los ojos de la Bertita se fijaron en él y ya no volvieron a
abandonarlo.

—...así que decidimos que no valía la pena volver a empapelar ni cobrarle nada. No se preocupe...

[70] **charquicán:** dish made of charqui, chili, potatoes, beans, etc.

[71] **ni . . . bolsa:** as if he were a stock broker

[72] **qué se cree:** who does he think he is

[73] **se . . . exigente:** you're going way beyond yourself in demanding so much

[74] **friega . . . no?** you really can annoy people with your beasts, can't you?

—Claro, ustedes siempre tan dijes...[75]

Esperó que la Bertita esbozara un suspiro de alivio para cortárselo insistiendo:

—Pero, y las estampas.

—Ay, pues, Santelices, por Dios; déjese de leseras. ¿Qué sé yo qué habrá hecho con ellas mi papá? Le digo que a él se las di. Claro que... no sé si a usted le va a parecer mal, pero fíjese que yo me quedé con una en colores pensando que a usted no le importaría y la puse en ese marquito de espejo azul que se le quedó a esa pensionista del 8 que se fue. ¿Quiere pasar a mi pieza a verla? Se ve un amor;[76] le diré cómo se llama el animal, entre todas esas hojas tan grandes y esas flores raras. Fíjese que una vez vi una película...

Santelices salió sin despedirse.

Esa tarde se quedó en la oficina hasta que todos los demás se fueron. A medida que avanzaba la noche, en el ala de enfrente, una a una, se fueron apagando todas las luces hasta que el edificio de cemento adquirió una resonancia propia, de inmensa caja vacía. Una bocanada de aire cargada de insinuaciones espesas entró por la ventana abierta. Estaban sólo él y la muchacha incauta entre los gatos, cinco pisos más abajo. Las sombras se hundieron, cayendo bloque sobre bloque en el patio exiguo, iluminado por el fulgor de ojos verdes, dorados, rojos, parpadeantes. Santelices apenas divisaba las formas a que pertenecían con la ayuda del anteojo. Los animales eran docenas, que circulaban alrededor de la muchacha: ella no era más que una mancha pálida en medio de todos esos ojos que se encendían al mirarla codiciosos. Santelices le iba a gritar una advertencia inclinado por la ventana; pero, enfrente, el vidrio de "Leiva Hermanos" se encendió de pronto, se abrió con un chirrido, y el desparpajo de una risa vulgar atravesó de parte a parte el silencio del edificio. Santelices buscó su sombrero en la penumbra y se fue.

Esa noche no llegó a comer a su casa. Al día siguiente, sin embargo, se fue derecho desde la oficina, buscó a la Bertita y le dijo que como había encontrado otro lugar donde vivir, se

[75] **dijes:** agreeable

[76] **Se ... amor:** It looks just fine

pensaba cambiar al mes siguiente y ella podía disponer de la pieza para esa fecha.

—Pero, Santelices, ¿por qué? ¿Qué le hemos hecho? —balbuceó.

—Nada...

—Entonces, no entiendo...

—Es que una compañera de oficina viuda de un oficial me cede una pieza en su departamento, porque no tiene niños, y el departamento es lindo, de lujo, viera[77] qué moderno. Yo sería el único pensionista. Imagínese la comodidad, y sobre todo la señora es tan simpática. Hasta toca guitarra...

Lívida, la Bertita acezaba como si algo estuviera haciendo presión dentro de ella, llenándola, hasta que estalló:

—Ustedes..., siempre se van donde más calienta el sol, malagradecidos. Váyase, váyase, si quiere..., a mí, ¿qué me importa? Malagradecido, después de como lo hemos tratado en esta casa. ¿Qué me importa? Usted es un cochino, como todos los hombres, que no les interesa más que una cosa..., cochino, cochino...

A medida que repetía las palabras comenzó a gemir, a deshacerse, llorando desesperada. Un muro que se había alzado en Santelices le impidió conmoverse. No la odiaba, ni siquiera la quería mal, ni siquiera tenía planes para irse a otra pensión. Pero vio que esto era lo que desde hacía mucho tiempo quería presenciar por sus propios ojos: la Bertita destrozada, llorando sin consuelo por causa suya. Antes que las olas de su propia compasión aumentaran y destruyeran el muro, salió de la pieza. Afuera, ya no le importaba nada, absolutamente nada. Se fue a acostar.

Se tendió en la cama sin desvestirse. Alguien roncaba en la habitación contigua. En el cuarto del frente despertó un niño y le dijo a su madre que quería pipí. Algunos rezagados entraban a sus habitaciones en la punta de los pies, despertando las viejas tablas dormidas del piso. Contempló los muros donde poco tiempo atrás campearon una noche sus bestias obedientes, destruidas por la Bertita. No le importaba nada, porque la selva crecía dentro de él ahora, con sus rugidos y calores, con la efu-

[77] **viera:** you should see

sión de la muerte y de la vida. Pero algo, algo sí le importaba, debía importarle. En el fondo de su imaginación, como en el fondo de un patio muy oscuro, fue apareciendo una mancha pálida que creció aterrada ante la amenaza que venía rodeándola. Ella creía que eran sólo gatos, como el de la tapa de su caja de bombones con la cinta celeste. Pero no, él debía gritarle una advertencia para salvarla de ser devorada. No pudo dormir porque sentía la imploración de la muchacha dirigida a él, sólo a él. Se revolvía sobre su cama, vestido, sin lograr que los animales peligrosos quedaran exorcizados por sus esfuerzos. Se levantó, hizo unas buchadas, porque tenía la boca amarga, y se dispuso a salir. Bajó la escalera sin importarle que sus pasos despertaran a la pensión entera. Tenía prisa. Al pasar frente a la pieza de la Bertita se encendió la luz y oyó:

—¿Santelices?

Se quedó parado sin responder.

—¡Santelices! ¿A dónde va a esta hora, por Diosito santo?

Despues de unos segundos de silencio, respondió:

—Tengo que salir.

Al cerrar la puerta oyó un gemido como de animal que rajó la noche:

—¡Papá!

Afuera, el aire helado recortó su forma, separándolo de manera definitiva de todas las cosas. A pesar del frío tranquilo, sin viento ni humedad, se sacó el sombrero y sintió el aire acariciar su nuca y su calva, su frente y su cuello, apartándolo, salvándolo de toda preocupación que no fuera por la muchacha que iba a ser devorada.

Subió los cinco pisos de una carrera. Sin saber cómo, abrió puertas y más puertas, hasta llegar a su oficina. En la oscuridad se allegó a la ventana y la abrió de par en par; enorme ventana que descubrió sobre su cabeza toda la oscuridad de un cielo desteñido, en que la luna caliente, roja, de bordes imprecisos, como un absceso, parecía que ya iba a estallar sobre las copas de los árboles gigantescos. Ahogó un grito de horror: el patio era un viscoso vivero de fieras, desde donde todos los ojos —amarillos, granates, dorados, verdes— lo miraban a él. Se llevó las manos a los oídos para que la marea de rugidos no destruyera sus tímpanos. ¿Dónde estaba la muchacha? ¿Dónde estaba su forma ahogada en esa vegetación caliente, en ese aire impuro? Más y más tigres de ojos iluminados saltaban desde la tapia al patio. Los ocelotes, los pumas hambrientos arañaban los jirones de oscuridad entre las hojas violeta. Las onzas destrozaban a los linces, las panteras se trepaban a los árboles que casi, casi llegaban a la ventana desde donde Santelices escudriñaba ese patio en busca de la muchacha que ya no veía. Todo crujía, rugía, trepidaba de insectos enloquecidos por el peligro en el aire venenoso y turbio de la selva. Desde una rama muy cercana, un jaguar quiso morder la mano de Santelices, pero sólo se apoderó del anteojo de larga vista. Una pantera enfurecida, de multifacéticos ojos color brasa, rugió frente a su cara.

Santelices no tenía miedo. Había una necesidad, un imperativo que era como el reencuentro de su valor en un triunfo posible, la definición más rica y ambiciosa, pero la única por ser la más difícil. Las ramas se despejaron allá abajo, en el fondo más lejano. Santelices contuvo la respiración: era ella; sí, ella que le pedía que la rescatara de ese hervidero pavoroso. Animales cuyos nombres ignoraba se arrastraban trepándose por las ramas estremecidas y los pájaros agitaban sus plumajes de maravilla entre los helechos monstruosos. Con las manos empavorecidas espantaba a los bichos calientes de humedad que chocaban contra su rostro. Toda la noche era de ojos fulgurantes; arriba, en el cielo, a través de las ramas gigantes que lo ahogaban, y allá abajo, en la borrasca de fieras que se destrozaban mutuamente. El aire espeso de la noche, iluminada apenas por una luna opaca —¿o era un sol desconocido?—, venía cargado de aullidos presos en su densidad. Allá estaba la muchacha esperándolo; tal vez gemía; no podía oir su voz en medio del trueno de alaridos, rugidos, gritos, pero tenía que salvarla. Santelices se trepó al alféizar. Sí, allá abajo estaba. De un grito espantó a una fiera de la rama vecina, y, para bajar por ella, dio un salto feroz para alcanzarla.

CUESTIONARIO

1. ¿Por qué se quejó tanto don Eusebio de lo que había hecho San telices?
2. En efecto, ¿qué había hecho?
3. ¿Qué es lo que pensaba hacer don Eusebio?
4. ¿Quién fue Bertita?
5. ¿Cómo era Santelices durante la partida de canasta?
6. ¿Por qué hubo una riña?
7. ¿Cómo se transformó el cuarto de Santelices después de que abrió sus carpetas?
8. ¿Cómo le había comenzado esta manía tan rara?
9. ¿Qué efecto tenían esas fotos de la vida selvática?
10. ¿Se identificaba Santelices con la víctima o con el agresor?
11. ¿Como se adueñaban de la pieza las fieras?
12. La mañana siguiente, Bertita parecía haberse vuelto loca. Según ella, ¿qué prueba tenía de que Santelices la odiaba?
13. ¿Cómo había intervenido Bertita durante la convalecencia de Santelices?
14. ¿Qué pensaba Bertita de los hombres en general?
15. ¿Cuánto tiempo pasó Santelices en su oficina?
16. Al volver a su cuarto, ¿qué encontró Santelices?
17. ¿Qué estaba haciendo la muchacha en el patio?
18. ¿Pensaba Santelices cambiar de casa?
19. ¿Cómo trató Bertita de calmar a Santelices cuando éste volvió a casa?
20. ¿Qué cena había preparado Bertita?
21. ¿Para qué pidió anteojos Santelices a don Eusebio?
22. ¿Qué había alrededor de la muchacha en el patio?
23. ¿Qué descubrió Santelices en los ojos de Bertita mientras que conversaban sobre lo que se iba a comer aquella noche?
24. Según Bertita, ¿qué fue de las estampas?
25. Mientras que avanzaba la noche, ¿qué vio Santelices?
26. ¿Por qué había querido Santelices "destrozar" a Bertita?
27. ¿Qué significa la frase siguiente? "No le importaba nada, porque la

*selva crecía dentro de él ahora, con sus rugidos y calores, con la
efusión de la muerte y de la vida."*

28. *Cuando llegó Santelices a su oficina, ¿qué es lo que se creía ver por
la ventana?*

29. *Según Santelices, ¿estaba la muchacha en peligro?*

30. *¿Por qué saltó Santelices al jardín?*

PREGUNTA GENERAL

*En este cuento hay una relación extraña entre Santelices y la niña en
el patio, entre el ser que él es en la sociedad y sus ensueños imaginativos
y subconcientes. Se ha sugerido que el cuento "Santelices" puede con-
siderarse como una versión fictiva de la vida artística del pintor francés
Henri Rousseau, cuya obra, llena de fieras y amenazas primitivas, se
contrasta de una manera marcada con su vida rutinaria, humilde y
anónima de aduanero. Por ejemplo, véase este trozo que describe esta
polarización en la vida y obra de Rousseau.*

*This naïve and gentle man . . . knew nevertheless that only the fittest sur-
vive, that Nature is a jungle full of ferocity, that the child is not always
good. But, with his whole being, he sided with the underdog, the defenseless
animal, the victim.**

*Vea los cuadros de Rousseau como "The Lion Devouring the Antelope",
"The Dream", "Sleeping Gypsy", "Exotic Landscape", junto con una
biografía de Rousseau para determinar las correspondencias que pueda
haber entre la vida y obra de Rousseau y la angustia y horror de la
vida y fantasía de Santelices.*

* Carlton Lake and Robert Maillard (eds.), *Dictionary of Modern Painting*
(rev. ed.; New York: Tudor Publishing Co., n.d.), p. 256.

❀ ❀ ❀

Gabriel García Márquez

COLOMBIA • b. 1928

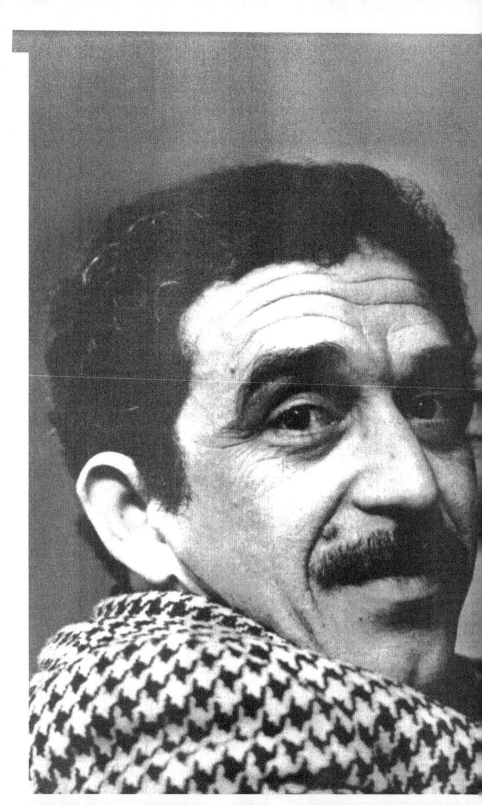

Of the five authors in this anthology, Gabriel García Márquez is presently the least known in this country. Most American readers will find him a congenial writer, however, for his stories, like many of the chief modern works in our own national literature, are studies of social decay written in lucid and perfectly calculated prose. As García Márquez pursues his obsessive theme —the collapse of rural Colombian society, undermined not only by financial ruin but by a general disintegration of the human spirit—he creates a mythic world similar to that projected by William Faulkner, Carson McCullers, and Tennessee Williams in their horrific visions of the American South. And like these Southern writers, García Márquez is interested in scenes of degeneracy not as instances of the picturesque but rather as a terrifying scenario for man's anguish in this century.

García Márquez was born not far from the hot Caribbean banana port of Santa Marta, in the small town of Aracataca. He readily admits that, though he left the Magdalena Valley early in life, he still lives there in spirit. His fiction depends upon a whole wealth of details and attitudes stored up during his first eight years, spent in the company of his grandfather. When his revered grandfather died, the door to the past was closed, but his memories of his home town remain, vivid and precise, a sufficient foundation for the creation of a whole world in literature. García Márquez has summed up his life after those crucial first years in the remark, "Nothing interesting has happened to me since."

What could have been a hopeless impasse and moral stagnation has turned out to be the source of continual spiritual growth. Rather than attempting to recapture the actual world of his childhood in every petty detail, García Márquez has created a new world that bears comparison to Faulkner's Yoknapatawpha County; García Márquez calls it Macondo. Macondo is a world that was made rich for a few years by a banana boom, but has since collapsed into poverty, feuds, and corruption. It resembles Aracataca in certain obvious ways, but essentially it could be anywhere or nowhere in Colombia. García Márquez, like the French *genius Marcel Proust, recalls the past not by massive conventional realism, but in terms of exquisitely selective insights into remembered characters, situations, and anecdotes. From this welter of odd bits from the past, an image of a whole society's past comes forth. García Márquez' vision is like that of a child, endowed with the magical coherence that only a child can project onto the chaos of reality. Macondo is pure myth filtered out of reality, an enclosed yet living world in fiction.*

García Márquez is, above all, a writer who has a roundly unified vision of his fictive world. Each successive book or story represents not a new start but the taking up of another thread, the elaboration of one corner of a tapestry the whole of which is already completed in his imagination. The same characters move in and out of the novels and the stories. García Márquez keeps in touch with his characters by continually rereading his already published work to see what else it might tell him, what other insights are still buried. In a sense, the author poses probing questions to his books and they respond like friends.

Not surprisingly, William Faulkner, the incomparable chronicler of families and counties in Mississippi, was a major inspiration behind García Márquez' earliest fiction. "When I first read Faulkner," the Colombian has observed, "I thought: 'I must be a writer.' " * *It was Faulkner who showed García Márquez how to organize the world on the page loosely, leaving it free enough from control on the writer's part to go its own way. However, García Márquez is no "automatic writer" engaged in setting down unchanged the outpourings of his subconscious; his world is full of recognizable prototypes, some seen often before in Latin-American fiction. Macondo is full of marvelous characters—the unbalanced matriarch Mamá Grande, who once controlled the destinies of the entire local populace; the old* patrón *José Montiel, grasping and suspicious; Baltazar, the talented and generous carpenter; Carmichael, the hapless servant who brings bad luck on the Montiel house by opening an umbrella indoors; Padre Ángel, a tortured and corrupt priest; Doctor Giraldo, the enlightened advocate of liberalism; an omnipresent mayor; and so on. They all pass before us in García Márquez' books, disappearing in some stories only to reappear later in a novel, faintly drawn in some places, forcefully characterized elsewhere.*

García Márquez is most famous in Latin America for his magnificent

---

* Harss and Dohmann, *op. cit.*, p. 322.

novels La hojarasca, El coronel no tiene quien le escriba, La mala hora, *and his masterpiece, published in 1967,* Cien años de soledad. *His stories, collected in the volume entitled* Los funerales de la Mamá Grande, *are short vignettes and commentaries closely related to the novels. Macondo is there in the stories, of course, but naturally the panoramic effects created in the novels have given way to the detailed scrutiny of motives and emotions. The title story of the collection, for instance, is a vast and comically absurd portrait of the last days of a mythical yet terribly real matriarch, and the subsequent funeral celebrations for her. Mamá Grande is a virago who has ruled over her serfs for ninety-two years and whose properties include a hoard of false documents sufficient to convince anybody of anything, five whole municipalities, and three hundred fifty-two tenant families. The sleazy pomp with which she lived is reflected in her grotesque funeral, an event that paralyzes the nation and requires the presence of the president of the republic and the Pope. The story shows García Márquez to be a mordant and devastating satirist. His powers as a stylist are also very much in evidence. The story is written in an overblown parody of Colombian official journalese, with the result that the language turns against itself: the clichés are no longer clichés, but rather elements of a savage attack upon a whole way of life and, incidentally, a whole school of Spanish-language journalism.*

"La prodigiosa tarde de Baltazar," the second story in this selection, is a meticulously calculated account of generosity and cruelty in a small town. The central characters are José Montiel and the town carpenter, Baltazar. The third story, "La viuda de Montiel," is the unforgettable portrait of José's widow, wandering distractedly among memories of her late husband while being forced to witness the degeneration of the family empire. The final selection, "La siesta del martes," is García Márquez's favorite among the stories. Done in a somber monotone, it recounts the visit to a dead criminal's grave by a stoic mother, whose quiet dignity and courage pervade the whole story.

Los funerales de la Mamá Grande

Esta es, incrédulos del mundo entero, la verídica historia de la Mamá Grande, soberana absoluta del reino de Macondo, que vivió en función de dominio[1] durante 92 años y murió en olor de santidad[2] un martes del septiembre pasado, y a cuyos funerales vino el Sumo Pontífice. Ahora que la nación sacudida en sus entrañas ha recobrado el equilibrio; ahora que los gaiteros de San Jacinto, los contrabandistas de la Guajira, los arroceros del Sinú, las prostitutas de Guacamayal, los hechiceros de la Sierpe y los bananeros de Aracataca han colgado sus toldos[3] para restablecerse de la extenuante vigilia, y que han recuperado la serenidad y vuelto a tomar posesión de sus estados el presidente de la república y sus ministros y todos aquellos que representaron al poder público y a las potencias sobrenaturales en la más espléndida ocasión funeraria que registren los anales históricos; ahora que el Sumo Pontífice ha subido a los cielos en cuerpo y alma, y que es imposible

[1] **vivió . . . dominio:** lived as a ruler
[2] **olor de santidad:** odor of sanctity
[3] **colgado sus toldos:** put away their tents

transitar[4] en Macondo a causa de las botellas vacías, las colillas de cigarrillos, los huesos roídos, las latas y trapos y excrementos que dejó la muchedumbre que vino al entierro, ahora es la hora de recostar un taburete[5] a la puerta de la calle y empezar a contar desde el principio los pormenores de esta conmoción nacional, antes de que tengan tiempo de llegar los historiadores.

Hace catorce semanas, después de interminables noches de cataplasmas, sinapismos y ventosas,[6] demolida por la delirante agonía, la Mamá Grande ordenó que la sentaran en su viejo mecedor de bejuco[7] para expresar su última voluntad. Era el único requisito que le hacía falta para morir. Aquella mañana, por intermedio del padre Antonio Isabel, había arreglado los negocios de su alma, y sólo le faltaba arreglar los de sus arcas con los nueve sobrinos, sus herederos universales, que velaban en torno al lecho. El párroco, hablando solo y a punto de cumplir cien años, permanecía en el cuarto. Se habían necesitado diez hombres para subirlo hasta la alcoba de la Mamá Grande, y se había decidido que allí permaneciera para no tener que bajarlo y volverlo a subir en el minuto final.

Nicanor, el sobrino mayor, titánico y montaraz, vestido de caqui, botas con espuelas y un revólver calibre 38, cañón largo, ajustado bajo la camisa, fue en busca del notario. La enorme mansión de dos plantas, olorosa a melaza y a orégano, con sus oscuros aposentos atiborrados de arcones y cachivaches[8] de cuatro generaciones convertidas en polvo, se había paralizado desde la semana anterior a la expectativa de aquel momento. En el profundo corredor central, con garfios en las paredes donde en otro tiempo se colgaron cerdos degollados y se desangraban venados en los soñolientos domingos de agosto, los peones dormían amontonados sobre sacos de sal y útiles de labranza, esperando la orden de ensillar las bestias para divulgar la mala noticia en el ámbito de la hacienda desmedida. El resto de la familia estaba en la sala. Las mujeres lívidas, desangradas por la

---

[4] **transitar:** to make one's way
[5] **recostar un taburete:** tilt a chair
[6] **cataplasmas . . . ventosas:** poultices, mustard plasters, and leeches
[7] **mecedor de bejuco:** rattan rocking chair
[8] **atiborrados . . . cachivaches:** jammed with chests and bric-a-brac

herencia y la vigilia, guardaban un luto cerrado⁹ que era una suma de incontables lutos superpuestos. La rigidez matriarcal de la Mamá Grande había cercado su fortuna y su apellido con una alambrada sacramental, dentro de la cual los tíos se casaban con las hijas de las sobrinas, y los primos con las tías, y los hermanos con las cuñadas, hasta formar una intrincada maraña de consanguinidad que convirtió la procreación en un círculo vicioso. Sólo Magdalena, la menor de las sobrinas, logró escapar al cerco; aterrorizada por las alucinaciones se hizo exorcizar por el padre Antonio Isabel, se rapó la cabeza y renunció a las glorias y vanidades del mundo en el noviciado de la Prefectura Apostólica.

Al margen de la familia oficial, y en ejercicio del derecho de pernada,¹⁰ los varones habían fecundado hatos, veredas y caseríos¹¹ con toda una descendencia bastarda, que circulaba entre la servidumbre sin apellidos a título de ahijados, dependientes, favoritos y protegidos de la Mamá Grande.

La inminencia de la muerte removió la extenuante expectativa. La voz de la moribunda, acostumbrada al homenaje y a la obediencia, no fue más sonora que un bajo de órgano¹² en la pieza cerrada, pero resonó en los más apartados rincones de la hacienda. Nadie era indiferente a esa muerte. Durante el presente siglo, la Mamá Grande había sido el centro de gravedad de Macondo, como sus hermanos, sus padres y los padres de sus padres lo fueron en el pasado, en una hegemonía que colmaba dos siglos. La aldea se fundó alrededor de su apellido. Nadie conocía el origen, ni los límites ni el valor real del patrimonio, pero todo el mundo se había acostumbrado a creer que la Mamá Grande era dueña de las aguas corrientes y estancadas, llovidas y por llover, y de los caminos vecinales, los postes del telégrafo, los años bisiestos y el calor, y que tenía además un derecho heredado sobre vida y haciendas. Cuando se sentaba a

---

⁹ **guardaban . . . cerrado:** kept up a strict mourning

¹⁰ **derecho de pernada:** *jus primae noctis*, i.e., the law of the first night, whereby the master of the house enjoys the new bride of one of his servants before the servant himself

¹¹ **hatos . . . caseríos:** ranches, paths, and villages

¹² **bajo de órgano:** bass note of an organ

tomar el fresco de la tarde en el balcón de su casa, con todo el peso de sus vísceras y su autoridad aplastado en su viejo mecedor de bejuco, parecía en verdad infinitamente rica y poderosa, la matrona más rica y poderosa del mundo.

A nadie se le había ocurrido pensar que la Mamá Grande fuera mortal, salvo a los miembros de su tribu, y a ella misma, aguijoneada[13] por las premoniciones seniles del padre Antonio Isabel. Pero ella confiaba en que viviría más de 100 años, como su abuela materna, que en la guerra de 1875 se enfrentó a una patrulla del coronel Aureliano Buendía, atrincherada en la cocina de la hacienda. Sólo en abril de este año comprendió la Mamá Grande que Dios no le concedería el privilegio de liquidar personalmente, en franca refriega,[14] a una horda de masones federalistas.[15]

En la primera semana de dolores el médico de la familia la entretuvo con cataplasmas de mostaza y calcetines de lana. Era un médico hereditario, laureado en Montpellier,[16] contrario por convicción filosófica a los progresos de su ciencia, a quien la Mamá Grande había concedido la prebenda de que se impidiera[17] en Macondo el establecimiento de otros médicos. En un tiempo recorría el pueblo a caballo, visitando los lúgubres enfermos del atardecer, y la naturaleza le concedió el privilegio de ser padre de numerosos hijos ajenos. Pero la artritis le anquilosó en un chinchorro, y terminó por atender a sus pacientes sin visitarlos, por medio de suposiciones, correveidiles y recados.[18] Requerido por la Mamá Grande atravesó la plaza en pijama, apoyado en dos bastones, y se instaló en la alcoba de la enferma. Sólo cuando comprendió que la Mamá Grande agonizaba,[19]

[13] **aguijoneada:** spurred

[14] **franca refriega:** full attack

[15] **masones federalistas:** Members of the fraternal order of Masons were often in the forefront of Liberalism and Enlightenment in Latin America. Thus it is not surprising that they would come into conflict with Mamá Grande's feudal powers.

[16] **Montpellier:** town in France famous for its Faculty of Pharmacy (what we would call medical school). Rabelais attended for a while, which may or may not be a recommendation for the capabilities of Mamá's attending physician.

[17] **prebenda . . . impidiera:** sinecure of preventing

[18] **suposiciones . . . recados:** orders, messengers, and notes

[19] **agonizaba:** was dying

hizo llevar una arca con pomos de porcelana marcados en latín y durante tres semanas embadurnó a la moribunda por dentro y por fuera con toda suerte de emplastos académicos, julepes magníficos y supositorios magistrales. Después le aplicó sapos ahumados en el sitio del dolor y sanguijuelas en los riñones,[20] hasta la madrugada de ese día en que tuvo que enfrentarse a la disyuntiva de hacerla sangrar por el barbero o exorcizar por el padre Antonio Isabel.

Nicanor mandó a buscar al párroco. Sus diez hombres mejores lo llevaron desde la casa cural hasta el dormitorio de la Mamá Grande, sentado en su crujiente mecedor de mimbre bajo el mohoso palio[21] de las grandes ocasiones. La campanilla del Viático[22] en el tibio amanecer de septiembre fue la primera notificación a los habitantes de Macondo. Cuando salió el sol, la placita frente a la casa de la Mamá Grande parecía una feria rural.

Era como el recuerdo de otra época. Hasta cuando cumplió los 70, la Mamá Grande celebró su cumpleaños con las ferias más prolongadas y tumultuosas de que se tenga memoria. Se ponían damajuanas de aguardiente a disposición del pueblo, se sacrificaban reses en la plaza pública, y una banda de músicos instalada sobre una mesa tocaba sin tregua durante tres días. Bajo los almendros polvorientos donde la primera semana del siglo acamparon las legiones del coronel Aureliano Buendía, se ponían ventas de masato, bollos, morcillas, chicharrones, empanadas, butifarras, caribañolas, pandeyuca, almojábanas, buñuelos, arepuelas, hojaldres, longanizas, mondongo, cocadas, guarapo, entre todo género de menudencias, chucherías, baratijas y cacharros,[23] y peleas de gallos y juegos de lotería. En medio de la

---

[20] **sapos . . . riñones:** smoked toads where it hurt and leeches to her kidneys

[21] **crujiente . . . palio:** creaking willow rocking chair underneath the moldy canopy

[22] **campanilla del Viático:** the little bell rung by an altar boy as the priest carries the communion host through the streets to a sick person

[23] **masato . . . cacharros:** corn and yucca pap, small cakes, blood sausage, dried bacon bits, meat pies, Catalonian sausage, caribañolas, yucca breads, cheese and flour cakes, fritters, corn griddle cakes, layer pastries, stuffed sausage, cow paunch soup, coconut candy, rum punch, along with all kinds of trifles, baubles, trinkets, and knicknacks

confusión de la muchedumbre alborotada, se vendían estampas y escapularios[24] con la imagen de la Mamá Grande. Las festividades comenzaban la antevíspera[25] y terminaban el día del cumpleaños, con un estruendo de fuegos artificiales y un baile familiar en la casa de la Mamá Grande. Los selectos invitados y los miembros legítimos de la familia, generosamente servidos por la bastardía, bailaban al compás de la vieja pianola equipadas con rollos de moda. La Mamá Grande presidía la fiesta desde el fondo del salón, en una poltrona con almohadas de lino, impartiendo discretas instrucciones con su diestra[26] adornada de anillos en todos los dedos. A veces en complicidad con los enamorados, pero casi siempre aconsejada por su propia inspiración, aquella noche concertaba los matrimonios[27] del año entrante. Para clausurar el jubileo, la Mamá Grande salía al balcón adornado con diademas y faroles de papel, y arrojaba monedas a la muchedumbre.

Aquella tradición se había interrumpido, en parte por los duelos sucesivos de la familia, y en parte por la incertidumbre política de los últimos tiempos. Las nuevas generaciones no asistieron sino de oídas[28] a aquellas manifestaciones de esplendor. No alcanzaron a ver a la Mamá Grande en la misa mayor, abanicada por algún miembro de la autoridad civil, disfrutando del privilegio de no arrodillarse ni en el instante de la elevación para no estropear su saya de volantes holandeses y sus almidonados pollerines de olán.[29] Los ancianos recordaban como una alucinación de la juventud los doscientos metros de esteras que se tendieron desde la casa solariega hasta el altar mayor, la tarde en que María del Rosario Castañeda y Montero asistió a los funerales de su padre, y regresó por la calle esterada investida de su nueva e irradiante dignidad, a los 22 años

[24] **escapularios:** two small pieces of cloth worn around the neck, one of which usually carries an image of our Lady of Carmen
[25] **antevíspera:** two days before
[26] **diestra:** right hand
[27] **concertaba los matrimonios:** she arranged the marriages
[28] **sino de oídas:** except by hearsay
[29] **ni . . . olán:** not even during the moment of the elevation of the host, so as not to ruin her Dutch-style skirt and her starched petticoats

convertida en la Mamá Grande. Aquella visión medieval pertenecía entonces no sólo al pasado de la familia, sino al pasado de la nación. Cada vez más imprecisa y remota, visible apenas en su balcón sofocado entonces por los geranios en las tardes de calor, la Mamá Grande se esfumaba en su propia leyenda. Su autoridad se ejercía a través de Nicanor. Existía la promesa tácita, formulada por la tradición, de que el día en que la Mamá Grande lacrara su testamento, los herederos decretarían tres noches de jolgorios públicos. Pero se sabía asimismo que ella había decidido no expresar su voluntad última hasta pocas horas antes de morir, y nadie pensaba seriamente en la posibilidad de que la Mamá Grande fuera mortal. Sólo esa madrugada, despertados por los cencerros del Viático, los habitantes de Macondo se convencieron de que la Mamá Grande no sólo era mortal, sino que se estaba muriendo.

Su hora era llegada. En su cama de lienzo, embadurnada áloes hasta las orejas, bajo la marquesina de polvorienta espumilla,[30] apenas se adivinaba la vida en la tenue respiración de sus tetas matriarcales. La Mamá Grande, que hasta los cincuenta años rechazó a los más apasionados pretendientes, y que fue dotada por la naturaleza para amamantar ella sola a toda su especie, agonizaba virgen y sin hijos. En el momento de la extremaunción, el padre Antonio Isabel tuvo que pedir ayuda para aplicarle los óleos en la palma de las manos, pues desde el principio de su agonía la Mamá Grande tenía los puños cerrados. De nada valió el concurso de las sobrinas. En el forcejeo,[31] por primera vez en una semana, la moribunda apretó contra su pecho la mano constelada de piedras preciosas, y fijó en las sobrinas su mirada sin color, diciendo: "Salteadoras".[32] Luego vio al padre Antonio Isabel en indumentaria litúrgica y al monaguillo con los instrumentos sacramentales, y murmuró con una convicción apacible: "Me estoy muriendo". Entonces se quitó el anillo con el Diamante Mayor y se lo dio a Magdalena, la novicia, a quien correspondía por ser la heredera menor. Aquel

---

[30] **marquesina . . . espumilla:** canopy of dusty crêpe
[31] **En el forcejeo:** During the struggle
[32] **"Salteadoras":** Robbers

era el final de una tradición: Magdalena había renunciado a su herencia en favor de la Iglesia.

Al amanecer, la Mamá Grande pidió que la dejaran a solas con Nicanor para impartir sus últimas instrucciones. Durante media hora, en perfecto dominio de sus facultades, se informó de la marcha de los negocios. Hizo formulaciones especiales sobre el destino de su cadáver, y se ocupó por último de las velaciones. "Tienes que estar con los ojos abiertos", dijo. "Guarda bajo llave todas las cosas de valor, pues mucha gente no viene a los velorios sino a robar". Un momento después, a solas con el párroco, hizo una confesión dispendiosa,[33] sincera y detallada, y comulgó más tarde en presencia de los sobrinos. Entonces fue cuando pidió que la sentaran en el mecedor de bejuco para expresar su última voluntad.

Nicanor había preparado, en veinticuatro folios escritos con letra muy clara, una escrupulosa relación[34] de sus bienes. Respirando apaciblemente, con el médico y el padre Antonio Isabel por testigos, la Mamá Grande dictó al notario la lista de sus propiedades, fuente suprema y única de su grandeza y autoridad. Reducido a sus proporciones reales, el patrimonio físico se reducía a tres encomiendas adjudicadas por Cédula Real[35] a principios de la Colonia, y que con el transcurso del tiempo, en virtud de intrincados matrimonios de conveniencia, se habían acumulado bajo el dominio de la Mamá Grande. En ese territorio ocioso, sin límites definidos, que abarcaba cinco municipios[36] y en el cual no se sembró nunca un solo grano por cuenta de los propietarios, vivían a título de arrendatarias[37] 352 familias. Todos los años, en vísperas de su onomástico,[38] la Mamá Grande ejercía el único acto de dominio que había impedido el regreso de las tierras al estado; el cobro de los arrendamientos. Sentada en el corredor interior de su casa, ella recibía personalmente el pago

[33] **dispendiosa:** extravagant
[34] **relación:** account
[35] **Cédula Real:** Royal Decree
[36] **municipios:** townships
[37] **a . . . arrendatarias:** as tenant farmers
[38] **onomástico:** name day, i.e., anniversary in the church calendar of the saint for whom Mamá was named

del derecho de habitar en sus tierras, como durante más de un siglo lo recibieron sus antepasados de los antepasados de los arrendatarios. Pasados los tres días de la recolección, el patio estaba atiborrado de cerdos, pavos y gallinas, y de los diezmos y primicias[39] sobre los frutos de la tierra que se depositaban allí en calidad de[40] regalo. En realidad, esa era la única cosecha que jamás recogió la familia de un territorio muerto desde de sus orígenes,[41] calculado a primera vista en 100,000 hectáreas. Pero las circunstancias históricas habían dispuesto que dentro de esos límites crecieran y prosperaran las seis poblaciones del distrito de Macondo, incluso la cabecera del municipio, de manera que todo el que[42] habitara una casa no tenía más derecho de propiedad del que le correspondía sobre los materiales, pues la tierra pertenecía a la Mamá Grande y a ella se pagaba el alquiler, como tenía que pagarlo el gobierno por el uso que los ciudadanos hacían en las calles.

En los alrededores de los caseríos, merodeaba un número nunca contado y menos atendido de animales herrados en los cuartos traseros con la forma de un candado.[43] Ese hierro hereditario, que más por el desorden que por la cantidad se había hecho familiar en remotos departamentos donde llegaban en verano, muertas de sed, las reses desperdigadas, era uno de los más sólidos soportes de la leyenda. Por razones que nadie se había detenido a explicar, las extensas caballerizas de la casa se habían vaciado progresivamente desde la última guerra civil, y en los últimos tiempos se habían instalado en ellas trapiches de caña, corrales de ordeño, y una piladora de arroz.[44]

Aparte de lo enumerado, se hacía constar en el testamento la existencia de tres vasijas de morrocotas[45] enterradas en algún lugar de la casa durante la guerra de Independencia, que no

---

[39] **diezmos y primicias:** tithes and first part of the crop
[40] **en calidad de:** as
[41] **muerto . . . orígenes:** sterile land since its beginnings
[42] **todo el que:** anyone who
[43] **herrados . . . candado:** branded on the hindquarters with the shape of a padlock
[44] **trapiches . . . arroz:** sugar cane presses, milking rooms, and a rice mill
[45] **vasijas de morrocotas:** urns of gold coins

habían sido halladas en periódicas y laboriosas excavaciones. Con el derecho a continuar la explotación de la tierra arrendada y a percibir los diezmos y primicias y toda clase de dádivas extraordinarias, los herederos recibían un plano levantado de generación en generación, y por cada generación perfeccionado, que facilitaba el hallazgo del tesoro enterrado.

La Mamá Grande necesitó tres horas para enumerar sus asuntos terrenales. En la sofocación de la alcoba, la voz de la moribunda parecía dignificar en su sitio cada cosa enumerada. Cuando estampó su firma balbuciente, y debajo estamparon la suya los testigos, un temblor secreto sacudió el corazón de las muchedumbres que empezaban a concentrarse frente a la casa, a la sombra de los almendros polvorientos de la plaza.

Sólo faltaba entonces la enumeración minuciosa de los bienes morales. Haciendo un esfuerzo supremo —el mismo que hicieron sus antepasados antes de morir para asegurar el predominio de su especie— la Mamá Grande se irguió sobre sus nalgas monumentales, y con voz dominante y sincera, abandonada a su memoria, dictó al notario la lista de su patrimonio invisible:

La riqueza del subsuelo, las aguas territoriales, los colores de la bandera, la soberanía nacional, los partidos tradicionales, los derechos del hombre, las libertades ciudadanas, el primer magistrado, la segunda instancia,[46] el tercer debate,[47] las cartas de recomendación, las constancias históricas,[48] las elecciones libres, las reinas de la belleza, los discursos trascendentales, las grandiosas manifestaciones, las distinguidas señoritas, los correctos caballeros, los pundonorosos militares, su señoría ilustrísima,[49] la corte suprema de justicia, los artículos de prohibida importación, las damas liberales, el problema de la carne, la pureza del lenguaje, los ejemplos para el mundo, el orden jurídico, la prensa libre pero responsable, la Atenas sudamericana,[50] la opinión pública, las lecciones democráticas, la moral cristiana, la escasez de

[46] **segunda instancia:** right of appeal
[47] **tercer debate:** official hearings
[48] **constancias históricas:** historical records
[49] **su señoría ilustrísima:** his illustrious lordship
[50] **la Atenas sudamericana:** the Athens of Latin America

divisas,[51] el derecho de asilo, el peligro comunista, la nave del estado, la carestía de la vida, las tradiciones republicanas, las clases desfavorecidas, los mensajes de adhesión.[52] No alcanzó a terminar. La laboriosa enumeración tronchó su último vahaje.[53] Ahogándose en el maremágnum de fórmulas abstractas que durante dos siglos constituyeron la justificación moral del poderío de la familia, la Mamá Grande emitió un sonoro eructo, y expiró.

Los habitantes de la capital remota y sombría vieron esa tarde el retrato de una mujer de veinte años en la primera página de las ediciones extraordinarias, y pensaron que era una nueva reina de la belleza. La Mamá Grande vivía otra vez la momentánea juventud de su fotografía, ampliada a cuatro columnas y con retoques urgentes, su abundante cabellera recogida a lo alto del cráneo con un peine de marfil, y una diadema sobre la gola de encajes.[54] Aquella imagen, captada por un fotógrafo ambulante que pasó por Macondo a principios de siglo y archivada por los periódicos durante muchos años en la división de personajes desconocidos, estaba destinada a perdurar en la memoria de las generaciones futuras. En los autobuses decrépitos, en los ascensores de los ministerios, en los lúgubres salones de té forrados de pálidas colgaduras, se susurró con veneración y respeto de la autoridad muerta en su distrito de calor y malaria, cuyo nombre se ignoraba en el resto del país hacía pocas horas, antes de ser consagrado por la palabra impresa. Una llovizna menuda cubría de recelo y de verdín[55] a los transeúntes. Las campanas de todas las iglesias tocaban a muerto. El presidente de la república, sorprendido por la noticia cuando se dirigía al acto de graduación de los nueve cadetes, sugirió al Ministro de la Guerra, en una nota escrita de su puño y letra en el revés del telegrama, que concluyera su discurso con un minuto de silencio en homenaje a la Mamá Grande.

El orden social había sido rozado por la muerte. El propio

---

[51] **escasez de divisas:** shortage of foreign exchange
[52] **mensajes de adhesión:** testimonials of political support
[53] **tronchó . . . vahaje:** cut short her last breath
[54] **gola de encajes:** lace collar
[55] **de recelo . . . verdín:** foreboding and muggy film

presidente de la república, a quien los sentimientos urbanos llegaban como a través de un filtro de purificación, alcanzó a percibir desde su automóvil en una visión instantánea pero hasta un cierto punto brutal, la silenciosa consternación de la ciudad. Sólo permanecían abiertos algunos cafetines de mala muerte,[56] y la Catedral Metropolitana, dispuesta para nueve días de honras fúnebres. En el Capitolio Nacional, donde los mendigos envueltos en papeles dormían al amparo de columnas dóricas y taciturnas estatuas de presidentes muertos, las luces del congreso estaban encendidas. Cuando el primer mandatario[57] entró a su despacho, conmovido por la visión de la capital enlutada, sus ministros lo esperaban vestidos de tafetán funerario, de pie, más solemnes y pálidos que de costumbre.

Los acontecimientos de aquella noche y las siguientes serían más tarde definidos como una lección histórica. No sólo por el espíritu cristiano que inspiró a los más elevados personeros del poder público, sino por la abnegación con que se conciliaron intereses disímiles y criterios contrapuestos, en el propósito común de enterrar un cadáver ilustre. Durante muchos años la Mamá Grande había garantizado la paz social y la concordia política de su imperio, en virtud de los tres baúles de cédulas electorales falsas que formaban parte de su patrimonio secreto. Los varones de la servidumbre, sus protegidos y arrendatarios, mayores y menores de edad, ejercitaban no sólo su propio derecho de sufragio, sino también el de los electores muertos en un siglo. Ella ejerció la prioridad del poder tradicional sobre la autoridad transitoria, el predominio de la clase sobre la plebe, la trascendencia de la sabiduría divina sobre la improvisación mortal. En tiempos pacíficos, su voluntad hegemónica acordaba y desacordaba canongías, prebendas y sinecuras, y velaba por el bienestar de los asociados así tuviera para lograrlo que recurrir a la maniobra solapada o al fraude electoral.[58] En tiempos tormentosos, la Mamá Grande contribuyó en secreto para armas a sus partidarios,

[56] **cafetines . . . muerte:** dives
[57] **primer mandatario:** the president
[58] **En . . . electoral:** During times of peace, her overpowering will approved and disapproved of religious orders, benefices, and sinecures, and watched over the well-being of her associates, even if she had to resort to shady maneuvers or electoral fraud to get what she wanted.

y socorrió en público a sus víctimas. Aquel celo patriótico la acreditaba para los más altos honores.

El presidente de la república no había tenido necesidad de recurrir a sus consejeros para medir el peso de su responsabilidad. Entre la sala de audiencias de Palacio y el patiecito adoquinado que sirvió de cochera a los virreyes, mediaba un jardín interior de cipreses oscuros donde un fraile portugués se ahorcó por amor en las postrimerías de la Colonia. A pesar de su ruidoso aparato de oficiales condecorados, el presidente no podía reprimir un ligero temblor de incertidumbre cuando pasaba por ese lugar después del crepúsculo. Pero aquella noche, el estremecimiento tuvo la fuerza de una premonición. Entonces adquirió plena conciencia de su destino histórico, y decretó nueve días de duelo nacional, y honores póstumos a la Mamá Grande en la categoría de heroína muerta por la patria en el campo de batalla. Como lo expresó en la dramática alocución que aquella madrugada dirigió a sus compatriotas a través de la cadena nacional de radio y televisión, el primer magistrado de la nación confiaba en que los funerales de la Mamá Grande constituyeran un nuevo ejemplo para el mundo.

Tan altos propósitos debían tropezar sin embargo con graves inconvenientes. La estructura jurídica del país, construida por remotos ascendientes de la Mamá Grande, no estaba preparada para acontecimientos como los que empezaban a producirse. Sabios doctores de la ley,[59] probados alquimistas del derecho, ahondaron en hermenéuticas y silogismos, en busca de la fórmula que permitiera al presidente de la república asistir a los funerales. Se vivieron días de sobresalto en las altas esferas de la política, el clero y las finanzas. En el vasto hemiciclo del Congreso, enrarecido por un siglo de legislación abstracta, entre óleos de próceres nacionales y bustos de pensadores griegos, la evocación de la Mamá Grande alcanzó proporciones insospechables, mientras su cadáver se llenaba de burbujas en el duro septiembre de Macondo. Por primera vez se habló de ella y se le concibió sin su mecedor de bejuco, sus sopores a las dos de la tarde y sus cataplasmas de mostaza, y se le vio pura y sin edad, destilada por la leyenda.

Horas interminables se llenaron de palabras, palabras, palabras

[59] **Sabios . . . ley:** Wise doctors of law

que repercutían en el ámbito de la república, aprestigiadas por los altavoces de la letra impresa. Hasta que dotado de sentido de la realidad en aquella asamblea de jurisconsultos asépticos, interrumpió el blablablá histórico para recordar que el cadáver de la Mamá Grande esperaba la decisión a 40 grados[60] a la sombra. Nadie se inmutó frente aquella irrupción del sentido común en la atmósfera pura de la ley escrita. Se impartieron órdenes para que fuera embalsamado el cadáver, mientras se encontraban fórmulas, se conciliaban pareceres[61] o se hacían enmiendas constitucionales que permitieran al presidente de la república asistir al entierro.

Tanto se había parlado, que los parloteos transpusieron las fronteras, traspasaron el océano y atravesaron como un presentimiento por las habitaciones pontificias de Castelgandolfo.[62] Repuesto de la modorra del ferragosto reciente,[63] el Sumo Pontífice estaba en la ventana, viendo en el lago sumergirse los buzos que buscaban la cabeza de la doncella decapitada. En las últimas semanas, los periódicos de la tarde no se habían ocupado de otra cosa, y el Sumo Pontífice no podía ser indiferente a un enigma planteado a tan corta distancia de su residencia de verano. Pero aquella tarde, en una sustitución imprevista, los periódicos cambiaron las fotografías de las posibles víctimas, por la de una sola mujer de veinte años, señalada con una blonda de luto.[64] "La Mamá Grande", exclamó el Sumo Pontífice, reconociendo al instante el borroso daguerrotipo que muchos años le había sido ofrendado con ocasión de su ascenso a la Silla de San Pedro. "La Mamá Grande", exclamaron a coro en sus habitaciones privadas los miembros del Colegio Cardenalicio, y por tercera vez en veinte siglos hubo una hora de desconcierto, sofoquines y correndillas[65] en el imperio sin límites de la cristiandad, hasta que el Sumo

---

[60] **40 grados:** 40 degrees centigrade (104 degrees Fahrenheit)

[61] **se conciliaban pareceres:** differing opinions were reconciled

[62] **Castelgandolfo:** Castel Gandolfo, the summer residence of the Pope, just outside of Rome

[63] **Repuesto . . . reciente:** Revived from the drowsiness of the recent August days

[64] **blonda de luto:** bordered in black

[65] **sofoquines y correndillas:** upsets and intrusions

Pontífice estuvo instalado en su larga limusina negra, rumbo a los fantásticos y remotos funerales de la Mamá Grande.

Detrás quedaron los luminosos sembrados de melocotones, la Vía Apia Antica[66] con tibias actrices de cine dorándose en las terrazas sin todavía tener noticias de la conmoción, y después el sombrío promontorio del Castelsantangello[67] en el horizonte del Tíber.[68] Al crepúsculo, los profundos dobles de la Basílica de San Pedro se entreveraron con los bronces cuarteados de Macondo.[69] Desde su toldo sofocante, a través de los caños intrincados y las ciénagas sigilosas[70] que marcaban el límite del Imperio Romano y los hatos de la Mamá Grande, el Sumo Pontífice oyó toda la noche la bullaranga de los monos alborotados por el paso de las muchedumbres. En su itinerario nocturno la canoa se había ido llenando de costales de yuca, racimos de plátanos verdes y huacales de gallina,[71] y de hombres y mujeres que abandonaban sus ocupaciones habituales para tentar fortuna con cosas de vender en los funerales de la Mamá Grande. Su Santidad padeció esa noche, por primera vez en la historia de la Iglesia, la fiebre de la vigilia y el tormento de los zancudos. Pero el prodigioso amanecer sobre los dominios de la Gran Vieja, la visión primigenia del reino de la balsamina y de la iguana, borraron de su memoria los padecimientos del viaje y lo compensaron del sacrificio.

Nicanor había sido despertado por tres golpes en la puerta que anunciaban el arribo inminente de Su Santidad. La muerte había tomado posesión de la casa. Inspirados por sucesivas y apremiantes alocuciones presidenciales, por las febriles controversias que habían perdido la voz y continuaban entendiéndose por medio de signos convencionales, hombres y congregaciones de todo el mundo se desentendieron de sus asuntos y colmaron con su presencia los oscuros corredores, los atiborrados pasadizos, las asfixian-

---

[66] **Vía Apia Antica:** the Appian Way
[67] **Castelsantangello:** Castel Sant' Angelo, the massive monument built by the Emperor Hadrian as his mausoleum
[68] **Tíber:** principal river flowing through Rome
[69] **profundos . . . Macondo:** deep-voiced tolling of the bells of Saint Peter's mingled with the ear-splitting crash of the bronze bells of Macondo
[70] **caños . . . sigilosas:** tangled reeds and silent bogs
[71] **costales . . . gallina:** bags of yucca, stalks of unripe bananas, and crates of live chickens

tes buhardas, y quienes llegaron con retardo se treparon y acomodaron del mejor modo en barbacanas, palenques, atalayas, maderámenes y matacanes.[72] En el salón central, momificándose en espera de las grandes decisiones, yacía el cadáver de la Mamá Grande, bajo un estremecido promontorio de telegramas. Extenuados por las lágrimas, los nueve sobrinos velaban el cuerpo en un éxtasis de vigilancia recíproca.

Aun debió el universo prolongar el acecho durante muchos días. En el salón del consejo municipal, acondicionado con cuatro taburetes de cuero, una tinaja de agua filtrada y una hamaca de lampazo,[73] el Sumo Pontífice padeció un insomnio sudoroso, entreteniéndose con la lectura de memoriales y disposiciones administrativas en las dilatadas noches sofocantes. Durante el día, repartía caramelos italianos a los niños que se acercaban a verlo por la ventana, y almorzaba bajo la pérgola de astromelias[74] con el padre Antonio Isabel, y ocasionalmente con Nicanor. Así vivió semanas interminables y meses alargados por la expectativa y el calor, hasta que Pastor Pastrana se plantó con su redoblante,[75] en el centro de la plaza y leyó el bando de la decisión. Se declaraba turbado el orden público, tarrataplán,[76] y el presidente de la república, tarrataplán, disponía de las facultades extraordinarias, tarrataplán, que le permitían asistir a los funerales de la Mamá Grande, tarrataplán, rataplán, plan, plan.

El gran día era venido. En las calles congestionadas de ruletas, fritangas[77] y mesas de lotería, y hombres con culebras enrolladas en el cuello que pregonaban el bálsamo definitivo para curar la erisipela[78] y asegurar la vida eterna; en la placita abigarrada donde las muchedumbres habían colgado sus toldos y desenrollado sus petates, apuestos ballesteros despejaron el paso a la autoridad.

---

[72] **barbacanas . . . matacanes:** churchyard walls, wooden fences, vantage points, piles of timber, and parapets

[73] **acondicionado . . . lampazo:** furnished with four leather chairs, a jug of purified water, and a heavy twine hammock

[74] **pérgola de astromelias:** hibiscus arbor

[75] **redoblante:** drummer

[76] **tarrataplán:** onomatopoetic word imitating the roll of the drums in the plaza

[77] **fritangas:** fried meat stands

[78] **erisipela:** inflammation of the skin

Allí estaban, en espera del momento supremo, las lavanderas del San Jorge, los pescadores de perla del Cabo de la Vela, los atarrayeros[79] de Ciénega, los camaroneros[80] de Tasajera, los brujos de la Mojajana, los salineros[81] de Manaure, los acordeoneros de Valledupar, los chalanes[82] de Ayapel, los papayeros[83] de San Pelayo, los mamadores de gallo[84] de La Cueva, los improvisadores de las Sabanas de Bolívar, los camajanes[85] de Rebolo, los bogas[86] del Magdalena, los tinterillos[87] de Monpox, además de los que se enumeran al principio de esta crónica, y muchos otros. Hasta los veteranos del coronel Aureliano Buendía —el duque de Marlborough a la cabeza, con su atuendo de pieles y uñas y dientes de tigre— se sobrepusieron a su rencor centenario por la Mamá Grande y los de su especie, y vinieron a los funerales, para solicitar del presidente de la república el pago de las pensiones de guerra que esperaban desde hacía sesenta años.

Poco antes de las once, la muchedumbre delirante que se asfixiaba al sol, contenida por una élite imperturbable de guerreros uniformados de dormanes guarnecidos y espumosos morriones,[88] lanzó un poderoso rugido de júbilo. Dignos, solemnes en sus sacolevas y chisteras,[89] el presidente de la república y sus ministros, las comisiones del parlamento, la corte suprema de justicia, el consejo de estado, los partidos tradicionales y el clero, y los representantes de la banca, el comercio y la industria, hicieron su aparición por la esquina de la telegrafía. Calvo y rechoncho, el anciano y enfermo presidente de la república desfiló frente a los ojos atónitos de las muchedumbres que lo

[79] **atarrayeros:** net casters, i.e., fishermen. All regions mentioned are geographic reality.
[80] **camaroneros:** shrimp fishermen
[81] **salineros:** salt gatherers
[82] **chalanes:** fast-talking salesmen
[83] **papayeros:** vendors of papaya juice
[84] **mamadores de gallo:** breeders of fighting cocks
[85] **camajanes:** high livers
[86] **bogas:** rowers
[87] **tinterillos:** shyster lawyers
[88] **guerreros . . . morriones:** soldiers dressed in hussar jackets and filigree helmets
[89] **sacolevas y chisteras:** cutaways and top hats

habían investido sin conocerlo, y que solo ahora podían dar un testimonio verídico de su existencia. Entre los arzobispos extenuados por la gravedad de su ministerio y los militares de robusto tórax acorazado de insignias, el primer magistrado de la nación transpiraba el hálito inconfundible del poder. En segundo término, en un sereno transcurso de crespones luctuosos, desfilaban las reinas nacionales de todas las cosas habidas y por haber.[90] Por primera vez desprovistas del esplendor terrenal, allí pasaron, precedidas de la reina universal, la reina del mango de hilacha, la reina de la ahuyama verde, la reina del guineo manzano, la reina de la yuca harinosa, la reina de la guayaba perulera, la reina del coco de agua, la reina del frijol de cabecita negra, la reina de 426 kilómetros de sartales de huevos de iguana,[91] y todas las que se omiten por no hacer interminable estas crónicas.

En su féretro con vueltas de púrpura, separada de la realidad por ocho torniquetes de cobre, la Mamá Grande estaba entonces demasiado embebida en su eternidad de formaldehído para darse cuenta de la magnitud de su grandeza. Todo el esplendor con que ella había soñado en el balcón de su casa durante las vigilias del calor, se cumplió con aquellas cuarenta y ocho gloriosas[92] en que todos los símbolos de la época rindieron homenaje a su memoria. El propio Sumo Pontífice, a quien ella imaginó en sus delirios suspendido en una carroza resplandeciente sobre los jardines del Vaticano, se sobrepuso al calor con un abanico de palma trenzada y honró con su dignidad suprema los funerales más grandes del mundo.

Obnubilado por el espectáculo del poder, el populacho no determinó el ávido aleteo[93] que ocurrió en el caballete de la casa cuando se impuso el acuerdo en la disputa de los ilustres, y se sacó el catafalco a la calle en hombros de los más ilustres. Nadie

[90] **En segundo . . . haber.**: In the second rank, in a serene display of mourning crepe, the national queens of all things past and future paraded by.
[91] **la reina del mango . . . iguana**: the mango queen, the green squash queen, the banana queen, the yucca queen, the guava queen, the coconut queen, the kidney bean queen, the 255-mile-long-string-of-iguana-eggs queen
[92] **cuarenta . . . gloriosas**: forty-eight glorious hours
[93] **populacho . . . aleteo**: the populace did not take note of the covetous bustling

vio la vigilante sombra de gallinazos que siguió al cortejo por las ardientes callecitas de Macondo, ni reparó que al paso de los ilustres éstas se iban cubriendo de un pestilente rastro de desperdicios. Nadie advirtió que los sobrinos, ahijados, sirvientes y protegidos de la Mamá Grande cerraron las puertas tan pronto como sacaron el cadáver, y desmontaron las puertas, desenclavaron las tablas y desenterraron los cimientos para repartirse la casa. Lo único que para nadie pasó inadvertido en el fragor de aquel entierro, fue el estruendoso suspiro de descanso que exhalaron las muchedumbres cuando se cumplieron los catorce días de plegarias, exaltaciones y ditirambos, y la tumba fue sellada con una plataforma de plomo. Algunos de los allí presentes dispusieron de la suficiente clarividencia para comprender que estaban asistiendo al nacimiento de una nueva época. Ahora podía el Sumo Pontífice subir al cielo en cuerpo y alma, cumplida su misión en la tierra, y podía el presidente de la república sentarse a gobernar según su buen criterio, y podían las reinas de todo lo habido y por haber casarse y ser felices y engendrar y parir muchos hijos, y podían las muchedumbres colgar sus toldos según su leal modo de saber y entender en los desmesurados dominios de la Mamá Grande, porque la única que podía oponerse a ello y tenía suficiente poder para hacerlo había empezado a pudrirse bajo una plataforma de plomo. Sólo faltaba entonces que alguien recostara un taburete en la puerta para contar esta historia, lección y escarmiento de las generaciones futuras, y que ninguno de los incrédulos del mundo se quedara sin conocer la noticia de la Mamá Grande, que mañana miércoles vendrán los barrenderos y barrerán la basura de sus funerales, por todos los siglos de los siglos.

CUESTIONARIO

1. ¿A qué edad murió la Mamá Grande?

2. ¿Fueron impresionantes los funerales de ella?

3. ¿Vino mucha gente distinguida?

4. ¿Quién fue Nicanor?
5. Describa la casa de la Mamá Grande.
6. ¿Había muchos matrimonios entre los miembros de la familia de ella?
7. ¿Fue la familia de rancio abolengo?
8. ¿Cómo fue el médico de la Mamá Grande?
9. ¿Eran muy modernos los procedimientos del médico?
10. Describa la fiesta de cumpleaños de la Mamá Grande cuando ella cumplió setenta años.
11. ¿Qué hacía la Mamá Grande durante las festividades?
12. ¿Siguieron esas celebraciones hasta la muerte de ella?
13. ¿Qué hizo la Mamá Grande cuando se dio cuenta de que estaba muriendo?
14. ¿Cómo cobraba la Mamá Grande sus rentas?
15. ¿Qué se hacía constar en el testamento, aparte de lo enumerado?
16. ¿Terminó la Mamá Grande la enumeración de su legado moral?
17. Describa brevemente cómo recibieron los habitantes de Macondo la noticia de la muerte de la Mamá Grande.
18. ¿Qué hizo el presidente en reconocimiento de la grandeza de la Mamá Grande?
19. Mientras tanto, ¿qué decidió hacer el Sumo Pontífice?
20. ¿Había lugar para todos los huéspedes?
21. Durante el desfile, ¿qué es lo que pasó dentro de la casa de la difunta Mamá Grande?
22. ¿Implica el autor que la época de la Mamá Grande se ha acabado para siempre?

PREGUNTA GENERAL

En "Los funerales de la Mamá Grande" hay sátira por medio de la exageración. Escriba un breve ensayo sobre los elementos principales de la visión grotesca del autor.

La prodigiosa tarde de Baltazar

❀

La jaula estaba terminada. Baltazar la colgó en el alero, por la fuerza de la costumbre, y cuando acabó de almorzar ya se decía por todos lados que era la jaula más bella del mundo. Tanta gente vino a verla, que se formó un tumulto frente a la casa, y Baltazar tuvo que descolgarla y cerrar la carpintería.

—Tienes que afeitarte, le dijo Úrsula, su mujer. —Pareces un capuchino.[1]

—Es malo afeitarse después del almuerzo, dijo Baltazar.

Tenía una barba de dos semanas, un cabello corto, duro y parado como las crines de un mulo, y una expresión general de muchacho asustado. Pero era una expresión falsa. En febrero había cumplido 30 años, vivía con Úrsula desde hacía cuatro, sin casarse y sin tener hijos, y la vida le había dado muchos motivos para estar alerta, pero ninguno para estar asustado. Ni siquiera sabía que para algunas personas, la jaula que acababa de hacer era la más bella del mundo. Para él, acostumbrado a hacer jaulas desde niño, aquel había sido apenas un trabajo más arduo que los otros.

[1] **capuchino:** friar of the Capuchin order, often bearded

—Entonces repósate un rato, dijo la mujer. —Con esa barba no puedes presentarte en ninguna parte.

Mientras que reposaba tuvo que abandonar la hamaca varias veces para mostrar la jaula a los vecinos. Úrsula no le había prestado atención hasta entonces. Estaba disgustada porque su marido había descuidado el trabajo de la carpintería para dedicarse por entero a la jaula, y durante dos semanas había dormido mal, dando tumbos[2] y hablando disparates, y no había vuelto a pensar en afeitarse. Pero el disgusto se disipó ante la jaula terminada. Cuando Baltazar despertó de la siesta, ella le había planchado los pantalones y una camisa, los había puesto en un asiento junto a la hamaca, y había llevado la jaula a la mesa del comedor. La contemplaba en silencio.

—¿Cuánto vas a cobrar? —preguntó.

—No sé, contesto Baltazar. —Voy a pedir treinta pesos para ver si me dan veinte.

—Pide cincuenta, dijo Úrsula. —Te has trasnochado mucho en estos quince días. Además, es bien grande. Creo que es la jaula más grande que he visto en mi vida.

Baltazar empezó a afeitarse.

—¿Crees que me darán los cincuenta pesos?

—Eso no es nada para don Chepe Montiel, y la jaula los vale, dijo Úrsula. —Debías pedir sesenta.

La casa yacía en una penumbra sofocante. Era la primera semana de abril y el calor parecía menos soportable por el pito de las chicharras. Cuando acabó de vestirse, Baltazar abrió la puerta del patio para refrescar la casa, y un grupo de niños entró en el comedor.

La noticia se había extendido. El doctor Octavio Giraldo, un médico viejo, contento de la vida pero cansado de la profesión, pensaba en la jaula de Baltazar mientras almorzaba con su esposa inválida. En la terraza interior donde ponían la mesa en los días de calor, había muchas macetas con flores y dos jaulas con canarios. A su esposa le gustaban los pájaros, y le gustaban tanto que odiaba a los gatos porque eran capaces de comérselos. Pensando en ella, el doctor Giraldo fue esa tarde a visitar a un enfermo, y al regreso pasó por la casa de Baltazar a conocer la jaula.

[2] **dando tumbos:** rolling over in bed

Había mucha gente en el comedor. Puesta en exhibición sobre la mesa, la enorme cúpula de alambre con tres pisos interiores, con pasadizos y compartimientos especiales para comer y dormir, y trapecios en el espacio reservado al recreo de los pájaros, parecía el modelo reducido de una gigantesca fábrica de hielo.[3] El médico la examinó cuidadosamente, sin tocarla, pensando que en efecto aquella jaula era superior a su propio prestigio, y mucho más bella de lo que había soñado jamás para su mujer.

—Esto es una aventura de la imaginación, dijo. —Buscó a Baltazar en el grupo, y agregó fijos en él sus ojos maternales:

—Hubieras sido un extraordinario arquitecto.

Baltazar se ruborizó.

—Gracias, dijo.

"Es verdad", dijo el médico. Tenía una gordura lisa y tierna como la de una mujer, que fue hermosa en su juventud, y unas manos delicadas. Su voz parecía la de un cura hablando en latín. "Ni siquiera será necesario ponerle pájaros", dijo, haciendo girar la jaula frente a los ojos del público, como si la estuviera vendiendo. "Bastará con colgarla entre los árboles para que cante sola." Volvió a ponerla en la mesa, pensó un momento, mirando la jaula, y dijo:

—Bueno, pues, me la llevo.

—Está vendida, dijo Úrsula.

—Es del hijo de don Chepe Montiel, dijo Baltazar. —La mandó a hacer expresamente.

El médico asumió una actitud respetable.

—¿Te dio el modelo?

—No, dijo Baltazar. —Dijo que quería una jaula grande, como esa, para una pareja de turpiales.

El médico miró la jaula.

—Pero ésta no es para turpiales.

—Claro que sí, doctor, dijo Baltazar, acercándose a la mesa. Los niños lo rodearon. "Las medidas están bien calculadas", dijo señalando con el índice los diferentes compartimientos. Luego golpeó la cúpula con los nudillos, y la jaula se llenó de acordes profundos.

[3] **fábrica de hielo**: ice palace

—Es el alambre más resistente que se puede encontrar, y cada juntura está soldada por dentro y por fuera, dijo.

—Sirve hasta para un loro, intervino uno de los niños.

—Así es, dijo Baltazar.

El médico volvió la cabeza.

—Bueno pero no te dio el modelo, dijo. —No te hizo ningún encargo preciso, aparte de que fuera una jaula grande para turpiales. ¿No es así?

—Así es, dijo Baltazar.

—Entonces no hay problema, dijo el médico. —Una cosa es una jaula grande para turpiales y otra cosa es esta jaula. No hay pruebas de que sea ésta la que te mandaron hacer.

—Es esta misma, dijo Baltazar, ofuscado. —Por eso la hice.

El médico hizo un gesto de impaciencia.

—Podrías hacer otra, dijo Úrsula, mirando a su marido. —Y después, hacia el médico—: Usted no tiene apuro.

—Se la prometí a mi mujer para esta tarde, dijo el médico.

—Lo siento mucho, doctor, dijo Baltazar —pero no se puede vender una cosa que ya está vendida.

El médico se encogió de hombros. Secándose el sudor del cuello con un pañuelo, contempló la jaula en silencio, sin mover la mirada de un mismo punto indefinido, como se mira un barco que se va.

—¿Cuánto te dieron por ella?

Baltazar buscó a Úrsula sin responder.

—Sesenta pesos, dijo ella.

El médico siguió mirando la jaula. "Es muy bonita", suspiró. "Sumamente bonita." Luego, moviéndose hacia la puerta, empezó a abanicarse con energía, sonriente, y el recuerdo de aquel episodio desapareció para siempre de su memoria.

—Montiel es muy rico, dijo.

En verdad, José Montiel no era tan rico como parecía, pero había sido capaz de todo por llegar a serlo. A pocas cuadras de allí, en una casa atiborrada de arneses donde nunca se había sentido un olor que no se pudiera vender, permanecía indiferente a la novedad de la jaula. Su esposa, torturada por la obsesión de la muerte, cerró puertas y ventanas después del almuerzo y yació dos horas con los ojos abiertos en la penumbra del cuarto, mientras José Montiel hacía la siesta. Así la sorprendió un alboroto de muchas voces. Entonces abrió la puerta de la sala y vio un tumulto frente a la casa, y a Baltazar con la jaula en medio del tumulto, vestido de blanco y acabado de afeitar, con esa expresión de decoroso candor con que los pobres llegan a la casa de los ricos.

"Qué cosa tan maravillosa", exclamó la esposa de José Montiel, con una expresión radiante, conduciendo a Baltazar hacia el interior. "No había visto nada igual en mi vida", dijo, y agregó, indignada con la multitud que se agolpaba en la puerta:

—Pero llévesela para adentro que nos van a convertir la sala en una gallera.[4]

Baltazar no era un extraño en la casa de José Montiel. En distintas ocasiones, por su eficacia y buen cumplimiento, había sido llamado para hacer trabajos de carpintería menor. Pero nunca se sintió bien entre los ricos. Solía pensar en ellos, en sus mujeres feas y conflictivas, en sus tremendas operaciones quirúrgicas, y experimentaba siempre un sentimiento de piedad. Cuando entraba en sus casas no podía moverse sin arrastrar los pies.

—¿Está Pepe? —preguntó.

Había puesto la jaula en la mesa del comedor.

—Está en la escuela, dijo la mujer de José Montiel. —Pero ya no debe demorar[5] —y agregó—: Montiel se está bañando.

En realidad José Montiel no había tenido tiempo de bañarse. Se estaba dando una urgente fricción de alcohol alcanforado para salir a ver lo que pasaba. Era un hombre tan prevenido, que dormía sin ventilador eléctrico para vigilar durante el sueño los rumores de la casa.

—Adelaida, gritó. —¿Qué es lo que pasa?

—Ven a ver qué cosa tan maravillosa, gritó su mujer.

—José Montiel —corpulento y peludo, la toalla colgada en la nuca— se asomó por la ventana del dormitorio.

—¿Qué es eso?

—La jaula de Pepe, dijo Baltazar.

[4] **Pero . . . gallera:** Bring it inside before they turn the living room into a grandstand.

[5] **Pero . . . demorar:** But he probably won't be long

La mujer lo miró perpleja.

—¿De quién?

—De Pepe, confirmó Baltazar. —Y después, dirigiéndose a José Montiel—: Pepe me la mandó a hacer.

Nada ocurrió en aquel instante, pero Baltazar se sintió como si le hubieran abierto la puerta del baño. José Montiel salió en calzoncillos del dormitorio.

—Pepe, gritó.

—No ha llegado, murmuró su esposa, inmóvil.

Pepe apareció en el vano de la puerta. Tenía unos doce años y las mismas pestañas rizadas y el quieto patetismo de su madre.

—Ven acá, le dijo José Montiel. —¿Tú mandaste a hacer esto?

El niño bajó la cabeza. Agarrándolo por el cabello, José Montiel lo obligó a mirarlo a los ojos.

—Contesta.

El niño se mordió los labios sin responder.

—Montiel, susurró la esposa.

José Montiel soltó al niño y se volvió hacia Baltazar con una expresión exaltada. "Lo siento mucho Baltazar", dijo. "Pero has debido consultarlo conmigo antes de proceder. Sólo a tí se te ocurre contratar con un menor." A medida que hablaba, su rostro fue recobrando la serenidad. Levantó la jaula sin mirarla y se la dio a Baltazar.

—Llévatela en seguida y trata de vendérsela a quien puedas, dijo. —Sobre todo, te ruego que no me discutas. —Le dio una palmadita en la espalda, y explicó: —el médico me ha prohibido coger rabia.

El niño había permanecido inmóvil, sin parpadear, hasta que Baltazar lo miró perplejo con la jaula en la mano. Entonces emitió[6] un sonido gutural, como el ronquido de un perro, y se lanzó contra el suelo dando gritos.

José Montiel lo miraba impasible, mientras la madre trataba de apaciguarlo. "Ni lo levantes", dijo. "Déjalo que se rompa la cabeza contra el suelo y después le echas sal y limón para que rabie con gusto." El niño chillaba sin lágrimas, mientras su madre lo sostenía por las muñecas.

---

[6] **emitió:** The subject of this verb is the child.

—Déjalo, insistió José Montiel.

Baltazar observó al niño como hubiera observado la agonía de un animal contagioso. Eran casi las cuatro. A esa hora, en su casa, Úrsula cantaba una canción muy antigua, mientras cortaba rebanadas de cebolla.

—Pepe, dijo Baltazar.

Se acercó al niño, sonriendo, y le tendió la jaula. El niño se incorporó de un salto, abrazó la jaula, que era casi tan grande como él y se quedó mirando a Baltazar a través del tejido metálico, sin saber qué decir. No había derramado una lágrima.

—Baltazar, dijo José Montiel, suavemente. —Ya te dije que te la lleves.

—Devuélvela, ordenó la mujer al niño.

—Quédate con ella,⁷ dijo Baltazar. —Y luego, a José Montiel: —Al fin y al cabo, para eso la hice.

José Moniel lo persiguió hasta la sala.

—No seas tonto, Baltazar, decía, cerrándole el paso. —Llévate tu trasto para la casa y no hagas más tonterias. No pienso pagarte ni un centavo.

—No importa, dijo Baltazar. —La hice expresamente para regalársela a Pepe. No pensaba cobrar nada.

Cuando Baltazar se abrió paso a través de los curiosos que bloqueaban la puerta, José Montiel daba gritos en el centro de la sala. Estaba muy pálido y sus ojos empezaban a enrojecer.

—Estúpido, gritaba. —Llévate tu cacharro. Lo último que faltaba⁸ es que un cualquiera venga a dar órdenes en mi casa. Carajo.

En el salón de billar recibieron a Baltazar con una ovación. Hasta ese momento, pensaba que había hecho una jaula mejor que las otras, que había tenido que regalársela al hijo de José Montiel para que no siguiera llorando, y que ninguna de esas cosas tenía nada de particular. Pero luego se dio cuenta de que todo eso tenía una cierta importancia para muchas personas, y se sintió un poco excitado.

—De manera, que te dieron cincuenta pesos por la jaula.

—Sesenta, dijo Baltazar.

⁷ **Quédate con ella:** Keep it

⁸ **Lo . . . faltaba:** The last thing I need

—Hay que hacer una raya en el cielo,[9] dijo alguien. Eres el único que ha logrado sacarle ese montón de plata a don Chepe Montiel. Esto hay que celebrarlo.

Le ofrecieron una cerveza, y Baltazar correspondió con una tanda para todos. Como era la primera vez que bebía, al anochecer estaba completamente borracho, y hablaba de un fabuloso proyecto de mil jaulas de a sesenta pesos, y después de un millón de jaulas hasta completar sesenta millones de pesos. "Hay que hacer muchas cosas para vendérselas a los ricos antes que se mueran", decía, ciego de la borrachera. "Todos están enfermos y se van a morir. Como estarán de jodidos que ya ni siquiera pueden coger rabia."[10] Durante dos horas el tocadiscos automático estuvo por su cuenta,[11] tocando sin parar. Todos brindaron por la salud de Baltazar, por su suerte y fortuna, y por la muerte de los ricos, pero a la hora de la comida lo dejaron solo en el salón.

Úrsula lo había esperado hasta las ocho, con un plato de carne frita cubierto de rebanadas de cebolla. Alguien le dijo que su marido estaba en el salón de billar, loco de felicidad, brindando cerveza a todo el mundo, pero no lo creyó porque Baltazar no se había emborrachado jamás. Cuando se acostó, casi a la media noche, Baltazar estaba en un salón iluminado, donde había mesitas de cuatro puestos con sillas alrededor, y una pista de baile al aire libre, por donde se paseaban los alcaravanes. Tenía la cara embadurnada de colorete,[12] y como no podía dar un paso más, pensaba que quería acostarse con dos mujeres en la misma cama. Había gastado tanto, que tuvo que dejar el reloj como garantía, con el compromiso de pagar al día siguiente. Un momento después, despatarrado por la calle, se dio cuenta de que le estaban quitando los zapatos, pero no quiso abandonar el sueño más feliz de su vida. Las mujeres que pasaron para la misa de cinco no se atrevieron a mirarlo, creyendo que estaba muerto.

[9] **Hay . . . cielo:** You really did it this time
[10] **Como . . . rabia:** They're so twisted that they can't even get mad any more.
[11] **tocadiscos . . . cuenta:** jukebox was kept going by him
[12] **embadurnada de colorete:** smeared with rouge

CUESTIONARIO

1. ¿Cuánto tiempo había tardado Baltazar en hacer la jaula?

2. ¿Cómo se portaba Baltazar últimamente, según Úrsula?

3. ¿Cuánto dinero esperaba cobrar Baltazar por la jaula?

4. ¿Estaba de acuerdo Úrsula?

5. ¿Quiénes vinieron para ver la jaula?

6. ¿Qué había dentro de la jaula?

7. ¿Quería comprarla el médico?

8. Según Baltazar, ¿a quién iba a vender la jaula?

9. ¿Era la esposa de Montiel una mujer nerviosa?

10. ¿Quedaba ella impresionada con la jaula?

11. ¿Qué pensaba Baltazar de los ricos, en general?

12. ¿Cómo reaccionó José Montiel cuando vio la jaula?

13. ¿Permitió que el niño aceptara la jaula?

14. Cuando el niño se dio cuenta de que no podía tener la jaula, ¿qué pasó?

15. Entonces, ¿qué hizo Baltazar?

16. ¿Se veía Baltazar obligado de celebrar la ocasión con sus amigos?

17. ¿Cómo termina el cuento?

PREGUNTA GENERAL

¿Qué sabemos del matrimonio de José Montiel? ¿Cómo muestra el autor, por medio de la intervención inesperada de Baltazar, la verdad de la vida familiar? En cambio, ¿qué podemos adivinar de la unión de Baltazar y Úrsula?

La viuda de Montiel

❀

Cuando murió don José Montiel, todo el mundo se sintió vengado, menos su viuda; pero se necesitaron varias horas para que todo el mundo creyera que en verdad había muerto. Muchos lo seguían poniendo en duda después de ver el cadáver en cámara ardiente,[1] embutido con almohadas y sábanas de lino dentro de una caja amarilla y abombada[2] como un melón. Estaba muy bien afeitado, vestido de blanco y con botas de charol, y tenía tan buen semblante que nunca pareció tan vivo como entonces.[3] Era el mismo don Chepe Montiel de los domingos, oyendo misa de ocho, sólo que en lugar de la fusta tenía un crucifijo entre las manos. Fue preciso que atornillaran la tapa del ataúd y que lo emparedaran en el aparatoso mausoleo familiar, para que el pueblo entero se convenciera de que no se estaba haciendo[4] el muerto.

Despues del entierro, lo único que a todos pareció increíble,

---

[1] **cámara ardiente:** a room set apart for the wake, with votary candles, kneelers, etc.

[2] **abombada:** bulging

[3] **tenía . . . entonces:** he looked so well that he never seemed so alive as then

[4] **no . . . haciendo:** wasn't faking

menos a su viuda, fue que José Montiel hubiera muerto de muerte natural. Mientras todo el mundo esperaba que lo acribillaran por la espalda en una emboscada, su viuda estaba segura de verlo morir de viejo en su cama, confesado y sin agonía, como un santo moderno. Se equivocó apenas en[5] algunos detalles. José Montiel murió en su hamaca, el 2 de agosto de 1951 a las dos de la tarde, a consecuencia de la rabieta que el médico le había prohibido. Pero su esposa esperaba también que todo el pueblo asistiera al entierro y que la casa fuera pequeña para recibir tantas flores. Sin embargo sólo asistieron sus copartidarios y las congregaciones religiosas,[6] y no se recibieron más coronas que las de la administración municipal. Su hijo —desde su puesto consular de Alemania— y sus dos hijas, desde París, mandaron telegramas de tres páginas. Se veía[7] que los habían redactado de pie, con la tinta multitudinaria de la oficina de correos, y que habían roto muchos formularios antes de encontrar 20 dólares de palabras. Ninguno prometía regresar. Aquella noche, a los 62 años, mientras lloraba contra la almohada en que recostó la cabeza el hombre que la había hecho feliz, la viuda de Montiel conoció por primera vez el sabor de un resentimiento. "Me encerraré para siempre", pensaba. "Para mí, es como si me hubieran metido en el mismo cajón de José Montiel. No quiero saber nada más de este mundo".

Era sincera, aquella mujer frágil, lacerada por la superstición, casada a los 20 años por voluntad de sus padres con el único pretendiente que le permitieron ver a menos de 10 metros de distancia, no había estado nunca en contacto directo con la realidad. Tres días después que sacaron de la casa el cadáver de su marido, comprendió a través de las lágrimas que debía reaccionar, pero no pudo encontrar el rumbo de su nueva vida. Era necesario empezar por el principio.

Entre los innumerables secretos que José Montiel se había llevado a la tumba, se fue enredada la combinación de la caja fuerte. El alcalde se ocupó del problema. Hizo poner la caja

---

[5] **apenas en:** in only

[6] **copartidarios . . . religiosas:** members of his political party and religious fraternal order

[7] **Se veía:** It was evident

fuerte en el patio, apoyada al paredón, y dos agentes de la policía dispararon sus fusiles contra la cerradura. Durante toda una mañana, la viuda oyó desde el dormitorio las descargas cerradas y sucesivas, ordenadas a gritos por el alcalde. "Esto era lo último que faltaba",[8] pensó. "Cinco años rogando a Dios que se acaben los tiros, y ahora tengo que agradecer que disparen dentro de mi casa." Aquel día hizo un esfuerzo de concentración, llamando a la muerte, pero nadie le respondió. Empezaba a dormirse cuando una tremenda explosión sacudió los cimientos de la casa. Habían tenido que dinamitar la caja fuerte.

La viuda de Montiel lanzó un suspiro. Octubre se eternizaba con sus lluvias pantanosas[9] y ella se sentía perdida, navegando sin rumbo en la desordenada y fabulosa hacienda de José Montiel. El señor Carmichael, antiguo y diligente servidor de la familia, se había encargado de la administración. Cuando por fin se enfrentó al hecho concreto de que su marido había muerto, la viuda de Montiel salió del dormitorio para ocuparse de la casa. La despojó de todo ornamento, hizo forrar los muebles en colores luctuosos,[10] y puso lazos fúnebres[11] en los retratos del muerto que colgaban de las paredes. En dos meses de encierro había adquirido la costumbre de morderse las uñas. Un día —los ojos enrojecidos e hinchados de tanto llorar— se dio cuenta de que el señor Carmichael entraba a la casa con el paraguas abierto.

—Cierre ese paraguas, señor Carmichael, le dijo. —Después de todas las desgracias que tenemos, sólo nos faltaba que usted entrara a la casa con el paraguas abierto.

El señor Carmichael puso el paraguas en el rincón. Era un negro viejo, de piel lustrosa, vestido de blanco y con pequeñas aberturas hechas a navaja en los zapatos para aliviar la presión de los callos.

—Es sólo mientras se seca.

Por primera vez desde que murió su esposo, la viuda abrió la ventana.

---

[8] **Esto . . . faltaba:** That's the last straw
[9] **pantanosas:** swampy
[10] **colores luctuosos:** mourning colors
[11] **lazos fúnebres:** funeral ribbons

—Tantas desgracias, y además este invierno, murmuró, mordiéndose las uñas. —Parece que no va a escampar nunca. —No escampará ni hoy ni mañana, dijo el administrador. —Anoche no me dejaron dormir los callos. Ella confiaba en las predicciones atmosféricas de los callos del señor Carmichael. Contempló la placita desolada, las casas silenciosas cuyas puertas no se abrieron para ver el entierro de José Montiel, y entonces se sintió desesperada con sus uñas, con sus tierras sin límites, y con los infinitos compromisos que heredó de su esposo y que nunca lograría comprender.

—El mundo está mal hecho, sollozó.

Quienes la visitaron por esos días tuvieron motivos para pensar que había perdido el juicio. Pero nunca fue más lúcida que entonces. Desde antes que empezara la matanza política ella pasaba las lúgubres mañanas de octubre frente a la ventana de su cuarto, compadeciendo a los muertos y pensando que si Dios no hubiera descansado el domingo habría tenido tiempo de terminar el mundo. "Ha debido aprovechar[12] ese día para que no se le quedaran tantas cosas mal hechas", decía. "Al fin y al cabo, le quedaba toda la eternidad para descansar." La única diferencia, después de la muerte de su esposo, era que entonces tenía un motivo concreto para concebir pensamientos sombríos.

Así, mientras la viuda de Montiel se consumía en la desesperación, el señor Carmichael trataba de impedir el naufragio. Las cosas no marchaban bien. Libre de la amenaza de José Montiel, que monopolizaba el comercio local por el terror, el pueblo tomaba represalias. En espera de clientes que no llegaron, la leche se cortó[13] en los cántaros amontonados en el patio, y se fermentó la miel en sus cueros,[14] y el queso engordó gusanos en los oscuros armarios del depósito. En su mausoleo adornado con bombillas eléctricas y arcángeles en imitación de mármol, José Montiel pagaba seis años de asesinatos y tropelías. Nadie en la historia del país se había enriquecido tanto en tan poco tiempo. Cuando llegó al pueblo el primer alcalde de la dictadura, José

---

[12] **Ha debido aprovechar:** He should have taken advantage of
[13] **se cortó:** turned sour
[14] **se . . . cueros:** the honey in the leatherskin jugs turned bad

Montiel era un discreto partidario de todos los regímenes, que se había pasado la mitad de la vida en calzoncillos sentado a la puerta de su piladora de arroz. En un tiempo disfrutó de una cierta reputación de afortunado y buen creyente, porque prometió en voz alta regalar al templo un San José de tamaño natural [15] si se ganaba la lotería, y dos semanas después se ganó seis quintos y cumplió su promesa. La primera vez que se le vio usar zapatos fue cuando llegó el nuevo alcalde, un sargento de la policía, zurdo y montaraz, que tenía órdenes expresas de liquidar la oposición. José Montiel empezó por ser su informador confidencial. Aquel comerciante modesto cuyo tranquilo humor de hombre gordo no despertaba la menor inquietud, discriminó a sus adversarios políticos en ricos y pobres. A los pobres los acribilló la policía en la plaza pública. A los ricos les dieron un plazo de 24 horas para abandonar el pueblo. Planificando la masacre, José Montiel se encerraba días enteros con el alcalde en su oficina sofocante, mientras su esposa se compadecía de los muertos. Cuando el alcalde abandonaba la oficina, ella le cerraba el paso a su marido. "Ese hombre es un criminal", le decía. "Aprovecha tus influencias en el gobierno para que se lleven a esa bestia que no va a dejar un ser humano en el pueblo." Y José Montiel, tan atareado en esos días, la apartaba sin mirarla, diciendo: "No seas tan pendeja". En realidad, su negocio no era la muerte de los pobres, sino la expulsión de los ricos. Después de que el alcalde les perforaba las puertas a tiros y les ponía el plazo para abandonar el pueblo, José Montiel les compraba sus tierras y ganados por un precio que él mismo se encargaba de fijar. "No seas tonto", le decía su mujer. "Te arruinarás ayudándolos para que no se mueran de hambre en otra parte, y ellos no te lo agradecerán nunca." Y José Montiel, que ya ni siquiera tenía tiempo de sonreir, la apartaba de su camino, diciendo: "Vete para tu cocina y no me friegues tanto". A ese ritmo en menos de un año estaba liquidada la oposición, y José Montiel era el hombre más rico y poderoso del pueblo. Mandó a sus hijas para París, consiguió a su hijo un puesto consular en Alemania y se dedicó a consolidar su imperio. Pero no alcanzó a disfrutar seis años de su desaforada riqueza.

[15] **San . . . natural:** life-size statue of Saint Joseph

Después de que se cumplió el primer aniversario de su muerte, la viuda no oyó crujir la escalera sino bajo el peso de una mala noticia. Alguien llegaba siempre al atardecer. "Otra vez los bandoleros", decían. "Ayer cargaron con[16] un lote de 50 novillos." Inmóvil en el mecedor, mordiéndose las uñas, la viuda de Montiel sólo se alimentaba de su resentimiento.

—Yo te lo decía José Montiel, decía, hablando sola. —Este es un pueblo desagradecido. Aún estás caliente en tu tumba y ya todo el mundo nos volvió la espalda.[17]

Nadie volvió a la casa. El único ser humano que vio en aquellos meses interminables en que no dejó de llover, fue el perseverante señor Carmichael, que nunca entró a la casa con el paraguas cerrado. Las cosas no marchaban mejor. El señor Carmichael había escrito varias cartas al hijo de José Montiel. Le sugería la conveniencia de que viniera a ponerse al frente[18] de los negocios, y hasta se permitió hacer algunas consideraciones personales sobre la salud de la viuda. Siempre recibió respuestas evasivas. Por último, el hijo de José Montiel contestó francamente que no se atrevía a regresar por temor de que le dieran un tiro. Entonces el señor Carmichael subió al dormitorio de la viuda y se vio precisado a confesarle que se estaba quedando en la ruina.

—Mejor, dijo ella. —Estoy hasta la coronilla de quesos y de moscas. Si usted quiere, llévese lo que le haga falta y déjeme morir tranquila.

Su único contacto con el mundo, a partir de entonces, fueron las cartas que escribía a sus hijas a fines de cada mes. "Este es un pueblo maldito", les decía. "Quédense allá para siempre y no se preocupen por mí. Yo soy feliz sabiendo que ustedes son felices." Sus hijas se turnaban para contestarle. Sus cartas eran siempre alegres, y se veía que habían sido escritas en lugares tibios y bien iluminados y que las muchachas se veían repetidas en muchos espejos cuando se detenían a pensar. Tampoco ellas querían volver. "Esto es la civilización", decían. "Allá, en cambio, no es un buen medio para nosotras. Es imposible vivir en un país tan salvaje donde asesinan a la gente por cuestiones polí-

---

[16] **cargaron con:** they ran off with
[17] **nos . . . espalda:** turned their backs on us
[18] **ponerse al frente:** to take charge

ticas." Leyendo las cartas, la viuda de Montiel se sentía mejor y aprobaba cada frase con la cabeza.

En cierta ocasión, sus hijas le hablaron de las carnicerías de París. Le decían que mataban unos cerdos rosados y los colgaban enteros en la puerta adornados con coronas y guirnaldas de flores. Al final, una letra diferente a la de sus hijas había agregado: "Imagínate, que el clavel más grande y más bonito se lo ponen al cerdo en el culo".

Leyendo aquella frase, por primera vez en dos años, la viuda de Montiel sonrió. Subió a su dormitorio sin apagar las luces de la casa, y antes de acostarse volteó el ventilador eléctrico contra la pared. Después extrajo de la gaveta de la mesa de noche unas tijeras, un cilindro de esparadrapo y el rosario, y se vendó la uña del pulgar derecho, irritada por los mordiscos. Luego empezó a rezar, pero al segundo misterio cambió el rosario a la mano izquierda, pues no sentía las cuentas a través del esparadrapo Por un momento oyó la trepidación de los truenos remotos. Luego se quedó dormida con la cabeza doblada en el pecho. La mano con el rosario rodó por su costado, y entonces vio a la Mamá Grande en el patio con una sábana blanca y un peine en el regazo, destripando piojos con los pulgares.[19] Le preguntó:

—¿Cuándo me voy a morir?

La Mamá Grande levantó la cabeza.

—Cuando te empiece el cansancio del brazo.[20]

CUESTIONARIO

1. ¿Qué acto solemne convenció al pueblo que Montiel estuviera bien muerto?

2. ¿Por qué fue sorprendente la muerte natural de Montiel?

3. ¿Quiénes asistieron al entierro?

4. ¿Eran sinceros los mensajes de los hijos?

5. ¿Qué decidió hacer la viuda después del entierro?

[19] **destripando . . . pulgares:** squashing lice with her thumbnails
[20] **Cuando . . . brazo:** When your arm starts to go limp.

6. *¿Por qué se había casado con José Montiel?*
7. *¿Qué llevó consigo José Montiel al morir?*
8. *¿Cómo se pudo abrir la caja fuerte?*
9. *¿Cómo cambió la casa después de la muerte de José Montiel?*
10. *¿Por qué la molestó tanto a la viuda que el señor Carmichael entrara con el paraguas abierto?*
11. *Según ella, ¿qué debió haber hecho Dios el séptimo día?*
12. *¿Cómo se vengaba el pueblo contra los negocios de don José?*
13. *¿Cómo apoyaba la dictadura don José Montiel?*
14. *¿Quién formaba parte de la oposición?*
15. *¿Por qué no volvió el hijo de Alemania?*
16. *¿Qué escribieron las hijas en sus cartas a su madre?*
17. *¿Por qué se rio la viuda de un dato tan vulgar?*
18. *Al terminar el cuento, ¿tenemos la impresión que la viuda va a morir pronto?*

PREGUNTA GENERAL

Escriba un breve ensayo sobre el uso de los agüeros en el cuento.

La siesta del martes

El tren salió del trepidante corredor de rocas bermejas,[1] penetró en las plantaciones de banano, simétricas e interminables, y el aire se hizo húmedo y no se volvió a sentir la brisa del mar. Una humareda sofocante entró por la ventanilla del vagón. En el estrecho camino paralelo a la vía férrea había carretas de bueyes cargadas de racimos verdes. Al otro lado del camino, en intempestivos espacios sin sembrar,[2] había oficinas con ventiladores eléctricos, campamentos de ladrillos rojos y residencias con sillas y mesitas blancas en las terrazas, entre palmeras y rosales polvorientos. Eran las once de la mañana y aún no había empezado el calor.

—Es mejor que subas vidrio, dijo la mujer. —El pelo se te va a llenar de carbón.

La niña trató de hacerlo pero la persiana estaba bloqueada por óxido.[3]

Eran los únicos pasajeros en el escueto vagón de tercera clase. Como el humo de la locomotora siguió entrando por la ventani-

---

[1] **trepidante . . . bermejas:** trembling corridor of reddish stone
[2] **intempestivos . . . sembrar:** strange, uncultivated plots of land
[3] **por óxido:** because of the rust

lla, la niña abandonó el puesto y puso en su lugar los únicos objetos que llevaban: una bolsa de material plástico con cosas de comer y un ramo de flores envuelto en papel de periódicos. Se sentó en el asiento opuesto, alejada de la ventanilla, de frente a su madre. Ambas guardaban un luto riguroso y pobre.[4] La niña tenía doce años y era la primera vez que viajaba. La mujer parecía demasiado vieja para ser su madre, a causa de las venas azules en los párpados y del cuerpo pequeño, blando y sin formas, en un traje cortado como una sotana. Viajaba con la columna vertebral firmemente apoyada contra el espaldar del asiento, sosteniendo en el regazo con ambas manos una cartera de charol desconchado. Tenía la serenidad escrupulosa de la gente acostumbrada a la pobreza.

A las doce había empezado el calor. El tren se detuvo diez minutos en una estación sin pueblo para aprovisionarse de agua. Afuera, en el misterioso silencio de las plantaciones, la sombra tenía un aspecto limpio. Pero el aire estancado dentro del vagón olía a cuero sin curtir. El tren no volvió a acelerar. Se detuvo en dos pueblos iguales con casas de madera pintadas de colores vivos. La mujer inclinó la cabeza y se hundió en el sopor. La niña se quitó los zapatos. Después fue a los servicios sanitarios a poner en agua el ramo de flores muertas.

Cuando volvió al asiento la madre la esperaba para comer. Le dio un pedazo de queso, medio bollo de maíz y una galleta dulce,[5] y sacó para ella de la bolsa de material plástico una ración igual. Mientras comían, el tren atravesó muy despacio un puente de hierro y pasó de largo por un pueblo igual a los anteriores, sólo que en éste había una multitud en la plaza. Una banda de músicos tocaban una pieza alegre bajo el sol aplastante. Al otro lado del pueblo, en una llanura cuarteada por la aridez, terminaban las plantaciones.

La mujer dejó de comer.

—Ponte los zapatos, dijo.

La niña miró hacia el exterior. No vio nada más que la llanura desierta por donde el tren empezaba a correr de nuevo, pero

---

[4] **guardaban . . . pobre:** wore plain and poor mourning clothes
[5] **medio . . . dulce:** half a corn pancake and a cookie

metió en la bolsa el último pedazo de galleta y se puso rápidamente los zapatos. La mujer le dio la peineta.

—Péinate, dijo.

El tren empezó a pitar mientras la niña se peinaba. La mujer se secó el sudor del cuello y se limpió la grasa de la cara con los dedos. Cuando la niña acabó de peinarse el tren pasó frente a las primeras casas de un pueblo más grande pero más triste que los anteriores.

—Si tienes ganas de hacer algo, hazlo ahora, dijo la mujer.

—Después, aunque te estés muriendo de sed no tomes agua en ninguna parte. Sobre todo, no vayas a llorar.

La niña aprobó con la cabeza. Por la ventanilla entraba un viento ardiente y seco, mezclado con el pito de la locomotora y el estrépito de los viejos vagones. La mujer enrolló la bolsa con el resto de los alimentos y la metió en la cartera. Por un instante, la imagen total del pueblo, en el luminoso martes de agosto, resplandeció en la ventanilla. La niña envolvió las flores en los periódicos empapados, se apartó un poco más de la ventanilla y miró fijamente a su madre. Ella le devolvió una expresión apacible. El tren acabó de pitar y disminuyó la marcha. Un momento después se detuvo.

No había nadie en la estación. Del otro lado de la calle, en la acera sombreada por los almendros, solo estaba abierto el salón de billar. El pueblo flotaba en el calor. La mujer y la niña descendieron del tren, atravesaron la estación abandonada cuyas baldosas empezaban a cuartearse por la presión de la hierba, y cruzaron la calle hasta la acera de sombra.

Eran casi las dos. A esa hora, agobiado por el sopor, el pueblo hacía la siesta. Los almacenes, las oficinas públicas, la escuela municipal, se cerraban desde las once y no volvían a abrirse hasta un poco antes de las cuatro, cuando pasaba el tren de regreso. Sólo permanecían abiertos el hotel frente a la estación, su cantina y su salón de billar, y la oficina del telégrafo a un lado de la plaza. Las casas, en su mayoría construidas sobre el modelo de la compañía bananera, tenían las puertas cerradas por dentro y las persianas bajas. En algunas hacía tanto calor que sus habitantes almorzaban en el patio. Otros recostaban un asiento a la sombra de los almendros y hacían la siesta sentados en plena calle.

Buscando siempre la protección de los almendros la mujer y la niña penetraron en el pueblo sin perturbar la siesta. Fueron directamente a la casa cural.[6] La mujer raspó con la uña la red metálica[7] de la puerta, esperó un instante y volvió a llamar. En el interior zumbaba un ventilador eléctrico. No se oyeron los pasos. Se oyó apenas el leve crujido de una puerta y en seguida una voz cautelosa muy cerca a la red metálica: "¿Quién es?". La mujer trató de ver a través de la red metálica.

—Necesito al padre, dijo.

—Ahora está durmiendo.

—Es urgente, insistió la mujer.

Su voz tenía una tenacidad reposada.

La puerta se entreabrió sin ruido y apareció una mujer madura y regordeta, de cutis muy pálido y cabellos color de hierro. Los ojos parecían demasiado pequeños detrás de los gruesos cristales de los lentes.

—Sigan, dijo, y acabó de abrir la puerta.

Entraron a una sala impregnada de un viejo olor de flores. La mujer de la casa los condujo hasta un escaño de madera y les hizo señas de que se sentaran. La niña lo hizo, pero su madre permaneció de pie, absorta, con la cartera apretada en las dos manos. No se percibía ningún ruido detrás del ventilador eléctrico.

La mujer de la casa apareció en la puerta del fondo. —Dice que vuelvan después de las tres, dijo en voz muy baja. —Se acostó hace cinco minutos.

—El tren se va a las tres y media, dijo la mujer.

Fue una réplica breve y segura, pero la voz seguía siendo apacible, con muchos matices. La mujer de la casa sonrió por primera vez.

—Bueno, dijo.

Cuando la puerta del fondo volvió a cerrarse la mujer se sentó junto a su hija. La angosta sala de espera era pobre, ordenada y limpia. Al otro lado de una baranda de madera que dividía la habitación, había una mesa de trabajo, sencilla, con un tapete de hule,[8] y encima de la mesa una máquina de escribir

---

[6] **casa cural:** priest's residence

[7] **red metálica:** metal grillwork

[8] **tapete de hule:** table covering of oilcloth

primitiva junto a un vaso con flores. Detrás estaban los archivos parroquiales. Se notaba que era un despacho arreglado por una mujer soltera.

La puerta del fondo se abrió y esta vez apareció el sacerdote limpiando los lentes con un pañuelo. Sólo cuando se los puso pareció evidente que era hermano de la mujer que había abierto la puerta.

—¿Qué se le ofrece? —preguntó.

—Las llaves del cementerio, dijo la mujer.

La niña estaba sentada con las flores en el regazo y los pies cruzados bajo el escaño. El sacerdote la miró, después miró a la mujer y después, a través de la red metálica de la ventana, el cielo brillante y sin nubes.

—Con este calor, dijo. —Han podido esperar[9] a que bajara el sol.

La mujer movió la cabeza en silencio. El sacerdote pasó del otro lado de la baranda, extrajo del armario un cuaderno forrado de hule, un plumero de palo y un tintero, y se sentó a la mesa. El pelo que le faltaba en la cabeza le sobraba en las manos.

—¿Qué tumba van a visitar? —preguntó.

—La de Carlos Centeno, dijo la mujer.

—¿Quién?

—Carlos Centeno —repitió la mujer.

El padre siguió sin entender.

—Es el ladrón que mataron aquí la semana pasada, dijo la mujer en el mismo tono. —Yo soy su madre.

El sacerdote la escrutó. Ella lo miró fijamente, con un dominio reposado, y el padre se ruborizó. Bajó la cabeza para escribir. A medida que llenaba la hoja pedía a la mujer los datos de su identidad, y ella respondía sin vacilación, con detalles precisos, como si estuviera leyendo. El padre empezó a sudar. La niña se desabotonó la trabilla del zapato izquierdo, se descalzó el talón y lo apoyó en el contrafuerte.[10] Hizo lo mismo con el derecho.

Todo había empezado el lunes de la semana anterior, a las tres de la madrugada y a pocas cuadras de allí. La señora Rebeca,

[9] **Han podido esperar:** You could have waited

[10] **desabotonó . . . contrafuerte:** undid the buckle of her left shoe, slipped her heel out of it, and rested it on the bench rail

una viuda solitaria que vivía en una casa llena de cachivaches, sintió a través del rumor de la llovizna que alguien trataba de forzar desde afuera la puerta de la calle. Se levantó, buscó a tientas en el ropero un revólver arcaico que nadie había disparado desde los tiempos del coronel Aureliano Buendía, y fue a la sala sin encender las luces. Orientándose no tanto por el ruido en la cerradura como por un terror desarrollado en ella por 28 años de soledad, localizó en la imaginación no sólo el sitio donde estaba la puerta sino la altura exacta de la cerradura. Agarró el arma con las dos manos, cerró los ojos y apretó el gatillo. Era la primera vez en su vida que disparaba un revólver. Inmediatamente después de la detonación no sintió nada más que el murmullo de la llovizna en el techo de cinc. Después percibió un golpecito metálico en el andén de cemento y una voz muy baja, apacible, pero terriblemente fatigada: "Ay, mi madre". El hombre que amaneció muerto[11] frente a la casa, con la nariz despedazada, vestía una franela[12] a rayas de colores, un pantalón ordinario con una soga en lugar del cinturón, y estaba descalzo. Nadie lo conocía en el pueblo.

—De manera que se llamaba Carlos Centeno, murmuró el padre cuando acabó de escribir.

—Centeno Ayala, dijo la mujer. —Era el único varón.

El sacerdote volvió al armario. Colgadas de un clavo en el interior de la puerta había dos llaves grandes y oxidadas, como la niña imaginaba y como imaginaba la madre cuando era niña y como debió imaginar el propio sacerdote alguna vez que eran las llaves de San Pedro. Las descolgó, las puso en el cuaderno abierto sobre la baranda y mostró con el índice un lugar en la página escrita, mirando a la mujer.

—Firme aquí.

La mujer garabateó su nombre,[13] sosteniendo la cartera bajo la axila. La niña recogió las flores, se dirigió a la baranda arrastrando los zapatos y observó atentamente a su madre.

El párroco suspiró.

—¿Nunca trató de hacerlo entrar por el buen camino?

[11] **El . . . muerto:** The man who was found dead in the morning

[12] **vestía una franela:** wore a flannel shirt

[13] **garabateó su nombre:** scrawled her name

La mujer contestó cuando acabó de firmar.

—Era un hombre muy bueno.

El sacerdote miró alternativamente a la mujer y a la niña y comprobó con una especie de piadoso estupor que no estaban a punto de llorar. La mujer continuó inalterable:

—Yo le decía que nunca robara nada que le hiciera falta a alguien para comer,[14] y él me hacía caso. En cambio, antes, cuando boxeaba, pasaba hasta tres días en la cama postrado por los golpes.

—Se tuvo que sacar todos los dientes, intervino la niña.

—Así es, confirmó la mujer. —Cada bocado que me comía en ese tiempo me sabía a los porrazos que le daban a mi hijo los sábados en la noche.

—La voluntad de Dios es inescrutable, dijo el padre.

Pero lo dijo sin mucha convicción, en parte porque la experiencia lo había vuelto un poco escéptico, y en parte por el calor. Les recomendó que se protegieran la cabeza para evitar la insolación. Les indicó bostezando y ya casi completamente dormido, cómo debían hacer para encontrar la tumba de Carlos Centeno. Al regreso no tenían que tocar. Debían meter la llave por debajo de la puerta, y poner allí mismo, si tenían, una limosna para la Iglesia. La mujer escuchó las explicaciones con mucha atención, pero dio las gracias sin sonreír.

Desde antes de abrir la puerta de la calle el padre se dio cuenta de que había alguien mirando hacia adentro, las narices aplastadas contra la red metálica. Era un grupo de niños. Cuando la puerta se abrió por completo los niños se dispersaron. A esa hora, de ordinario, no había nadie en la calle. Ahora no sólo estaban los niños. Había grupos bajo los almendros. El padre examinó la calle distorsionada por la reverberación, y entonces comprendió. Suavemente volvió a cerrar la puerta.

—Esperen un minuto, dijo, sin mirar a la mujer.

Su hermana apareció en la puerta del fondo, con una chaqueta negra sobre la camisa de dormir y el cabello suelto en los hombros. Miró al padre en silencio.

[14] **Yo . . . comer:** I told him never to steal anything that someone might need to eat

—¿Qué fue? —preguntó él.

—La gente se ha dado cuenta, murmuró su hermana.

—Es mejor que salgan por la puerta del patio, dijo el padre.

—Es lo mismo, dijo su hermana. —Todo el mundo está en las ventanas.

La mujer parecía no haber comprendido hasta entonces. Trató de ver la calle a través de la red metálica. Luego le quitó el ramo de flores a la niña y empezó a moverse hacia la puerta. La niña la siguió.

—Esperen a que baje el sol, dijo el padre.

—Se van a derretir, dijo su hermana, inmóvil en el fondo de la sala. —Espérense y les presto una sombrilla.

—Gracias, replicó la mujer. —Así vamos bien.

Tomó a la niña de la mano y salió a la calle.

CUESTIONARIO

1. ¿Qué llevaban las dos viajeras?

2. Describa brevemente a la mujer y a la niña.

3. ¿Qué comieron las dos?

4. Cuando descendieron del tren, ¿qué vieron?

5. ¿Cómo era el pueblo a la hora de la siesta?

6. ¿Qué negocios permanecieron abiertos?

7. ¿Eran muy diferentes las casas entre sí?

8. ¿A qué casa fueron las dos?

9. ¿Con quién habló la madre?

10. ¿Por qué no vino el cura inmediatamente?

11. ¿Qué pidió la madre?

12. ¿Por qué quería visitar el cementerio?

13. ¿Sabía el cura del hijo de la madre?

14. ¿Qué había pasado al hijo, Carlos Centeno?

15. ¿Había querido la madre que el hijo fuera bueno?

16. ¿Qué profesión había tenido el hijo?

17. Después de entregar las llaves, ¿qué vio el cura?

18. ¿Cómo se hace evidente el espíritu de la madre, sobre todo en las últimas líneas del cuento?

PREGUNTA GENERAL

Escriba una biografía de la vida de la madre con su hijo.

Vocabulary

Words not in this vocabulary include certain obvious cognates and many simple words found in elementary texts. Adjectives are given in the masculine form only. Gender has not been indicated for masculine nouns ending in o and for feminine nouns ending in a, dad, ión, tad, and tud. The following abbreviations have been used: *Arg* Argentinian; *adj* adjective; *adv* adverb; *Chil* Chilean; *Col* Colombian; *dim* diminutive; *esp* especially; *f* feminine; *fig* figurative; *interj* interjection; *m* masculine; *mf* common gender; *pl* plural; *refl* reflexive; *var* variant; *vul* vulgar.

abajo below, down, downstairs; **(calle) abajo** down the (street); **hacia abajo** downward
abanicar to fan
abanico fan; fan-shaped piece
abarcar to include, contain
abeja bee
abertura opening, vent
abigarrado jumbled, crowded with things of every description
abisal abysmal
abisbar to look askance
ablandar to mollify, soften; *refl* to become soft
abochornarse to blush, become embarrassed
abolengo lineage, ancestry

abolir to abolish
abombado bulging
abominar to loathe
aborrecido hated, abhorred
abrazado embracing
abrazar to embrace
abreviar to shorten
abrir to open; *refl* to grow longer
abrumado overwhelmed
abstenerse to abstain, refrain
abuela: desde la abuela para acá from her grandmother on down
abundar to abound, be abundant
aburrido boring
aburrir to bore; *refl* to get bored
abyecto abject
acá: acá abajo down here

acabado ending; finished, polished; worn out
acabar to finish, end, end up; to use up; **acabar de (salir)** to have just (left); **acabar por (creer)** to end up (believing); *refl* to be consumed; used up; **se acabó** that's it; that's all
acalambrado cramped; having a cramp
acampar to make camp
acaparar to get; to monopolize
acariciar to caress, stroke
acaso perhaps
acatar to respect
acceso access; attack
acechar to lie in ambush, wait anxiously; to spy
acecho waylaying; vigil, watchfulness; **al acecho** in ambush
aceite *m* oil
acelerar to accelerate
acera sidewalk
acercar to move near; *refl* to approach
acero steel
acezar to pant
aclaración clarification
aclarar to clear; *refl* to become clear
acoger to receive, greet
acolchado padded
acólito acolyte
acometer to undertake, attempt; to attack, fight; **acometer la empresa** to do the job; **me acomete la tentación de creer** I am tempted to believe
acomodar to settle, arrange; to accommodate, make comfortable; *refl* to make oneself comfortable, settle down
acomodo lodging; **buscar su acomodo** to take care of one's needs
acompasado rhythmic
acompasar to measure out
acondicionado furnished
aconsejar to advise
acontecer to happen
acorazado plated, armored
acordar to agree; to approve; *refl* to remember
acorde *m* chord, musical sound
acordeonero accordionist
acorralado corraled, surrounded
acosado hunted down, pursued, harassed; troubled

acoso pursuit, harassment
acostar to put to bed; *refl* to lie down, go to bed
acotar to observe
acrecentar to increase
acreditar to entitle
acribillar to riddle with bullets
actitud attitude
actriz *f* actress
actuación behavior; dealing
actualidad present time; immediacy
actuar to behave, act
acuario aquarium
acudir to come, approach
acuerdo agreement; order; **estar de acuerdo** to agree
acurrucado huddled, crouched
acurrucarse to huddle up, crouch
acusar to accuse; to reveal, manifest; **acusar de** to charge with
achicado shriveled
achinado (Arg) vulgar, common; ruddy
adecuado adequate, satisfactory; acceptable
adelantar to move forward, advance
adelante forward, onward; **de (esa noche) en adelante** from (that night) onward
adelantito: más adelantito a little bit later
ademán *m* gesture
adentro: para adentro facing inward
adivinar to guess, solve; to foretell, divine, perceive
adivino mind-reader
adjudicado adjudged, granted
adoquín *m* paving block in geometric shape
adoquinado paved
adormecerse to fall asleep
adormecido napping, sleeping
adormilarse to doze off
aduanero customs inspector
adueñarse to take charge of; to take over, take possession of
adusto austere, grave
advertencia warning
advertir to notice; to warn; to realize
aéreo aerial, air
afamado famous, celebrated
afectuoso affectionate; of the affections
afeitarse to shave
aferrar to grasp, seize

aficionado amateur
afiche *m* poster
afiebrado fevered, inflamed
afigurar to appear; **se les afigurará** they will think
afilado sharp
afilar to sharpen; **piedra de afilar** whetstone
afinado keen
afirmar: **afirmarse por** to cling to, hang onto
afligir to afflict, worry
aflojar to weaken; to relax, go slack
afrontar to confront, face
afuera: **más afuera de** farthest away from
afusilar to shoot
agachar to duck; to lower; *refl* to stoop down
agarrar to grasp, seize; to hit; to overtake; to take on; **te llevo bien agarrado** I've got a good grip on you
agarrotado clasped tightly, clenched
agazapado crouched
agenciar to solicit, negociate; **que se había agenciado** that he had gotten hold of
agitar to shake; *refl* to move slightly; to flutter; to wag
aglomerado heaped together
agobiador overwhelming
agobiar to weigh down
agolpar to beat, hit
agonizar to agonize, be dying
agotar to exhaust, use up, drain, diminish
agradecido welcome; grateful, thankful; **muy agradecido** thank you very much
agrado pleasure
agrandar to enlarge; *refl* to grow large
agravar to aggravate, make worse
agredir to attack, assault
agregar to gather; to add; to accumulate; *refl* to join
agrio bitter; sour
aguacero shower
aguantar to tolerate, put up with; to withstand; to hold back; *refl* to take it, put up with it
aguardar to wait (for)
aguardiente *m* brandy
agüero omen
aguijoneado spurred, pricked
águila eagle

aguja needle
agujerado ragged, full of holes
agujero hole
ahijado godchild
ahogar to drown; to drown out, muffle; *refl* to drown; to suffocate
ahogo suffocation; oppressive heat
ahondar to delve, go deep into
ahorcarse to hang oneself
ahorrar to save, spare
ahumado smoked
ahuyama squash
ailanto ailanthus tree
aire *m* air; appearance; **al aire libre** outdoors; **hacer aire** to be windy
airosamente airily
aislar to isolate, separate
ajedrez *m* chess, chess game
ajeno another's, foreign; **ajeno a** indifferent to; free from
ajenos *mpl* other people, strangers
ajolote *m* axolotl, a Mexican salamander, mud puppy
ajuares *mpl* possessions, belongings
ajustar to adjust, fit
ala wing; wing of a building
alambrada wire fence; entanglement
alambre *m* wire
álamo poplar
alargar to extend, lengthen, draw out; *refl* to stretch out, be extended
alarido howl, cry
alba dawn
alborotado provocative; excited
alboroto noise, racket
alcalde *m* mayor
alcanforado camphorated
alcanzar to reach; to achieve; to manage; to perceive; to catch up to
alcaraván *m* bittern
alcoba bedroom
aldea village
alegar to affirm
alejado distant; away from
alejar to keep at a distance; *refl* to go away from; to shoo away
alemán German
alentar to encourage
alero eave
aleta fin
aletear to beat the wings
aleteo bustling, activity
alevoso treacherous
alféizar *m* ledge

alfiler *m* pin
alfombra carpet
alimentar to feed; **alimentarse de** to feed upon
alimento food
alisar to smooth
alistar to make ready
aliviado relieved
aliviar to lighten, alleviate; to ease
alivio relief
almacén *m* warehouse; general store
almendro almond tree
almidonado starched
almohada pillow
almohadón *m* cushion
almojábana cake made from flour and cheese
alocución allocution, address
áloe *m* lily
alojado lodged
alojamiento lodging
alquiler *m* rent
alquimista *m* alchemist
alrededor de around; **a su alrededor** all around him
altavoz *m* loudspeaker
altercado altercation, fight
altura height; **a esas alturas** at this point; **de la altura** from up above
alumbrar to illuminate
alzar to raise; **alzarse de hombros** to shrug one's shoulders
allá: allá arriba up there; **allá él** that's his business; **más allá** farther; **más allá de** beyond
allegarse to approach, go near
amabilidad kind attention; affability
amainar to subside
amamantar to suckle
amanecer to dawn; **parte amaneció comida** next morning part had been eaten; *m* dawn
amante *m* lover
amapola poppy
amargo bitter
amarrado tied
amarrar to bind, tie
ambiente *m* atmosphere
ámbito area
amblistoma *m* Ambystoma, a genus of salamander
ambulante traveling
amellarse to become dented or dull
amenaza threat
amenazador threatening

ameno pleasant
ametrallado machine-gunned
amigazo pal
amigo: amigo de fond of; befriending
amistad friendship; friend
amo master
amodorrado drowsy
amontonadero hoard, huge store
amontonar to crowd together; *refl* to pile up, accumulate
amor: se ve un amor it looks just fine
amordazado muzzled, gagged, suppressed
amortiguado muffled
amparar to protect, help
amparo protection, shelter
ampliación enlargement
ampliar to increase, amplify, enlarge
amplificar to enlarge
amplio wide, full, broad, big
ampolleta light bulb
amputar to amputate
amuleto amulet, charm
anacrónico anachronistic
ananás *m* pineapple
anaquel *m* shelf
anciano old person
andamiaje *m* scaffolding
andar to walk; to move, go, go around; to run around; **¡ándate!** get lost!
andén *m* platform; sidewalk
anegar to flood, inundate; to submerge, drown
angosto narrow
angostura narrow part
angustia anguish
anhelar to desire, yearn for
anidar to nest
anillo ring
animado lively, alert
animarse to be encouraged, be inspired; to get up nerve to; to feel like
ánimo spirit, courage; inspiration; **con ánimo** in the mood, up to it; **quien se hiciera el ánimo** one who would be willing
aniquilar to undermine, ruin
anochecer *m* nightfall
anodino painless
anonadado overwhelmed, stunned
anquilosar to stiffen (as a joint)
ansia anxiety; eagerness

antecámara antechamber
antecomedor *m* small chamber adjacent to a dining room
antemano ahead of time, beforehand
anteojos *mpl* spectacles, glasses; anteojos de larga vista binoculars; anteojos de ver cerca reading glasses
antepasado ancestor
antes: lo antes posible as soon as possible
antevíspera two days before
anticipar to foresee, prefigure; to anticipate
antiguo old, ancient; former
antiquísimo extremely old
antisemita anti-Semitic
antojarse to be desired capriciously; como se le antoja however it takes your fancy
antorcha torch
anudado knotted, tied
anulado annulled, destroyed; casi anulado all but overcome
anular to annul, eliminate, make void
anuncio advertisement, announcement
añadir to add
apacible peaceful, gentle
apaciguarse to grow calm, calm down
apachurrar to crush, flatten
apagadamente mutedly
apagado dull (in color); silent
apagarse to be extinguished; to pass away, die, die out
apalancarse to move with a lever; to move up and down
aparato apparatus; display; retinue
aparatoso showy, ornate
aparejo saddle
apartado distant
apartar to draw back; to put aside, move out of the way; *refl* to withdraw, go away
apasionado passionate, impassioned
apear to dismount; to set down
apechugar to push forward with the chest
apellido surname
apenas scarcely, hardly; only; just; as soon as
apeñuscado narrowed
apero fancy riding equipment
apestado sickly; having the plague

apio celery
aplacarse to subside
aplastar to crush, overwhelm
aplicadamente conscientiously
apoderarse to take over
apodo nickname
aporreado worn out, fatigued
aposento room, apartment
apostado posted (as a soldier)
apostar to bet
apoyado leaning, resting
apoyarse to lean, rest upon
apreciar to appreciate; to esteem
apremiante urgent, pressing
aprendizaje *m* apprenticeship; act of learning; training
aprestigiado given impetus; lent prestige
apresuradamente hurriedly
apresurar to hurry, speed up
apretado pressed together, tight
apretalar to fasten tightly
apretar to squeeze, press, clench
aprobación approval
aprobar to approve
aprontar to prepare, make ready
aprovechar to profit; to make use of, take advantage of
aprovisionarse to get, take on
apto apt, fit, competent
apuesto elegant, spruce
apuñalar to stab
apuración worry, concern; hurry, haste
apurado in a hurry
apurar to drain (a glass); *refl* to hurry
apuro want; scrape; haste; con apuro in a hurry
aquietarse to settle down, grow calm
araña spider; chandelier
arañar to scratch
arbusto bush
arca coffer
arco arch
arcón *m* chest
archivar to file
archivero file clerk
archivo file
arder to burn
ardientemente ardently
arduo arduous, hard, difficult
arenal *m* sandy place
arepuela corn griddle cake
argüir to argue
argumento plot; argument
aridez *f* aridity

arista corner edge
aristotélico Aristotelian
arlequín *m* harlequin
armar to arm, set up; **armar albo-roto** to make a racket; **armar un boche** to raise a ruckus, make a fuss; *refl* to be readied
armario closet, wardrobe, locker, cabinet
arnés *m* harness
arrabal *m* region, area; **mitologías del arrabal** *criollo* mythology
arrancado torn out
arrancar to start up; to snatch, tear out, tear off
arrasar to level, raze; **me arrasaba la fiebre** the fever kept me flat on my back
arrastrar to drag; to carry, bring; *refl* to crawl; to drag oneself; to move along
arrastre *m* dragging; **por el arrastre de sus ojos** by the look in his eyes
arrear to drive (as cattle)
arrebatar to snatch away, carry off
arrebato moment of rapture
arrebiatado hurrying
arreciar to increase in strength; gain in intensity
arredrado terrified, scared
arreglo arrangement
arrendamiento rent, payment
arrendar to make one's way, go; to rent
arrendatario tenant farmer
arrepentido repentant, ashamed
arrepentimiento remorse
arriar to water (as animals)
arriba above, high; upstairs; up; **de arriba abajo** up and down; **hacia arriba** upward
arribar to arrive, to reach
arribo arrival
arriera very large tropical ant
arriero mule-driver
arrimarse to take shelter; to come over, come close to
arrinconado cornered; huddled
arrocero rice planter or rice dealer
arrodillarse to kneel
arrojar to throw, cast; to spit out; *refl* to throw oneself
arroyo gulch, gully
arruga wrinkle
arrugado wrinkled
arruinar to ruin
artesa tub

as *m* ace
asado roast
ascendiente *m* ancestor
ascenso raise in salary
ascensor *m* elevator
asegurar to assure; to maintain
asentir to assent
aséptico aseptic, germ-free
asesinar to kill, murder
asesinato murder, killing
asesino murder
aseverar to assert
así: una cosa así such a thing
asignar to assign
asilo asylum
asimismo likewise
asolear to dry in the sun
asomarse to appear at or look out of (a door, window, etc.); to peep in at
asombrar to astonish, astound, surprise
asombro surprise, wonder, astonishment
aspereza rough place
áspero sharp
aspirar to aspire; to breathe
asqueroso loathsome
astromelia *f* hibiscus
asunto matter, affair
asustar to frighten; *refl* to become frightened
atabal *m* drum
atado pack; *adj* tied
atajar to stop, cut off
atalaya tower, vantage point
atar to hitch up; to tie
atarantado flighty
atardecer to grow toward evening; *m* evening
atareado busy
atarrayero net-caster; fisherman
ataúd *m* coffin, casket
atender to tend; to attend, listen; to wait
atentado crime, offense
ateo atheist
aterido frozen
aterrado terrified
aterrorizado terrified
atibarrado packed, jammed
atinado sensible, wise
atisbar to keep watch
atolladero deep, miry place
atormentador tormenting
atormentarse to torment oneself, worry

atornillar to screw down
atracar to bring near
atragantarse to choke
atrapar to catch, trap, capture
atrasado late; back (as issues)
atraso delay
atravesar to cross; to pierce, go through; to stick into
atreverse to dare
atrincherado entrenched
atroz atrocious, dreadful
atruendo splurge, spree; ostentation
atuendo *var of* **atruendo**
audiencia hearing; **sala de audiencias** audience chamber
aullido howl
aumentar to increase; to grow
áureo golden
auscultar to listen with a stethoscope, ausculate
axila armpit
axolotl *m* axolotl, mud puppy, tailed amphibian with external gills that lives in lakes and marshes
azadón *m* hoe
azahar *m* orange or lemon blossom; **agua de azahar** orange blossom water, a fragrant liquid having restorative properties
azar *m* chance; **al azar** at random
azaroso unlucky, unfortunate
azorado frightened
azoramiento fear
azotar to whip, lash, beat
azúcar *m* sugar; **con su azúcar** having to watch her sugar level

baba drivel, slaver, spittle; **se te cae la baba** you are overwhelmed with joy
bacalao cod
bagazo pressed pulp
bailar to dance
bajar to descend, go down; to go downstairs; to get off or out of; to bring down, put down; to lay down cards to begin one's game in canasta; **comenzaba a bajársenos la tristeza** our sadness was waning
bajo bass note; *adj* low, short, shallow; *adv* under, beneath
bala bullet
baladí frivolous, trivial
balancear to swing
balanceo swaying
balaustrada balustrade
balazo shot; bullet wound

balbuciente stammering; hesitant speech
balde *m* pail, bucket
baldosa paving stone, paving tile
balido bleat, bleating
balsámico aromatic
balsamina balsam, a flowering plant
bálsamo balm, cure
ballestero archer
bananero banana-picker
banca banking
banco bench, pew
bandeja tray
bandera flag
bando proclamation, edict
bandolero robber, cattle thief
barajar to shuffle (cards); to stop; to flip
baranda railing
baratijas *fpl* trinklets, trifles
barba beard
barbacana churchyard wall
barbado bearded
barbaridad excess; a great deal, a lot; absurdity
barcelonés native of Barcelona
barra bar
barranca ravine
barrendero sweeper
barrer to sweep
barrio neighborhood, area; people in the neighborhood
barro clay, mud, earth
barroso muddy
barrote *m* bar
bastar to suffice; be enough
bastardía collection of bastards
bastimiento provisions
bastón *m* cane
basura garbage, refuse
batallar to battle, struggle
batiente *m* door frame
batracio batrachian, of the order of frogs and toads; frog-like, amphibian
baúl *m* trunk
bautizar to baptize
bayeta baize, thick flannel
bebida drink; drinking
becerro calf
bejuco rattan
bendito blessed
benjamín *m* youngest son or daughter
bermejo reddish
besar to kiss
bibliófilo bibliophile

bibliotecario librarian
bicho creature; insect; beast
bien *m* possession, good, benefit; *pl* property, estate; *adv*: **no bien** hardly, as soon as
bienestar *m* well-being
bienhechor *m* benefactor
bifronte double-faced
bifurcarse to bifurcate, divide in two; to go off on a tangent, get off the track
bigote *m* mustache
bigudí *m* curler
billar *m* billiards
billete *m* ticket; bank note
biógrafo movies
bisabuelo great-grandfather
bisiesto: año bisiesto leap year
blancura whiteness
blandir to brandish, flourish
blando soft
blindado armored
block *m* tablet of paper
blonda border
bloque *m* block
bloquear to block
boca mouth; **boca abajo** face down; **boca arriba** flat on one's back, supine
bocado mouthful, morsel
bocanada mouthful; whiff, puff
bock *m* beer
bocha billiard ball
boche *m* chuck hole; **armar un boche** to raise a ruckus, make a fuss
boga rower
bol *m* bowl
bola herd; ball
boleto ticket
bolita little ball
bolsa bag; stock market
bolsillo pocket
bolsita little bag
bollo roll
bomba pump
bombardeo bombardment
bombilla light bulb
bombón *m* bonbon, candy
bonachón good-natured, kind
boquete *m* opening
borbotón *m* bubbling
borde *m* border, edge, verge, margin, rim; **al borde** on the eve; on the brink
bordeado lined
bordear to border, go around

bornear to model; to turn
borrachera drunkenness
borracho drunk
borrar to erase, eliminate, blot out
borrasca storm; danger
borrega ewe
borrego lamb
borreguero shepherd
borrón *m* blot, stain, blemish
borroso shadowy, unclear, blurred
bosquear to sketch, outline
bostezar to yawn
bota boot
botar to throw out
botón *m* button
boxeador *m* boxer
boxear to box
bozo fuzz, downy growth
bramar to bellow, cry out
branquia gill
brasa hot coal; **de color brasa** the color of hot coals
brazo arm; branch of a river; **brazo de en medio** middle branch
brecha opening, pass
breva fruit; valuable thing obtained easily; **Vd. quiere la breva pelada y en la boca** you want everything to be a cinch
brilloso shiny
brincar to leap, jump, bounce around
brinco jump, leap; **de un brinco** at a jump; **pegar el brinco** to jump
brindar to drink a toast; to offer, afford
broma joke, practical joke
bromear to joke
bronce *m* bronze
brujo wizard
brújula compass
brusco brusque; sudden; crude
buchada mouthful; **después de hacer unas buchadas** after rinsing out his mouth
buche *m* mouthful
buey *m* ox
buharda garret
bulevar *m* boulevard
bulto bulk
bullaranga chattering, din
bullir to boil
buñuelo fritter
burbuja bubble
burdel *m* brothel
burdo vulgar, common
burla joke, prank, mockery

burlar to ridicule; to frustrate, disappoint; to evade; **burlarse (de)** to mock, make fun of
burlón mocking, taunting
buscador *m* seeker, searcher
buscar: buscarle tres pies al gato to look for complications
búsqueda search
butaca seat, chair
butifarra sausage
buzo diver

cabal perfect, complete, intact; **con mis ilusiones cabales** with high hopes
cábala cabala, mystical interpretation of the scriptures by Jewish rabbis in which every word and letter is presumed to have an occult meaning
cabalgar to mount, ride
caballería cavalry; stable
cabecera head of a bed or table; **cabecera del municipio** county seat
cabecita: frijol de cabecita negra kidney bean
cabellera hair
cabello hair
cabida room
cabo end; **al cabo** at the end; after all; **al fin y al cabo** after all
cacofonía cacophony, unpleasant combination of sounds
cacharro knicknack; piece of junk
cachivache *m* bric-a-brac
cachorro baby animal
cada: a cada rato at every moment, every little while; **cada cual por su lado** separately
cadena chain, network, hook-up
cadenciosamente rhythmically
cafetín small café; **cafetín de mala muerte** dive
caída fall; **cuando la caída** at the time of his fall
caja fuerte safe
cajón *m* box; coffin; drawer; box canyon
cal *f* lime
calabozo jail cell; dungeon
calavera wild fellow
calcetín *m* sock
calcular to estimate, figure; to figure out
caldeado hot
caldo broth, soup, bouillon

calentador *m* heater
calentar to warm
calidad quality; **en calidad de** as
calificar to describe; to call; to judge
calignoso dark
calín *m* mist, haze
calorcito heat
calvario Calvary; torture
calvo bald
calzada roadway
calzoncillos *mpl* shorts
callado silent
callar to silence; to be silent
callejera street urchin
callejero street; public
callejón *m* alley, lane
callo callus
camaján *m* high liver, one who lives high
cámara chamber; camera; **cámara ardiente** room set apart for a wake with votary candles, kneelers, etc.
camarada *mf* comrade, companion
camaronero shrimp fisherman
cambiante changing
camichín *m* fig tree
camilla small bed; cot; stretcher
caminata walk, journey
camisa shirt; hospital gown; nightgown
camiseta undershirt
camisón *m* nightgown
campamento camp
campana bell
campanada ringing of bells
campanilla little bell
campaña country, land
campear to frisk about
cancel *m* grating, screen; **puerta cancel** door preceding main entrance of a building
canciller *m* chancellor, minister
candado padlock
candente incandescent
canongía canonship
cansancio weariness
cansar to tire; to wear out; *refl* to grow tired
cántaro water jar; pitcher; jar
caña sugar cane
caño reed
cañón *m* barrel of a gun
caoba mahogany
capa cape
capitalito small dowry; little bit of money

captar to catch, capture; to receive (as a radio impulse, etc.)
capuchín *m* member of the Capuchin order of friars, often bearded
caqui khaki
cara face, aspect, surface
carácter *m* character, nature
carajo damn
carambola carom in billiards
caramelo candy
carancho hawk-like bird
carcajada laughter, burst of laughter
cárcel *f* jail
carcelario prison, penal
carecer to lack
carente lacking
carestía high cost
carga charge; freight; burden
cargado charged, laden, full
cargamento shipment
cargar to load; to carry; **cargar con** to run off with
cargo duty; charge
caricia caress
cariño affection, love, fondness
carísimo very expensive
carmesí crimson
carnicería butcher shop
carpeta table cover; folder, portfolio
carpintería carpenter shop
carrera race; career; running; wandering; life history; **huyendo a la carrera** running away; **la carrera trenzas al aire de una chiquilla** a little girl running, her braids flying; **les dió carrera para la calle** he ran them out of the house
carrero carter, wagon-driver
carreta cart
carrizo reed
carroza coach
cartel *m* sign, poster, advertisement
cartelera letter box
cartera pocketbook
cartucho small paper container
cartulina cardboard
casa house; concentration camp; **casa mala** house of prostitution; **tan de su casa** so devoted to his home
casarse to marry
casco shell
caserío group of houses
caserón *m* big house
caso case; **no tiene caso** it doesn't make sense; **se da el caso** it hap-

pens; **hacer caso** to pay attention, notice
castaño brown
castigar to punish, chastise; to slap
castigo punishment
casualidad chance; **da esa casualidad** it so happens; **por casualidad** by chance
catafalco catafalque, structure supporting a coffin during a funeral
cataplasma poultice, plaster
catre *m* cot, narrow bed
cauce *m* bed of a river; channel
caudal *m* treasure, wealth
caudillo boss, strong man, chief, leader
causante *m* cause
cautelosamente stealthily
cavilar to cavil, raise objections
caza hunt
cazador *m* hunter
cazar to hunt
cebada barley; fodder
cebar to start, prepare
cebolla onion
cedazo sieve
ceder to yield, cede; to give up, release
cédula certificate, card; **cédula electoral** identification card for voting
cegado blinded; **fuente cegada** silent fountain
cegar to blind
ceguera blindness
ceja eyebrow
cejar to withdraw; to slacken, diminish
celar to suspect, watch with suspicion
celda cell
celeste blue
celo zeal
cencerro cow bell
ceniciento ashy
cenizo ash-colored
censo census, list of names
centenar *m* one hundred
centenario one hundred years old
centísimo hundredth
ceñidor *m* belt, sash, girdle
ceñir to gird
cerca fence
cercar to surround, fence in
cerco fence, encirclement
cerdo hog, boar
cernerse to soar; to hover
cernido soaring

cerrado closed, complete; **luto cerrado** strict mourning
cerradura lock
cerro hill
cerrojo bolt
certero sure, skillful, precise
certeza certainty
certidumbre *f* certainty
cerveza beer
cesta basket
cetrino citrine, yellowish; melancholy
ciego blind; choked; sluggish
cielo sky; heaven; ceiling; **cielo raso** flat ceiling
ciénaga marsh, bog, miry place
cierre *m* closing
cifra cipher, number, sign; **cifras pares** even numbers
cifrar to write in cipher
cimientos *mpl* foundation
cinc *m* zinc
cinta ribbon
cintajo pompon of ribbons
cintura waist; **no le dolía la cintura** her stomach didn't hurt
cinturón *m* belt
ciprés *m* cypress
circular to prowl about
cirujano surgeon
cita appointment, date
ciudadano citizen; *adj* civil
claraboya skylight
clarear to become light; **apenas les clarea el alba** they no sooner see the light
clarividencia clairvoyance; clear-sightedness
claro clear, light in color; *interj* of course; **claro que no** of course not; **por lo claro** openly, clearly
clausurar to bring to a close, conclude
clavar to stick in, pin; to nail; **clavar unos cuantos** to nail up a few (pictures)
clave *f* key
clavel *m* carnation
clavo nail
clero clergy
cliente *m* client, customer
cobarde *m* coward
cobardía cowardice, act of cowardice
cobertizo shed, hut
cobertor *m* coverlet, quilt
cobija blanket, cover
cobijar to shelter, protect

cobrar to collect; to charge
cobre *m* copper
cobro collection
cocada coconut candy
cocinera cook
coco coconut
coche *m* car, coach, buggy; **coche de plaza** *m* taxi
cochera carriage house
cochero coachman, driver
cochinada gross outrage; filthy trick
cochino *m* swine; *adj* dirty
codazo jab with an elbow
codiciosamente covetously
coincidir to coincide
cojín *m* cushion
cola tail; **con la cola entre las piernas** crestfallen
colarse to pass through
colcha comforter
colchón *m* mattress; **colchón de hojas** bed of leaves
colega *m* colleague
colegio school
cólera anger, rage, fury
colérico angry
colgadura hanging
colgar to hang; **colgar el tubo** to hang up
colilla butt
colmado filled
colmar to lavish, generously bestow, fill to overflowing; **colmarse de** to become filled with; **su centro entero estaba colmado** the center of her being was entirely taken up
colmo height, extreme, limit; **es el colmo** it's outrageous; **para colmo** on top of everything else, to top things off
colocar to place, put
colorado red
colorete *m* rouge
comedor *m* dining room
comején *m* termite, flying ant
comentar to comment, remark; to enlarge upon
comer: comer con los ojos to devour with one's eyes
comestible edible
cometer to commit, do; to perpetrate
comezón *f* burning sensation
comisario commissary, deputy
cómoda chest of drawers, bureau
comodidad comfort
comodín *m* wild card

compadecer(se) (de) to have compassion, feel sorry for
compadraje *m* ring, gang
compartir to share
compás *m* compass
compendiado epitomized, abstracted, condensed
complot *m* plot, conspiracy
componer to mend; *refl* to primp, put on make-up
comportamiento behavior
compra purchase; **ir de compras** to go shopping
comprometer to compromise; to bind, oblige, require
compromiso compromise, agreement
compuesto composite
computar to compute
comulgar to take communion
comunicado in communication
conceder to grant, concede
concentrarse to concentrate; to gather
concertar to arrange, agree upon
conciliador conciliatory
conciliarse to reconcile
concordia concord, agreement
concreto specific, particular
concurso assistance
condecorado bemedaled
condenar to condemn
condescender to condescend
condimentado spicy
condiscípula classmate
condolido regretful
confiado trusting
confianza confidence; **con confianza** make yourself at home
confiar to trust
conflictivo petulant
conformarse to be satisfied, resign oneself
confundido confused, mixed up
confundir to confuse
congregación religious fraternal order
congregar to bring together; to congregate
conjeturar to conjecture
conjurado conspired, in conspiracy
conmoverse to be moved or stirred
conmovido moved
consagrar to dedicate, consecrate; to devote
consanguinidad consanguinity
conseguir to get, obtain, succeed in
consejero advisor

consigna countersign, signal
consola console table
constancia record
constar to be clear, be evident; **constar de** to consist of
constelado distressed
consuelo consolation, solace
consumado consummated
contagioso pestilent
contar to count, to matter; to tell, relate; **contar con** to reckon with; to count on
contener to contain; *refl* to contain oneself
contiguo adjoining, next
contrabandista *m* smuggler
contradecir to contradict
contradicho contradicted
contrafuerte bench rail
contrapuesto contrasting, different
contrapunto counterpoint
contrario adverse
contratar to do business, make a contract
contusión bruise
convencer to convince
conveniencia advisability
convenir to agree; to be fitting; to suit
converger to converge
convergir *var of* **converger**
conversador talkative
conversar to converse
convidar to invite, treat
convulso convulsed
coñac *m* cognac
copa cup, wineglass; top of a tree
copartidario fellow party member
copiosamente copiously, abundantly
copudo wide-branching
coraje *m* courage; anger; passion
corneta bugle, cornet
coro chorus
corona crown; wreath
coronar to crown
coronilla top of the head; **estoy hasta la coronilla** I'm fed up
corporal bodily
corral *m* corral; yard
corredizo running, moving
corredor *m* broker; **corredor de la bolsa** stock-broker
corregir to correct
correndilla intrusion
correo mail; **oficina de correos** post office
correoso tough, leathery

correr: correr con todos los gastos to pay for everything; **las corrió** he ran them off, threw them out
corretear to chase
correvedile *m* messenger
corriente *f* current; *adj* current, up-to-date; **corriente en su trato** easy to get along with
corroído corroded
corromper to corrupt
cortadura gash, cut
cortar to cut, cut into; to interrupt; to turn off; **la leche se cortó** the milk turned sour
corte *m* cut
cortejo procession
corva back of the knee
cosa de almost, about
cosecha crop, harvest
cosechar to reap, harvest
coser to sew
cosmorama *m* cosmorama, display of scenes from different parts of the world
cosquilla itch, tickling
costado side; **de costado** sideways
costar to cost; to require effort, be hard; **costar moverse** to be an effort to move
costilla rib; flank
cotidiano everyday, ordinary
crapuloso foul
crecer to grow, grow up; to increase; to rise (as a river)
creciente *f* flood; *adj* growing, crescent
crédulo credulous
creído presumptuous
crepúsculo twilight
crespón *m* crepe
creyente *m* believer
cría litter
criar to bring up, raise; *refl* to grow up
crin *f* mane
criolina strong disinfectant
criollismo feeling of national identity
criollo native
crispación excitement
cristal *m* crystal, glass, pane of glass
cristalino crystal clear
cristología Christology, branch of theology dealing with the person and attributes of Christ
criterio criterion
criticar to criticize

crónica chronicle, history
crucecita small cross
crucifijo crucifix
crujiente creaking
crujir to crunch, crackle, creak
cruzar to cross; to exchange (looks); **cruzarse con** to pass (as on the street), to meet
cuadra block
cuadrar to square; *refl* to stand at attention; to get ready
cuadrito small picture
cuadro picture; frame
cuajar to succeed, work out; to jell; *refl* to curdle, become thick
cuanto whatever; **en cuanto** as soon as; **en cuanto a** as to, with regard to
cuarteado cracked
cuarteador *m* horse thief
cuartearse to crack
cuartel *m* barracks
cuarto: cuartos traseros hindquarters
cuatrero hideskinner
cubículo cubicle
cubito little block
cuello neck; collar
cuenta bill; account; count; bead; **darse cuenta** to realize; **de nueva cuenta** once again; **de su cuenta** on her own; **llevar la cuenta** to keep count, keep track; **más de la cuenta** more than usual; **tener en cuenta** to bear in mind
cuerda rope
cuerno horn
cuero leather, hide; leather jug
cuerpecito little body
cuesta hill
cueva cave
cuidador *m* keeper
culebra snake
culminar to end, culminate
culo rump
culpa guilt, fault, sin, blame; **tener la culpa** to be to blame, be at fault
culpable guilty, blameworthy
cultivar: espacio sin cultivar uncultivated plot of ground
cumplidor conscientious
cumplimiento fulfillment
cumplir to fulfill; **cumplir (doce) años** to have one's (twelfth) birthday; *refl* to be fulfilled or completed; **ese jueves se cumplían diez**

meses de la partida that Thursday made ten months since the departure
cuñada sister-in-law
cupé *m* carriage, coupe
curación treatment
cural: casa cural rectory
curso course, direction; **en curso** current
curtido tanned (as leather)
curtiembres tanning materials; tan splotches
curtir to tan (leather)
cutis *m* skin, complexion

chacamotear to jolt; to shake violently
chachalaca bird of the grouse family
chacra small farm; **peón de chacra** farmhand
chalán *m* fast-talking salesman
chamaco kid
chambergo (Arg) hat of the type worn by gauchos; **con el chambergo puesto** with their hats on
chamuscado charred, scorched
chapaleo splashing; gurgling
chaparral *m* oak grove
chapoteo lapping (of water)
chaqueta jacket
charco pool, puddle
charlar to chat
charol *m* patent leather
charquicán *m* dish made of *charqui* (jerked beef), chiles, potatoes, beans, and other ingredients
chasquido crack; cracking sound (esp. of timber breaking or splitting)
che *interj* (Arg) hey
chicalote *m* Mexican poppy
chico child, little one; *adj* small, young
chicotear to whip, lash
chicharra (Col) cicada, harvest fly
chicharrones *mpl* cracklings, crisp bacon bits
chiflido whistle
chillar to scream
chimenea fireplace
chinchorro (Col) sleeping mat
chiquilla little girl
chiquillo little boy
chiripá *m* long leg-cloth wrapped around and between the legs, worn by gauchos

chirriar to sizzle; to squeak, creak, scrape
chirrido creaking; squeaking; scraping sound
chisme *m* gossip; news
chistera top hat
chocar (**con**) to strike; to collide with
choque *m* crash, collision
chorrear to run (as a liquid), drip, trickle
chorrete *m* little stream
chorro jet, spurt, big stream
chuchería bauble
chupar to suck
chupe *m* sucking; **chupe que chupe** sucking and sucking

dádiva gift
daga dagger
damajuana demijohn
daño damage, harm; **hacer daño** to harm, hurt
dar to give; **dar caza** to hunt; **dar con** to come upon; to arrive at, find; **dar + hour** to strike; **dar la mano a** to shake hands with; **dar la vuelta** to go around; **dar miedo** to frighten; **dar por sentado** to take for granted; **dar toda la vuelta** to go all the way around; **dar un paso** to take a step; **dar vueltas y vueltas** to turn over and over; **darse cuenta (de)** to realize; **darse muerte** to kill oneself; **darse prisa** to hurry up; **darse un baño** to take a bath; **darse vuelta** to turn around; **no darse con nadie** to have nothing to do with anyone; **que me lo dieran ahorita** I wish he were here right now
dársena dock
dato piece of information
debate *m* debate; **el tercer debate** official hearings
debatir to debate
deber to owe; must, ought
decencia decency, propriety; honesty
decir: que le dicen la Tambora whom they call Tambora; *m* saying; talk
decoro decorum
decoroso decorous
decretar to decree
decurso course, lapse of time
dedicar to dedicate; *refl* to devote oneself

dedo finger; toe; **dedo gordo** big toe; **un dedo de málaga** a touch of Malaga wine; **un dedo de menos** one toe missing

definitivamente definitively; definitely

deformar to deform, disfigure

defraudar to defraud, betray; to disappoint

degollar to behead; to destroy, ruin

degüello decapitation

delantal *m* apron, smock

delator *m* accuser, informer, stoolpigeon

delegado delegate

deletrear to spell, spell out

deleznable fragile, frail

delgado delicate, thin, slender

delicado fine, delicate; in poor health

delicioso delightful

demolido exhausted

demora delay

demorar to delay; to be long (in arriving); *refl* to tarry, be delayed; to stop along the way

demostrar to demonstrate

denuncia denunciation; accusation

deparado offered, afforded, presented

departamento apartment; department; county

depravado depraved

derecho right; law; **en su derecho** within his rights; *adj* right; *adv* straight

derivar to derive, to proceed; to descend

derramar to shed; to spill

derrengado crippled

derrengar to cripple

derretirse to melt

derribar to fell, knock down, strike down

derrota defeat

derrumbarse to collapse, cave in

desabotonar to unbutton, unfasten

desabrochado open, unbuttoned

desacordar to disagree, disapprove

desafío challenge

desaforado outrageous; uncommonly large or noticeable

desagradar to displease, annoy

desagradecido ungrateful

desagrado dislike

desahogar to relieve, give vent to

desamparado lonely, deserted, forsaken

desangrar to drain of blood; to exhaust

desánimo discouragement, downheartedness

desaparecer to disappear

desarmar to disarm

desarrollar to develop

desazón *m* uneasiness

desbancado broke

desbaratar to destroy, break down

desbordar(se) to overflow, go beyond

descabalado damaged, incomplete

descalzarse to remove one's shoes; **se descalzó el talón** she slipped her heel out of her shoe

descalzo barefoot

descansado rested; relaxed

descanso rest; nap

descaradamente barefacedly, brazenly

descarga discharge, firing

descartado cast out, discarded, laid aside

descascararse to peel

descifrar to decipher; to solve

descobijado uncovered

descolgar to take down; *refl* to let oneself down

descolorido colorless

descomponerse to break down; to become upset

descompuesto out of order, broken, unsound

desconcertar to disconcert

desconcierto confusion, disorder, disagreement

desconchado chipped, peeling

desconfianza distrust

desconfiar to mistrust, lose confidence, doubt

descongestionar to clear out, relieve congestion

desconocer to be ignorant of

desconocido stranger; *adj* unknown

desconocimiento lack of familiarity, ignorance

desconsuelo despair

descoyuntar to disjoint

descubierto bared

descuidar to neglect

descuido neglect, carelessness; **al descuido** carelessly; on the sly

desdentado toothless

desdeñoso disdainful

desdicha misfortune

desdichadamente unfortunately

desdichado unfortunate, wretched
desdoblamiento: desdoblamiento del yo doubling back upon the self
desechar to reject
desembarcar to disembark, alight
desembocar to empty (as a river); to lead (into)
desempeñar to perform, carry out
desencadenado unleashed, released
desenclavar to remove the nails
desenlace *m* outcome
desenrollar to unroll
desentenderse (de) to ignore
desenterrar to dig up
desentriparse to disgorge oneself
desenvoltura ease, confidence
desequilibrado unbalanced
desfavorecido disadvantaged
desfilar to promenade, parade
desfile *m* parade, procession
desflecado having the soft, loose balls of wool removed; not fleecy
desgajarse to be broken up
desgano reluctance, hesitancy; lack of appetite or interest
desgarrar to wear away, break up; *refl* to be torn away, broken up
desgracia misfortune; disgrace
deshacer to take apart, undo; *refl* to come apart, disintegrate; to dissolve (in tears or laughter)
desigualmente unequally
desinflamar to relieve inflammation
desintegrarse to disintegrate, come apart; **la ciudad se desintegraba** the city became scattered lots and houses
deslindar to limit, set boundaries
deslizar to slip
desmantelado dismantled, bare, sparsely furnished
desmayo fainting spell, loss of consciousness
desmedido outsized, extremely large
desmenuzar to crumble, break into minute bits; to examine minutely
desmigajar to crumble
desmontar to take down
desmoronamiento crumbling
desnivel *m* imbalance
desnudar to undress, strip away
desnudo naked, bare
desoír to pretend not to hear, ignore
desollado slaughtered
desorden *m* disorder, confusion, carelessness
despacho office, study

desparpajo impudence, impudent intrusion
despatarrado having passed out
despedazado blown to pieces
despedida goodby, good night
despedir to dismiss, fire; *refl* to take leave, say goodby or good night
despegarse (de) to separate oneself from, withdraw from
despeinar to run one's fingers through someone's hair
despejar to clear; *refl* to be cleared off
despeñadero crag, precipice
desperdicio refuse, waste; *pl* remains
desperdigado scattered
desperfecto imperfection
despiadado pitiless
despliegue *m* display
desplomarse to collapse
despojar to strip; *refl* to divest oneself; to forsake; to take off, strip
desprecio scorn
desprender to unfasten, loose; *refl* to become separated; to depart; to be emitted
desprevenido off guard
desprovisto stripped, deprived
destaparse to get uncovered
destello gleam
desteñido faded, pale, discolored
desterrar to condemn
destilado distilled
destinar to assign
destrabar to pry open, unclasp
destripar to desembowel; to crush
destrozado unstrung
destrozar to destroy
desusado unnatural
desván *m* attic
desvanecido weary
desvelado kept awake
desventura misfortune
desvergonzado shameless, impudent
desvestir to undress; *refl* to get undressed
desviar to distract; to deflect; *refl* to wander; to drift away; to swerve
desvío detour, side road
detallado detailed
detalle *m* detail
detener to stop, detain; to give pause; *refl* to stop
detenido: el corazón detenido con la esperanza hoping against hope

detrasito just behind
deudo relative
devorar to devour
día *m* day; saint's day; **al otro día** the next day; **de día** in the daytime, by day; **ocho días** a week
diadema tiara; garland
diáfano diaphanous, transparent
diafragma *m* diaphragm
dialéctica dialectics
diariero paper boy
diario newspaper; *adv* daily; **a diario** every day
dibujo drawing
dictamen *m* verdict
dicha joy, happiness
diente *m* tooth; **ni siquiera peló el diente** he didn't even crack a smile
diestra righthand
diezmo tithe
diferir to differ
difunto dead
dignarse (de) to deign
dignificar to dignify
dije *m* person of sterling character; **siempre tan dije** always so agreeable
dilatar to lengthen, add to, draw out
diluir to dilute
diminuto tiny
Dinamarca Denmark
dinamitar to dynamite
dirigir to direct; to drive; **dirigirse (a)** to go (toward)
discordia discord; conflict; unpleasant combination of sounds
disculpar to excuse, pardon
disfrutar (de) to enjoy
disímil diverse
disimulado concealed, feigned
disimular to dissemble; to feign
disimulo dissembling
disipar to dissipate, vanish
disminuir to diminish
disolver to dissolve
disparar to fire, shoot
disparate *m* absurdity, nonsense, blunder, mistake
dispendioso extravagant
dispensadora provider
dispersar(se) to disperse
disponer to dispose; to arrange; **disponer de** to have at one's disposal; to have the use of
disponibilidad compliancy, fluidity

dispuesto disposed, willing; prepared, arranged
distorsionado distorted
distraer to distract, amuse
distraído absent-minded
disyuntiva alternative
ditirambo dithyramb
divertido amusing
divinidad divinity, deity
divisa foreign exchange
divisar to discern, see
divulgar to divulge, reveal
dizque they say, he says
doblada folded
doblar to fold; *refl* to double up, fall forward
doble *m* tolling; *adj* double
dolorido in pain
dominar to dominate; to stand out above (as a hill); to master; to overcome
dominguero Sunday
dominio dominion; rule; control; **en función de dominio** as a ruler
don *m* gift, talent
doncella damsel, girl
dorado golden
dorarse to become golden
dórico Doric
dorman *m* dolman, hussar's jacket
dormido: **muy dormido** sound asleep
dormir: **dormir la siesta** to take a nap; *refl* to fall asleep
dosis *f* dose
dotado endowed with ability or talent, gifted
dotar to give, bestow
duelo period of mourning
dueño owner
dulcamara bittersweet; nightshade
dulzón heavily sweet
dulzura sweetness, tenderness; **con dulzara** gently
duodeno duodenum
dureza hardship

ecuménico ecumenical
echar to throw, throw out, shoo out; **echar por tierra** to throw over, destroy; *refl* to throw oneself; to lie down; **echarse atrás** to throw oneself backward; **echarse a perder** to be ruined; to turn bad; **echárselo a la espalda** to lift him up onto his back
edificación construction, building

edificar to build
editorial *f* publishing house
edredón *m* featherbed
efecto: en efecto indeed
efectuar to effect, carry out, achieve
eficacia efficacy; effectiveness
efigie *f* effigy
efímero ephemeral
egipcio Egyptian
égloga eclogue
egoísta selfish
ejecutado done, accomplished, executed
ejemplar *m* example, specimen; copy of a book
ejercer to exercise; to exert
ejercitar to exercise; to train; to make the most of
ejército army
elevación elevation; that part of the mass in which the priest raises the just-consecrated elements for the people to adore
embadurnar to besmear, spread upon
embalado packed, wrapped
embalsamado embalmed
embargo embargo; seizure; lien; sin embargo nevertheless, however
embarrado full of mud
embarrar to dip, stir around
embebido absorbed, enraptured
embeleso charm, delight, rapture
emborracharse to get drunk
emboscada ambush
embotado blocked, pent up
embutido packed tight, crowded
empanada meat pie
empapado soaking wet
empapar to drench, permeate, soak
empapelado wallpaper
empapelador *m* paper-hanger
empapelar to wallpaper
empaque *m* (Chil) brazenness, boldness
emparedar to wall up, wall in
empavorecido trembling, afraid
empeñado bent on
empero however
empinado steep, tall, towering
empinarse to lean over
empolvado powdered
emponchado wearing a *poncho*
emprender to undertake, begin
empresa feat, undertaking, enterprise; company, firm; acometer la empresa to do the job

empujar to push; to wash down
empuñar to grasp, clutch
encajar to drive in, dig in
encaje *m* lace
encajonarse to be flanked by steep sides
encanto charm
encañonado hemmed in; forced through pipes
encaramado perched
encaramarse to climb
encarcelar to imprison
encargar to put in charge; to entrust; to order; encargarse de to take charge of
encargo request; commission
encasquetarse to put on one's hat in resolute fashion
enceguedor blinding
encender to light
encerado waxed
encerrar to enclose; *refl* to shut oneself in
encierro enclosure; isolation
encoger to contract, shorten; encogió el cuerpo he hunched over; *refl* to shrink; encogerse de hombros to shrug one's shoulders
encomienda estate assigned or granted by the Spanish kings
encuadre *m* frame
encubridor *m* concealer, one who covers up for someone else
encuerado naked
endeble weak
enderezarse to straighten up, set oneself straight
endulzar to sweeten
endurecer to harden
enervante enervating
enfermera nurse
enfocar to focus
enfoque *m* focus, shot
enfrascarse to become engrossed
enfrentamiento confrontation
enfrentar to confront; enfrentarse con to face
engallado proud, stiff
engañar to deceive; *refl* to be deceived; to make a mistake
engaño deceit, trickery
engarruñarse to dig in
engendrar to bear; to engender
engordar to fatten
enharinado floury; white-powdered
enjaretarse to put on; to draw a string or lace through

enjuagar to rinse, moisten
enjuiciado on trial
enloquecer to drive mad; *refl* to go mad
enlutado in mourning; dark
enmascarado masked
enmienda amendment
enmudecer to be silent
enraizar to take root
enrarecido rarefied
enredado tangled, entwined
enrededera climbing vine
enredijo tangle, puzzle, maze
enrevesar to mix up, confuse
enriquecer to enrich; *refl* to become rich
enrojecer to redden
enrollado rolled, coiled
enroscado coiled, rolled up
enroscarse to curl up, coil
ensalada salad; jumble
ensangrentado bloody
ensayar to try, attempt; to rehearse
ensillar to saddle
ensombrecer to darken, dim
ensombrecido shaded
ensordecer to deafen
ensueño dream, fantasy
entablado started, begun, initiated
entablar to board up, cover with boards; to undertake; to enter into
enterarse to find out
enterrado buried; enterrado vivo buried alive
enterrar to bury; *refl* to sink into
entibiarse to grow warm
entierro burial
entornado ajar; half-closed; partially turned
entorpecer to delay; to hinder
entrada entrance, arrived; hasta entrada la noche until it was dark
entrante coming
entraña entrails; innermost part
entreabierto partially open; parted
entreabrir to partially open
entregar to hand over, give; to present, deliver; to finish up; entregar las armas to lay down their arms; *refl* to yield, give oneself over
entrerriano inhabitant of Entrerríos
entretener to delay; to entertain, amuse; *refl* to amuse oneself; to be delayed; to be absorbed; to count on
entrever to see dimly

entreverado trapped, entangled; mixed up
entreverarse to mingle
entrometido meddler; de puro entrometido simply by meddling
entumecer to cause to swell; to stiffen
enturbiado disturbed
enunciar to state; to express
envejecer to grow old
envejecido grown old
envío shipment of goods; tanto envío barato such a desperate selling job
envolver to wrap
enyesado in a plaster cast
episodio adventure, episode
epíteto epithet
equilátero equilateral
equipado furnished, equipped
equiparar to compare, match
equívoco equivocal
erguirse to straighten up, sit erect
erisipela erysipelas, an acute infectious disease of the skin
erizar to bristle
errar to wander
errata typographical error
eructo belch
esbelto slender
esbozar to trace, sketch; to give out
escalinata stairway
escalofrío chill; shiver
escalón *m* step
escampar to stop raining; to clear up
escaño bench
escapar to escape
escapulario scapular; two small pieces of cloth worn over the shoulders, hanging down in front and back, having religious significance
escarbar to scrape
escarmiento lesson, warning
escasez *f* shortage
escaso scarce, few
escoba broom
esconder to hide, make safe, conceal
escritorio office; desk
escrudiñar to scrutinize, warn
escrutar to scrutinize
escuálido empty
escueto austere, solitary
escupir to spit
escurrirse to slip, slide
esforzarse to make a great effort

esfumarse to blur, fade
esgrima fencing; knife-play
esmeradamente with painstaking care
esmerarse to take great care
esmero care, pains; exactitude
espada sword
espalda back; **de espaldas** lying on one's back; **de espaldas a** with one's back toward; **el jardín al que la casa daba la espalda** the house behind the garden
espaldar *m* back
espantar to frighten, scare away; *refl* to become frightened
espantoso frightening, wonderful
esparadrapo adhesive tape
espera: **a la espera** while waiting
espeso thick
espiar to spy upon
espiga spike, stalk, stem
espina thorn
espinoso thorny
espiral spiral
espíritu *m* spirit; mind
espolear to spur
espuela spur
espuma foam
espumilla a frothy drink
espumoso foamy; filigree
esquinado aloof; square; squared off
esquivar to evade
establecer to establish
estación station, season
estacionario without change
estadista *m* statesman
estallar to burst
estampa printing; press; print, picture
estampar to affix
estampilla stamp
estancado stagnant
estancia house, ranch; stay; bedroom; sitting room
estaquear to fence in; to pin down; to stake
estar: **estar por** to be at the point of
estatuilla statuette
estatura height, stature
estera mat
esterado covered with mats
estertor *m* death rattle
estibador *m* stevedore
estilizado stylized
estilo style, manner, way; **por el estilo** in the same way, just the same; **y por el estilo** and so on

estimar to estimate, consider; to deem
estipulado stipulated
estirar to stretch, extend
estoicismo stoicism
estomacal digestive
estrecho narrow, low
estrellado starry
estremecedor frightful, terrifying
estremecimiento trembling
estrépito clatter, noise
estrepitoso noisy
estribo stirrup; footboard of a coach
estridente garish
estrofa stanza; **hábito de estrofas** custom of reciting stanzas
estropear to damage
estruendo din, clamor, noise
estruendoso noisy
estuario estuary
estucar to plaster
estuche *m* case (as for jewelry); box
estudio: **estudio jurídico** law office
etapa stage
eternizar to prolong indefinitely; to eternize; *refl* to linger on
etimología etymology
etiqueta label
eucalipto eucalyptus
evadirse (de) to escape (from)
evitar to avoid
evocar to evoke
exaltar to exalt, elevate, extol
excitarse to become aroused
excusado toilet
excusarse to decline, excuse oneself
exhalar to exhale
exhortado summoned
exhortar to exhort, admonish
exhorto summons; **corriendo del exhorto** running away from the law
exigencia demand, requirement
exigente demanding, severe
exigir to demand, require
exiguo small
éxito success
exorcizar to exorcize
expectativa expectation
expediente *m* report, paper
experimentar to experience
expirar to expire
exponer to expose
extenderse to extend, spread out
extenuante weakening, exhausting
extenuar to weaken, emaciate, exhaust

extraer to take out
extranjero foreigner, stranger; abroad; *adj* foreign; **encargar al extranjero** to order from abroad
extrañar to wonder; to find strange; **extrañarse de** to question; to remark upon
extrañeza surprise
extraño outsider, stranger; *adj* strange
extraviado lost, mislaid

fábrica factory; structure; **fábrica de hielo** ice palace
fabril *adj* manufacturing
facción feature
facilidad facility; means; excuse
facilitar to facilitate, expedite
falacia fallacy, deceit
falaz fallacious
falda skirt
falsear to falsify; to counterfeit, forge
falsedad falsehood
falta lack, disappearance
faltar to be lacking; to be missing; to be in need of; to miss; **esto era lo último que faltaba** that was the last straw
falla fault; failure
fallar to fail; to give out
fallecer to die
familiar *m* member of the family; *adj* family
fango mud
farol *m* lantern; street lamp; **farol de alumbrado** street light
farra dance, party
farsante *m* humbug, fraud
fascinación charm, spell
fatal fatal; fated, predestined
fatiga fatigue
fatigar to fatigue, exhaust
fatigoso tiring
fauces *fpl* fauces, mouth
fáustico Faustian
favorecer to favor
fe *f* faith; **a fe que** I swear that
feazo very ugly, hideous
febril feverish
fecundar to fertilize; to sire
fechoría misdeed, crime
felicidad happiness; good fortune; fortunate aspect, good point
felicitar to congratulate
félido feline
feo ugly; **esto se va a poner feo**

this is going to become unmanageable
féretro bier, coffin
feria fair
fermentarse to ferment, turn bad
ferocidad ferocity
ferragosto hottest part of August
férreo iron; **vía férrea** railway
ferretería hardware store
fibra fiber
ficha form, filing-card
fiebre *f* fever
fiel faithful, true
fiera beast, animal
fierro iron
figurar to figure, depict; to imagine; to appear
fijadora fixing liquid (in photography)
fijamente fixedly
fijar to fix, set; **cómo es esta gente de fijada en pequeñeces** how these people notice every little thing; *refl* to notice
fijo fixed, immobile
fila row, line
filatelista *m* stamp-collector
filo blade, edge; **al filo de catorce** just turning fourteen
filoso sharp
filtrarse to filter
fin *m* end, ending, purpose, destiny, goal; **a fines** toward the end, at the end; **al fin** at last; **al fin y al cabo** after all; **en fin** in short
final *m* outcome, ending
fingir to pretend, feign
finura delicacy
firmar to sign
flaco thin, skinny
flojo weak, slack, limp, flabby
floreado flowered
florecido flowering
florida: guerra florida war of the flowers
flotar to float
fluir to flow
foco focus; **fuera de foco** out of focus
fofo soft, plump
fomentar to foment; to encourage, prompt
fonda restaurant
fondo back, rear; bottom, depth; background; **en el fondo** at bottom, at heart, basically; **sobre un fondo** based on

forajido outlaw, fugitive
forcejeo process of forcing; struggle
foresta forest
forjar to forge, frame, form
forma: en esa forma in that way
formar to form
formidable wonderful, terrific
formulación stipulation
formular to formulate; to express
formulario form, blank
fornido strong
forrado lined; decorated
forrar to cover; to line
fortuito fortuitous
fósforo match
foto f photograph; sacar fotos to take pictures
fracasar to fail
fracaso failure
fragor m noise, clamor
fraile m friar, monk
francés m French; Frenchman; adj French
franco open, free
franco-chileno Franco-Chilean
francotirador m sharpshooter
franela flannel; flannel shirt
franja fringe, strip, edge
frasco vial; flask; frasco de sales vial of smelling-salts
frazada cover, blanket
frecuentar to frequent; to practice or cultivate repeatedly
fregar to annoy, make uncomfortable; se fregarían más they would be worse off
frenar to brake
frente f forehead; de frente head-on; from the front; frente a in the face of, facing
frialdad coldness
fricción rub-down; massage
friolento sensitive to cold
fritanga fried-meat stand
fritura fritter, fried food
frotar to rub
frutera fruit dish
fuego: fuego artificial fireworks
fuente f fountain; source
fuera: fuera de foco out of focus
fuereño stranger
fuerte adj strong; difficult; adv hard
fuerza force; pl personnel; a fuerza de by dint of; por la fuerza by force; sin fuerzas weak
fuga flight, escape

fulano so-and-so
fulgor m gleam
fulguración fulmination, flash
fulgurar to flash
fulminar to fulminate; to strike (as lightning)
fumar to smoke
funda cover; holster
fundar to found, establish
funeraria funeral home
furgón m wagon, car
fusil m rifle, gun
fusilado shot; executed by a firing squad
fusilamiento shooting; execution
fusilar to shoot
fusionarse to join; to become one, fuse
fusta whip; stick

gacho turned, bent downward
gafas fpl glasses, spectacles
gaitero sport; piper
galería gallery; corridor
gallera grandstand
galleta cracker, cookie
gallina hen
gallinazo buzzard
gallo rooster, cock; pelea de gallo cockfight
gana desire, yen, urge; llora con más ganas she cries even harder
ganado cattle
ganancia profit, advantage
ganar to gain, earn, win; to overcome
garabatear to scrawl, scribble; to sketch rudely
garantizar to guarantee
garfio hook
gargajo mouthful of phlegm
garganta throat
garito gambling-house
gastar to spend, exhaust; to wear out
gasto expense
gatas: a gatas on all fours, crawling
gatillo trigger
gaveta drawer
gemelo twin; gemelos de teatro opera glasses
gemido moan
gemir to moan
genio genius; genie; temper
germen m germ, spring, source
gesto gesture

girar to revolve, turn, turn around, rotate
globo bulb
goce *m* pleasure
goím *pl* of *goy*, non-Jewish person, gentile
gola collar
golosamente avidly, greedily
golpe blow; snap; **de golpe** suddenly; **golpe de desgracia** final blow
golpear to knock, tap, hit, strike
gollete *m* neck of a bottle
goma rubber; **como si fueran de goma** as if they were made of rubber
gordura plumpness
gorgoreo gurgling
gorrión *m* sparrow
gota drop, bit; **aconsejó unas gotas** prescribed a sedative
gotear to drip
gótico Gothic
gozar (de) to enjoy, delight in
gozne *m* hinge
grabado engraving; **grabado en acero** steel engraving
grabar to engrave, etch
gracia pleasure, amusement; charm, grace; **hacer gracia** to please, amuse; to strike as funny
gracioso funny
grada step, stair
grado degree
granadina grenadine-flavored drink
granate *m* garnet
grano grain
grasa grease, oil
grato pleasant
grave ill; serious
gravedad: enfermar de gravedad to fall gravely ill
gravilla (Chil) gravel
graznar to squawk, screech
griego Greek
grisaceo grayish
griterío shouting
grueso thick, big, fat
gruñido grumbling
gruñir to growl
guaje *m* acacia
guante *m* glove
guapo handsome, good-looking; **guapo electoral** ward-heeler
guarapo pineapple rum
guardapolvo duster
guardar to keep, put away; to

guard; **guardar cama** to stay in bed
guardián *m* keeper
guarnecido trimmed with braid
guayaba guava
guerra war; **guerra florida** war of the flowers
guerrero warrior
güeso *var of* **hueso**
guiar to guide, lead
guineo banana
guiño blinking, winking
guirnalda garland
guiso cooked dish
gusano worm
gusto: a gusto at will; to one's taste

habano cigar
hábil skillful, effective
habilidad skill
habitación room
habitar to inhabit, dwell in
habituarse to become accustomed, get used to
hacerse to become; **ahí se lo haiga** it's your skin; **hacerse el (muerto)** to pretend to be (dead); **quien se hiciera** one who would be willing; **se (le) hacía agua la boca** (his) mouth watered
halagar to flatter; to coax, wheedle, allure
hálito vapor, effluvium
hall *m* waiting room
hallazgo find, discovery
hamaca hammock
hamamelis *Latin* witch hazel
haragán idle, lazy, good-for-nothing
harinoso mealy
hartarse to get one's fill
hartazgo satiety; **hasta el hartazgo** until they were sick of it
harto full, complete; *adv* enough, sufficiently, very much
hastiado disgusted, fed up
hastiarse to have one's fill, be sated
hato hut; ranch; lands, grazing lands
hay : de hay en más as for the rest
hebra strand
hebraísta *m* Hebraist
hebreo Hebrew
hectárea hectare, 2.471 acres
hechicero wizard; witch doctor; enchanter
hechizo spell, charm
hecho deed; incident; fact; **dando**

por hecho taking as a fact, taking for granted; **de hecho** in fact; **el hecho de ser** the fact of being alive; **hecho de sangre** crime
hegemónico hegemonic, decisive
helar to freeze; **no te hiela la sangre** doesn't your blood run cold
helecho fern
hembra female
hemiciclo semicircle
hendedura cleft, fissure, thin opening
herbario herbarium, collection of mounted and classified dried plants
heredar to inherit
heredero heir
herencia inheritance
heresiólogo writer on heresies
herida wound
hermenéutica hermeneutics, the science of interpretation and explanation
herrado branded
herradumbrado rusty
hervidero boiling; seething mass
hervir to boil
hez f dregs
hiato hiatus
hierro iron; brand
hígado liver
hilacha: mango de hilacha fibrous variety of mango
hilo thread; wire; **hilo de la Virgen** thin strand of saliva
hinchado swollen
hincharse to swell, swell up, fill up
hinchazón f swelling
hípico pertaining to horse racing
historiador historian
historiar to record
hocico snout
hociquillo little nose, snout
hogar m home
hoguera bonfire
hoja leaf, sheet, blade of a knife
hojaldre m layer pastry
hojasé m plant used in making liquor
hojear to leaf through
holán m batiste, cambric
hombro shoulder; **encogerse de hombros** to shrug one's shoulders
homenaje m homage, tribute
hondo: metidos en lo hondo sunken, deep-set
hongo mushroom; Derby hat
honrar to honor

hora: a estas horas at this hour; **a las altas horas** very late at night; **a sus horas** in his spare time
horcón m post; pole
hormiga ant
horno oven
horqueta forked pole
horquilla hairpin
horrendo dreadful
horroroso horrible
hortensia f hydrangea
hosco gloomy, sullen
hostigado plagued; victimized
hozar to churn
huacal m crate
hueco hollow empty place; deserted area
huella impression, footprint, trail
huérfano orphan; empty
hueso bone
huésped m guest
huesudo bony
huida flight, escape
huir to escape, flee; **huyendo a la carrera** running away
hule m oilcloth
humareda puff of smoke
humeante steaming
humedad humidity
húmedo damp, humid, moist
humo smoke
hundirse to sink
húngaro Hungarian
husmear to sniff

idear to devise, plan
ignorado unknown
ignorar not to know; to be ignorant of
igual same, equal, identical; **darle igual** not to matter to someone
ijar m flank
iluminar to illuminate; to shine a light on
ilustre m important personage; adj illustrious
imán m magnet; charm; **piedra imán** lodestone
impacientar to make impatient, irritate
impar odd; unequal; poorly matched; unbalanced; uneven
impartir to impart
impedido suspended, blocked
imperio empire
implicar to imply
imponente imposing, impressive

imponer to impose
importunar to importune, annoy, bother, disturb
impostergable unpostponable
imprecación imprecation, curse
imprenta press, printing; **tinta de imprenta** printer's ink
impreso printed
imprevisible unforeseeable
imprevisto unforeseen
improvisar to improvise, make up
impúdicamente immodestly
impudicia immodesty
incauto unwary
incendiado ablaze
incendiarse to catch fire
incertidumbre *f* uncertainty
incitación incitement
inclinación steepness
inclinarse to lean over, bow
incluso including, even
incoherencia incoherence; inconsistency
incomodar to disturb, inconvenience
incómodo uncomfortable; awkward
incomprendido not understood
inconfesado intimate; secret
inconfundible unmistakable
inconsciente unfeeling; unconscious
incontable countless; impossible to measure
incontenible irrepressible
inconveniente *m* difficulty; obstacle, objection
incorporado sitting up in bed
incorporarse to stand up, straighten up; to sit up in bed
incrédulo unbeliever
incubar to incubate, hatch
incurrir to incur; to indulge in
indagar to investigate; to ascertain
indicar to indicate; to point to
índice *m* forefinger
indicio hint; indication
indignarse to become angry
indiscutible indisputable
indiscutido undisputed
índole *f* disposition; class, kind
indudable undeniable
indumentaria apparel
industrial *m* industrialist
inequívoco unequivocal, unmistakable
inescrutable unscrutable
infamado sullied, dishonored
infausto unfortunate, unlucky
infestar to become infected

infierno hell
inflado inflated
inflamarse to burn
inflar to inflate; to blow up; to puff up
influir to influence
infranqueable unyielding; unopenable
infructuoso unfruitful
infundir to infuse, to inspire with; to imbue
ingeniería engineering
ingreso entrance, entry; joining
injuriar to insult
injusto unfair, unjust; insufficient
inmiscuido mixed; mixed up
inmiscuirse to mix, mingle
inmóvil immobile; unmovable
inmundo filthy
inmutarse to change countenance; to become disturbed
innoble ignoble
inquietante upsetting, disturbing
inquietud *f* uneasiness
inquilino lodger, guest in a hotel
inscribir to inscribe
inseguro uncertain
insensible insensitive
inservible useless, good for nothing
insigne famous
insinuar to hint, suggest; to tell indirectly
insolación sunstroke
insomne wakeful
insondable fathomless
insoportable unbearable
insospechable unimaginable
insospechado unexpected
instalar to build, set up, install; *refl* to settle oneself; to move in
instancia petition; **segunda instancia** right of appeal
instantánea snapshot
instantáneamente instantly
integrar to integrate; to compose
íntegro whole, intact
intempestivo importunate; strange
intercalar to interpolate
interceder to intercede
interesarse (por) to be interested (in)
interino provisional, temporary, makeshift
intermedio intercession
interminable constant, continuous; endless
internación detainment

internar to place in a hospital or institution
interrogante asking, questioning, wondering
intervenir to intervene; to interfere; to mediate, play a part, take part
intimar to indicate, intimate
intimidad friendship
íntimo intimate
intriga intrigue; plot
intrincado tangled
introducirse to enter, get into
intrusa intruder
intuir to perceive by intuition, know intuitively
inundarse to be flooded, filled
inútilmente in vain
inventar to invent
invernada winter; **lenta invernada** interminable winter
invertirse to be inverted
irlandés m Irishman
irreal unreal, imaginary
irrealidad unreality
irremediable hopeless
irreverencia act of disrespect
irrisorio derisive, scornful
irrumpir to invade
irrupción invasion

jacalón m shack
jadeante panting
jadear to pant
jaqueca headache; migraine
jardinera mare
jarro pitcher
jarrón m vase
jaula cage
jefe m chief, leader, boss, officer
jinete m horseman, rider
jirón m rip; shred
jodido vul done in
jolgorio rowdy celebration
joyería jewelry store
judaísmo Judaism
judaizante written from a Jewish point of view
judío Jew
juego play; interplay; game; gambling
juerga spree
juez m judge
jugada play in a game
jugadora player
jugar to play; to gamble; to wield
juguetear to play
juguetón playful

juicio trial; judgment, good sense; **perder el juicio** to lose one's mind
jüilón m fugitive
julepe m julep; syrup used in administering medicine
juntar to join; to add
juntura joining
jurar to swear
justamente just, exactly, precisely
justificar to justify
justo fair, right, just; exact; appropriate; adv exactly
juventud youth; young people
juzgar to judge

labio lip
laborioso laborious
labranza farming
lacerado torn to pieces
lacio straight; limp
lacrar to seal with sealing wax
ladear to draw to one side; refl to lean over
ladrar to bark
ladrido bark, barking
ladrillo brick
ladrón m thief
lagartija little lizard
lagarto lizard
lágrima tear
laguna lagoon
laja slab
lamer lick
lámina picture
lámpara lamp
lampazo twine
lana wool; yarn
lancear to wound with a lance or spear
lanzar to give out, cast out; refl to lunge; to fall upon
lapicera pen
lápida gravestone
lástima: **tener lástima** to pity
lastimar to injure, hurt; to inflict pain
lastimoso pitiful
lata tin can; nuisance, "pain"
látigo whip
latir to beat, throb
laurear to confer a degree; **laureado en** with a degree from
lavandera laundress
lavatorio washstand
laxante m laxative
lazo bow; **lazos fúnebres** funeral ribbons

lealtad loyalty
lector *m* reader
lechería dairy shop
lecho bed
lechoso milky
legado legacy
lejano distant
lente *f* lens; *mpl* eyeglasses
lento slow, sluggish, heavy
leña wood; firewood
leñazo blow with a stick of firewood
lesera foolishness
leso wounded, injured; foolish; **a mí no me hacen leso** nobody makes a fool out of me; **no se me haga el leso** don't play the simpleton with me
letargo lethargy
letra letter; handwriting
letrero sign
levantado raised; handed down
levantar to lift, raise, pick up; **levantar la vista** to raise one's eyes; **no pudo levantar un solo de los cargos** he was not able to have a single one of the charges against him dismissed
leve light, slight
ley *f* law, rule
liberarse to give off
librar to free
librería bookstore; **librería de viejo** secondhand bookstore
licencia permission, license
licenciado lawyer
lícito licit; just
liebre *f* hare; **pasar gato por liebre** to trick, deceive
lienzo linen
liga garter
ligar to tie, bind; **ligarse con** to become attached to; **como que me la ligué encima** since the whole thing landed on top of me
ligeramente lightly, slightly
ligero light; swift
lila lilac
limitarse to limit oneself
límite *m* boundary; limit
limonada lemonade
limosna alms
linaje *m* lineage
lince *m* lynx
lino linen
liquidar to liquidate; kill
liso smooth; bare; thin
litigio dispute, litigation

liturgia liturgy, rite
lóbrego lugubrious, dark, gloomy
local *m* place, surroundings
localizar to locate
locura madness, folly
lodo mud
lograr to succeed in, attain, produce
loma hill
lomerío group of hills
lomo back, back of a book
londinense of London; Londoner
longaniza sausage
loro parrot
losange *m* pane
lote *m* lot, bunch
lucecita glimmer
lucerna skylight
lucidez *f* lucidness, clarity
lucir to shine; to show off, display
luctuoso sad, mournful
lucha fight, struggle
luchar to fight; to struggle
lúgubre dismal
lujo luxury
luna moon; mirror
luto mourning; mourning garments or draperies
luz *f* light; vivacity

llaga wound
llama flame
llamado knock
llamador *m* doorknocker
llamar to call; to knock; to ring the doorbell; **llamar la atención** to attract attention; **llamar por teléfono** to telephone; *refl* to be called; named
llamarada sudden blaze of light; flare
llamear to flame
llanto weeping
llanura plain
llavero keyring
llenadero fill; **no tenías llenadero** you could not be filled
llevar to carry; to wear; to take; **le llevó dos horas convencer** it took her two hours to convince; **llevar a cabo** to carry out; **llevar a término** to bring to a close, end; **llevarles la casa** to supervise the household; **no llevó la peor parte** he did not get the worst of it; *refl* to carry off, carry away
lloriquear to cry pitifully; to sniffle

llovizna drizzle
lluvioso rainy

maceta flowerpot, vase
macizo flowerbed; *adj* solid, massive
macular to spot; to stain
machetazo blow with a machete
madera wood; piece of wood
maderamen *m* pile of wood
madroño thicket of *madroña*, an evergreen shrub
madrugada early morning; daybreak
magia magic
magistrado magistrate
magnificar to magnify
maíz *m* corn
mal badly; scarcely; ill; **de mal en peor** from bad to worse; **mal que mal** in spite of everything
málaga Malaga wine
malagradecido ungrateful
malasmujeres *fpl* thistles
maldad evil
maldecir to curse
maldito damned, accursed
maliciar to suspect
maligno malignant
malón in bad shape
malquistarse to incur dislike; to become unpopular; to have a falling out
malvado wicked, fiendish, nefarious
mamador: mamador de gallos breeder of fighting cocks
mamar to suckle
mamotreto memorandum book; bully book; bundle of papers
mancha spot, stain
manchado spotted
manchar to mar, stain
manchón *m* spot, patch
mandar to send; to order, command
mandarina mandarin orange; **pastillas de mandarina** orange drops (candies)
mandato commandment
mandatorio: el primer mandatorio the president
mando command
mandón imperious
manecita little hand
manejar to handle, manage, use; to drive
manejo use, handling, management

manga sleeve
mango handle; mango
maní *m* peanut
manía whim
maniatar to tie the hands; to handcuff
maniático maniacal, mad
manifestar to show, make clear
maniobra maneuver
mano: a mano near, at hand, handy; **tener buena mano** to have talent, have a gift
manojo handful, bunch
manotazo cuff, slap, box; movement of the hand or arm; **dar muchos manotazos** to thrash about; **tirarse manotazos** to cuff one another, slap one another on the back
manotear to stroke (as in swimming)
mantel *m* tablecloth
mantener to maintain; *refl* to remain
manuscrito written by hand
manzano: guineo manzano variety of small banana
maña wit, cunning; **date tus mañas** use your wits
mañana *m* tomorrow; *f* morning
máquina machine; **máquina de escribir** typewriter
maquinalmente mechanically
maraña snare, entanglement
maravillar to marvel
marca brand
marco frame
marcha progress; state
marchitar to wither
marchito withered
marea seasickness; upset stomach; dizzying onslaught
marearse to become dizzy; to be overwhelmed
marfil *m* ivory
marisma marsh, swamp
marítimo maritime
mármol *m* marble
maroma rope, cable; **las maromas que da el mundo** how the world keeps turning
marquesa couch
marquesina canopy
marquito frame
martillo hammer
mártir *m* martyr
martirizarse to suffer, endure suffering
masato a sweet-flavored drink

mascar to chew
máscara mask
masón *m* freemason
mata plant
matacán *m* parapet
matado killed
matanza slaughter, killing
mate *m* *mate*, South American tea; vessel in which *mate* is made and served
materno maternal
matiz *m* shade, tint
matizar to blend colors; to pour
matojo thicket
matón *m* killer, murderer
matorral *m* underbrush
matrimonio marriage
mazmorra dungeon
mazo discard pile, "pack" in canasta
meados *mpl* piss
mecedor *m* rocking-chair
mecer to rock
mediados: a mediados about the middle of
medianoche *f* midnight
mediante by means of
mediar to be in between
medicamento medication
medida measure, step, measurement; a medida que while
medio means; milieu; por medio de by means of; *adj* middle, half, half a; a medias partially
mediodía *m* midday
medir to measure, gauge
meditar to meditate
medrar to thrive, prosper
mejilla cheek
mejor: a lo mejor probably
mejorador *m* improvement, improved ingredient, additive
mejorarse to get better
mejoría recovery
melaza molasses
melena mop of hair
melocotón *m* peach; peach tree
mellado dull
mención mention, mention of the fact that
mendigo beggar
menguante waning
menor *m* minor; *adj* smaller, least, slightest, youngest
menos: un dedo de menos one toe missing
menoscabado abashed; hurt
mensaje *m* message; mensaje de ad-

hesión testimonial of political support
mente *f* mind
mentira lie
mentiroso untruthful, lying
mentón *m* point of the chin
menudicia trifle
menudo tiny, small, fine
merecedor *m* deserver
merecer to merit; to deserve
mero mere; mero en medio right in the middle
merodear to maraud
mesa: mesa de noche nighttable
mesalianza mismatch, unfortunate alliance
mesón *m* inn
metal: con metales with metal clamps
meter to put in, insert; metidos en lo hondo sunken, deep-set; sin meter las manos without interfering; meterse en to enter, get into
métrico metrical
mezcal *m* mescal, liquor made from the fermented juice of the maguey cactus
mezclar to mix
mezquino mean, paltry, small, niggardly
mezquite *m* mesquite, a small spiny tree
miedoso fearful
miembro member
miga breadcrumb
militar *m* military man
milpa corn; cornfield
mimar to spoil, shower attention upon
mimbre *m* wicker
mimo affection, attention; les hacía mimos she played with them
mimoso adorable
mínimo smallest, minimum; las mínimas distracciones the fewest possible distractions
ministerio ministry (building)
minitorio urinal
minuciosamente thoroughly; minutely
minucioso minute; precise; fine; painstaking, thorough
minúsculo nearsighted
miope nearsighted
mira sight, viewfinder; punto de mira sighting point

mirada gaze, glance
mirador m large bay window; balcony
miramiento courtesy; reflection; sin miramientos unceremoniously
misa mass; misa mayor high mass
misceláneo miscellaneous
misericordioso merciful
mísero wretched
misterio mystery; segundo misterio second group of ten beads in a rosary
mitad f half; a mitad de halfway; in the middle of
mítico mythical
mitigar to mitigate; to fade
mixto mixed
moco mucus; sorberse los mocos to sniffle, cry
moda fashion, style; de moda popular, in fashion
modales mpl manners
modificable modifiable, changeable
modificar to change, modify
modorra feeling of drowsiness
mohoso moldy; rusty
mojar to moisten, wet, soak
moldura molding
molenque: dientes molenques missing teeth
molestar to disturb, annoy, bother
molestia annoyance, inconvenience; trouble
molesto annoying, troublesome
momificarse to become mummified
monaguillo acolyte
mondongo tripe
moneda coin
mono monkey
monografía monograph, essay
monologar to pronounce a monologue
monstruo monster
montar to mount, ride; to get on
montaraz uncouth, boorish
monte m mountainside; mountain; wood
montón m pile, heap, lot
moral f ethics
morcilla blood-sausage
morder to bite
mordisco bite
moreno dark; brunet; brown
morfología morphology, structure
moribundo moribund, dying
morir to die; morir de viejo to die of old age

morrión m helmet
morrocota gold coin
mosca fly; qué mosca habría picado a what could have gotten into
moscovita m Muscovite
mostaza mustard
mostrador m counter
mostrar to show
motocicleta f motorcycle
mover: mover la cola to wag the tail
móvil mobile, movable, moving
mozo boy
muchachón m big boy
muchedumbre f crowd
mueble m piece of furniture
mueca grimace
muelle m dock, quai
muerto dummy (as in a card game); adj dead; languid, faded; extinguished; discarded; sterile; vía muerta railway siding
muestra sign
mugre f dirt, filth
mugriento filthy
mugroso dirty, filthy
multifacético many-faceted
multitudinario pertaining to the masses, proletarian
mullir to soften; to lap
mundanal world; of the world
municipio township
muñeca wrist; doll
murciélago bat
murmullo murmur; apenas murmullos murmurs that were hardly murmurs
murmurar to murmur, whisper; to gossip
muro wall
musgo moss
musitar to murmur, whisper
muslo thigh
mutación change; mutation

nacer to be born; to appear
nacimiento birth
nada: la nada nothingness
naipe m playing card
nalgas buttocks
natación swimming
natal natal, native; where one was born
naufragio shipwreck
nave f ship
navegante of ships
navegar to sail, navigate

nebuloso nebulous, misty, hazy
necesitar to need, require
nefasto ominous; harmful
negado denied, disowned
negar to deny; **negar con la cabeza** to shake one's head no; *refl* to refuse
negativa negative answer
negocio business; business deal
nicho niche
nido nest
niebla mist
nieto grandson
niñez *f* childhood
nítido neat
nivel *m* level
nogal *m* walnut tree
nomás only; just; that's all; **nomás por nomás** just like that; **por eso nomás** for that reason alone
nombrado named
notar to note, notice, observe
noticia, noticias information; news
noticiero newscast
notoriamente glaringly; manifestly
notorio famous; notorious; apparent
novedad news; latest occurrence; novelty
noveno ninth
novia girlfriend; fiancée; bride
novicia novice
novillo young bull, steer
nube *f* cloud
nublado cloudy
nublar to cloud; *refl* to become clouded
nublazón *f* large dark cloud
nuca nape of the neck
nudillo knuckle
nudo knot
nuera daughter-in-law
numerar to number
número number; issue of a magazine

obedecer to obey
objetivo objective lens
oblicuo oblique
obligar to oblige
obnubilado overwhelmed
obra work; project; objective
observar to observe, notice, remark
obsesionar to fascinate, obsess
ocasionar to cause
ocaso west; sunset
occidental western; setting; occidental
ocioso idle, lazy; fallow

ocote *m* pine tree; **va como un palo de ocote** she's growing like a pine tree
octavo octavo, a book of sheets folded each into eight leaves; **octavo mayor** sheets folded to produce pages of approximately six by nine inches
ocultar to hide, conceal
ocupar to occupy; **ocuparse (de)** to concern oneself (with), take charge (of); to deal with
ocurrir to occur
odiar to hate
odio hatred
odioso odious
ofrecer to offer
ofrendar to present as an offering
oídas: de oídas by hearsay
oído ear
oír: hacer por oír to try to hear
ola wave
olán *m* *var of* holán
óleo oil; oil painting
oler: oler a guerra to smell of war
olmo elm tree
olor *m* fragrance, odor; **con olor a hospital** that smelled like a hospital
oloroso fragrant; smelling
olvidar to forget
olvido oblivion; forgetfulness; **buscando el olvido** trying to forget
onomástico name day, saint's day
onza ounce; leopardlike animal
opacado made opaque
opaco dull
opalino opaline
operar to operate; to work; *refl* to have an operation, undergo surgery
opinar to opine, express an opinion, think
oponer to oppose; *refl* to refuse
opresor oppressive
oprimente oppressive
optar to opt, choose, select; **optar por** to decide on
opuesto opposite, opposing
ora now
oración sentence
orbicular orbicular, circular
orden *m* order; type, kind; *f* command
ordenar to order; to put in order
ordeño milking
orear to air

oreja ear
orgulloso proud
oriente *m* east
orificio orifice, opening
originar to give rise to, originate
orillar to reach the edge or shore of something
orillero one who lives in the suburbs
orín *m* rust; *mpl* urine
osadía boldness
oscurecer to darken, get dark; **al oscurecer** at darkness
oso bear
otoñal autumnal; fall
otoño autumn
otorgar to grant, authorize; **otorgar rango** to bestow rank
ovachón fat
overo dappled, piebald
ovillo ball (as of yarn)
oxidado rusty
óxido oxide, rust

pabellón *m* pavilion
padecer to suffer
padecimiento suffering, hardship
pago payment
paisaje *m* landscape; countryside
pájaro bird
pajonal *m* field of tall grass
pala shovel
palabra: palabra sonora spoken word
paladear to savor
palangana basin
palenque *m* railing, fence
palio pallium; canopy
palmadita pat
palmear to pat
palo stick; tree; wood; **hacer palos a** to get moving by beating with a stick; **palo guaje** acacia tree
paloma pigeon; dove
palpitante quivering
palpitar to throb, beat, quiver
pálpito terror
pandeyuca bread made of yucca flour
pantalla screen; lampshade
pantano swamp, marsh
pantanoso swampy, muddying
pantera panther
paño cloth
papagayo parrot
papayero vendor of papaya juice

papel *m* paper; role, part
papelorio file of papers
par *m* pair, couple; **de par en par** wide open; *adj* even
parado stiff; standing; stopped
paraguas *m* umbrella
paragüero umbrella stand
paraíso paradise
paranera clearing
parapeto parapet; battlement on bridge or quai
parar to stop, detain; *refl* to stop; to stand, stand up
pardear to grow brown; to darken
pardo brown
parecido resemblance; *adj* similar
paredón *m* thick wall; firing wall
pareja couple, pair
parentesco kinship, relationship
pariente *m* relative
parir to give birth
parloteo talk, parley
parpadeante blinking
parpadear to blink
párpado eyelid
párroco parish priest
parroquial parish
parroquiano customer
parte *f* part; portion; share; **de parte a parte** through and through; **en alguna parte** somewhere; **en ninguna parte** nowhere; **por mi parte** as for me; **por todas partes** everywhere
participar to participate, take part
partida match, game; departure
partidario partisan
partido political party; group; faction; game
partir to break, part, open, cut; to leave, depart
parvada flock
pasadizo passageway
pasador *m* bolt
pasaje *m* passage
pasajero passing, temporary
pasar: pasar de largo to pass by without stopping
pasarela footbridge
pasear to take a walk, walk up and down; to ride; to go for an outing; to pass
paseo ride; promenade; drive; walk
pasillo hall, corridor, passage
pasividad passivity; patience
pasmado astounded
pasmo fright; shock

paso step; **malos pasos** bad ways; **pasito a paso** a step at a time

pasojo: pasojo de agua thorn of water

pastilla pill, lozenge, drop; **pastillas de las cinco** pills to be taken at five o'clock

pasto pasture

pata paw, leg of an animal; leg of a table; **patas arriba** with its feet in the air, on its back

pateado kicked

patente *f* patent

patetismo pathetic quality

patiecito small patio, enclosure

patilla sidewhiskers; sideburns

patio: patio de luz patio at the bottom of a light shaft

patrimonio patrimony, inheritance

patrón *m* proprietor; master; boss

patrona proprietress; madam

patrulla patrol

pausado deliberate, calm, quiet

pavo turkey

pavoroso dreadful

pavorreal *m* peacock

payaso clown

pecado sin

pecar to sin; to err

pechito little breast

pecho chest; breast; bosom; heart; **tomar a pecho** to take to heart

pedazo piece

pedido request

pedir: pedir prestado to borrow

pedrada blow with a stone; **a pedradas** with a shower of stones

pedregal *m* layer of stones

pedregoso rocky

pegado adhered; stuck; nailed up

pegajoso sticky

pegar to stick, glue; to press; to strike, beat; **pegar el brinco** to jump; *refl* to grab

peinar to comb; *refl* to comb one's hair

peine *m* comb

peineta ornamental comb

pejerrey *m* mackerel; **pejerrey falso** mock mackerel, a dish made of leftovers, usually string beans

pelaje *m* fur

pelambre *m* coat (of an animal)

pelar to peel, uncover; to show (as teeth); **ni siquiera peló el diente** he didn't even crack a smile

peldaño step of a staircase

pelea fight

pelear to fight

pelón picked clean; bare

pelota ball; **en pelota** all naked

peludo hairy

pellejo hide, skin

pendejo foolish, stupid

pendenciero quarrelsome, spoiling for a fight

pender to hang

penetrar to penetrate; to enter

penitencia penance

penosamente painfully

penoso painful; difficult

pensamiento thought

pensión board, meals; boardinghouse

pensionista *mf* boarder

penúltimo next to the last

penumbra penumbra; shadow; semidarkness

pequeñez *f* trifle

percance *m* mischance; misfortune

percibir to perceive; to receive; to collect

perdedizo deliberately lost; **hacerle perdedizo** to put him out of the picture, kill him

perder to lose; to miss; to ruin; **eso lo perderá** that will give him away, finish him; **perder de vista** to lose sight of; *refl* to get lost; to disappear

perdición perdition; ruin

pérdida loss; **de pérdida** by chance

perdurar to remain, last, endure; to live on, persist

perecer to perish, die

perejil *m* parsley

perentorio urgent, necessary

perfeccionado improved upon

perfil *m* profile

perforar to perforate

pergola arbor

pericia expertness, skill

periferia periphery

periférico peripheric, peripheral

perilla doorknob

periodista *m* newspaperman

perjuicio damage, injury

permanecer to remain, stay

permitir to permit, allow

permutación permutation; change, transformation

pernada: derecho de pernada *jus primae noctis*, the law of the first night, whereby the master of the house enjoys the new bride of one of his servants before the servant himself

perplejidad perplexity

perplejo perplexed

perra dog, bitch

persa *m* Persian

perseguidor *m* pursuer

perseguir to pursue

perseverar to persevere; to persist

persiana shade, blind; shutter door

persignarse to cross oneself

personajón *m* big shot, important person

personero representative, agent

pertenecer to belong

perulero Peruvian

pesa weight

pesadilla nightmare

pesado heavy; slow; muddy

pesante heavy

pesar to weigh; to weigh heavily; to rest; to sadden, cause regret; *m* sorrow; grief; **a pesar de** in spite of

pescador *m* fisherman

pescante *m* coach-box; driver's seat

pescuezo neck

peso weight; burden

pesquisa investigation

pestaña eyelash

pestañear to blink

pestilente foul; noxious

petate *m* straw; straw mat

pezón *m* teat

pezuña hoof

piadoso pious; godly; merciful

piar to cheep, peep

pibe *m* (Arg) kid

pica goad

picado piqued; annoyed

pícaro rogue, knave, sly one

picotear to peck at

picudo sharp

pie: al pie at the foot, at the bottom; **de pie** standing; **¿Por qué me esperaron en pie?** Why did you wait up for me?; **tener algo en un pie** to have something wrong with one's foot

piecita little room

piedad piety, godliness; mercy; remorse

piedra stone; **piedra imán** lodestone

piel *f* skin; complexion; fur

pieza piece; room

pijama pajamas

pila trough; pile

piladora mill

pilar *m* stone post, pillar

pilchas *fpl* finery

pileta pool

piltrafa scrap of food

pinaza motorboat

pinche *m* hatpin

pingo horse, pony

pintor *m* painter

pinturería paint store

pinturero paint-seller

piña pineapple

pipí *m* pee pee

pique *m* spade (playing card)

piquete *m* picket, detachment of soldiers; squad

piruja prostitute

pisar to step on; to tread upon

piso floor; story (of a building)

pisoteado stepped on; stomped on

pista: pista de baile dance floor

pistolero gunman

pitar to whistle

pitazo blast of a whistle; **pitazo navegante** boat whistle

piyama pajamas

pizarra slate; blackboard; **pizarra de la recova** slate used to advertise items on sale at the outdoor market

placa photographic plate; X-ray picture

placard (French) bureau set into hotel-room wall

placentero pleasant

placer *m* pleasure

placita small plaza

plagado full

plancha plate; **plancha de dientes** dental plate

planchar to iron

planear to plan

planificar to plan

plano plan, map of a city; plane; **primer plano** foreground; *adj* flat

planta plant; floor; **planta baja** ground floor

plantarse to stand

planteado raised, presented

plasmar to model, to shape

plasta clay or other pliable material

plata silver; money

platal *m* fortune
plateado silver; silver-colored; silvered
platicar to chat
platónico Platonic
plazo period of time
plebe *f* common people
plegaria prayer, supplication
pleito lawsuit
plenamente fully, completely
plenitud plenitude; fullness; completeness; **con plenitud** fully
pleno full; **en plena calle** in ,the middle of the street; **en plena noche** in complete darkness
plomo lead; bullet
plumaje *m* plumage
plumero box for pens
población town; population
poblado occupied; filled
poco: a poco de shortly after; **de tan pocos años** so young; **lo poco suyo** the little that was his; **poco hombre** less than a man
poder *m* power
poderoso powerful
podrido rotten; **olor a podrido** foul smell
pogrom pogrom, massacre of helpless people, as originally of the Jews in Russia
polea pulley
polémica polemic, controversy
poltrona easy-chair
polvo dust; *pl* powder
polvoriento dusty
pollerín *m* petticoat
pomo jar
poncho poncho, blanket with opening for the head (worn by gauchos)
ponderar to ponder, consider
ponerse to become; to put on; **cómo se ponía Mamá** how Mama used to get; **ponerse a** to begin to
populacho common people
porfiado obstinate, stubborn
pormenor *m* detail
poroto dry bean
porrazo blow
portador *m* bearer
portar to carry; to bear; *refl* to behave, act
porte *m* side
portezuela door
portón gate; door
porvenir *m* future

pos *var of* **pues** well
posarse to light, settle; to come down upon, rest upon
poseer to possess
postergar to postpone, put off, delay
postigo peephole; shutter
postizo false
postrado prostrate
postre *m* dessert
postrimerías last days
potrero pasture ground
potrillo colt
potro pony
pozo well
prebenda prebend; sinecure
preceder to precede
precioso beautiful; precious
precipitarse to rush
precisamente just; precisely
preciso necessary; precise
preconizar to praise; to favor
precursor *m* precursor, forerunner, harbinger
predominio predominance; superiority
preferir to prefer
prefijar to predetermine
pregonar to proclaim
preguntarse to wonder
premeditar to premeditate
premio prize
prenda possession; article of clothing
prendarse de to be very fond of, cling to
prender to pick up, catch, seize; to light; **con la vista prendida a** with one's gaze rivited upon; **prenderse de** to take hold of
prendimiento capture
prensa press
preocupar to preoccupy; to concern, worry; **preocuparse de** to worry about
presa helping
prescindir to dispense with, do without
presenciar to witness
presentar to present; *refl* to appear
presentir to have a presentiment, forebode, predict
presidir to preside over
presión pressure; blood pressure
preso captured, held captive
prestamista *m* money-lender, pawnbroker
prestar to lend

presupuesto estimate; budget
pretender to aspire to; to court
pretendiente m suitor
pretextar to give as a pretext
pretil m railing, breastwork, battlement
prevención warning
prevenido ready, cautious, on the alert
prever to foresee
previo previous; preconceived
previsible foreseeable; predictable
previsión foresight, forecast, preview
previsto foreseen
primaveral spring
primero: primero que yo before I do
primicia first fruits
primogenio primogenial, primitive
primogénito firstborn
primor m beauty, excellence; beautiful or wonderful example of something
primoroso elegant, beautiful
principio: un principio de vértigo a touch of dizziness
prisma m prism
privado private
probadita taste, sip
probar to prove; to taste; to test, try
probidad probity, honesty
proceder to proceed; to act
prócer m important figure
proceso process; trial
proclamar to proclaim, announce
procurar to try
prodigio prodigy, marvel, wonder
producir to produce; refl to be produced; to arise, occur
proemio preface, introduction
proeza prowess
profetizar to prophesy
prolijo prolix, drawn-out, long-winded
prolongar to carry on, prolong
prometer to promise
pronunciar to pronounce
propenso inclined to, given to
propietario land-holder
propio own
proponer to propose, suggest
propósito purpose; a propósito on purpose
propuesta proposition
prosa prose
proseguir to continue
prosperar to prosper, thrive

prostíbulo house of prostitution
protector protective
proteger to protect
protegido protegé
prototipo prototype
provecho profit
provisto (de) provided (with)
provocar to provoke; to invite
proyectar to project; to plan
prueba: poner a prueba to put to the test
puchero pout; sound produced while holding the lips in a pout
pudor m decorum, modesty
pudrición rottenness
pudrir to rot, decay
pueril puerile
puerro leek
puesta setting; puesta de sol sunset
puesto put; puesto que since; puestos a narrar having begun to narrate
pulga flea
pulgar m thumb; con los pulgares with the thumbnails
pulir to polish
pulmón m lung
pundonoroso punctilious
punta: en la punta on tiptoe
puntería aim; marksmanship
puntiagudo pointed
puntita: de puntitas on tiptoe
punto point; stitch; a punto de about to; de punto knitted; punto de vista point of view
punzada sharp pain
punzó deep red
puñado handful
puñal m dagger
puñalada stab wound
puño fist; fistful; mouthful; en su puño y letra in her own hand
pureza purity
pústula pustule

quebracho wood or bark of the quebracho, a South American tree of very hard wood
quebrar to break
quedado remained; become
quedarse con to keep
quedo soft, faint
quejarse to complain
quejido moan
quemar to burn; to ruin; medio quemado half charred
quemazón f fire

querer: querer mal to dislike; **sin querer** unwittingly
quietud tranquillity
químico chemical
quincena fortnight
quinta villa, manor, estate
quinto section of a lottery ticket; *adj* fifth
quirúrgico surgical
quitar: ni quien se lo quite no one can deny

rabia anger, rage, madness; **coger rabia** to get angry
rabiar to rage
rabieta fit of temper
rabínico rabbinical
rabino rabbi
rabioso furious, enraged
racimo bunch, cluster
radial radio
radicalmente radically
radio X-ray; radius; radio
radiografía X-ray
ráfaga gust; cloud; gleam
raído threadbare, worn bare
raíz *f* root
rajadura crack
rajar to split, tear, rend, crack open
rama branch
ramilla branch
ramita small branch
ramo bunch, bouquet
rancio old, stale; long-kept (as wine)
rango rank
rapar to shave
raro: anda tan raro you act so strange
rascar to scratch
rasgado ripped; elongated, extended at the sides; **ojos rasgados** oriental eyes
rasgar to crack; to scratch
rasgo feature; stroke, flourish; characteristic, trait
rasgueo strumming
rasguñar to scratch
rasguño scratch
raso satin; *adj* smooth, flat
raspar to wear away, fray, scrape
rastra act of dragging; **a rastras** on hands and knees; **llevando a rastras** dragging behind
rayado striped
raza race
razón: perder la razón to go mad

razonador *m* reasoner
razonar to reason
reaccionar to react
real royal; real; **calle real** main street
reanudar to resume, renew
reaparecer to reappear
rebalsar to gain (the shore)
rebanada slice
rebasar to exceed, go beyond, break out of
rebelarse to rebel
reborde *m* border, sill
rebotar to bounce, rebound; **rebotando y pegando de truenos** smashing and thundering
rebote *m* reflection; bounce
rebozo shawl
recado message
recaer to fall back; to relapse; to devolve
recargar to reload; to shift a load
recatado hidden, secret
recelo foreboding
receloso distrustful, suspicious
recibimiento vestibule
recibir to receive
recién recently; just, not until; only
recitar to recite
reclamar to claim, demand, call insistently
recobrar to recover
recodo bend
recoger to gather, collect; *refl* to retire, go to bed
recogido withdrawn; caught up
recolección collection
recomendar to recommend
recóndito recondite
reconocer to recognize
reconocible recognizable
reconocimiento recognition
reconvenir to reproach
recordar to remember; to remind; to wake up
recorrer to go over, review; to go through; to look over; to go up
recortar to outline, frame
recorte *m* clipping
recostar to tilt back; *refl* to lean
recova street market
recreo recreation, play
rectificar to rectify, correct, amend
rectitud: con rectitud rightly
recto straight
recular to back up, walk backwards
recuperar to regain, recover

recurrir to resort
recurso appeal; recourse; resource
recusación recusation, an exception by which a defendant challenges the judge on grounds of interest or prejudice
rechazar to reject, repel
rechinar to grate, gnash
rechoncho plump
red *f* net; webbing for holding suitcases and the like on a train; **red metálica** screen, grillwork
redactado edited; written
redactar to edit; to compose, write
redactor *m* editor
redecir to say again, repeat
redimir to redeem, save
redoblante *m* drummer
redondo round; **la terminé redonda** I finished it up
reducir to reduce, make smaller
reencontrar to refind, rediscover
referir to tell, refer; *refl* to refer
reflaco very thin, skin-and-bones
reflejar to reflect
reflejo reflex; reflection
reflexión reflection, observation, comment
reflexionar to reflect
refrescar to refresh
refresco refreshment, soft drink
refriega attack; **en franca refriega** in full attack
refugiarse to take refuge
regalo gift; pleasure
regar to water
regazo lap
régimen *m* regime, rule, system
regio fine, magnificent
regir to reign
registrar to report, record, register
regocijar to gladden; *refl* to rejoice
regocijo rejoicing, gladness
regodeo delight
regordete plump
regresar to return, come back
regreso: de regreso on the way back; back again
reguilete shuttlecock
regustar to please very much; to please again
regusto delight
rehacer to remake, redo
rehuir to evade
reiterar reiterate
reivindicación recovery, replevin

reja grating, iron grillwork, wrought-iron railing
relación account
relajamiento relaxation
relámpago lightning
relieve *m* relief; **tener un relieve** to stand out
reloj: reloj de arena hourglass
reluciente shining
rellano landing
rellenar to fill, refill
remate *m* auction
remedio remedy, solution, medicine; **no había más remedio** there was nothing else to do
rememorar to recall
remitir to remit, send; to give over
remolcador *m* tugboat
remolino eddy
remontado up high
remordimiento remorse
remoto remote
remover to move, agitate; to remove
removido plowed
rencor *m* rancor, bitterness
rendija crack, chink
rendir to render, give, yield, do
renguear to limp
renombre *m* renown, fame
renunciar to renounce, give up; to refuse; to resign
reñidero cockfight
reo criminal, culprit, defendant
requisito requisite, requirement
reparar to notice, observe
repartir to share, divide up
repegado pressed close against
repegarse to come near to
repente: de repente suddenly
repentino sudden
repercutir to reverberate, rebound
repetir to repeat
replegarse to fall back, retreat
repleto replete
replicar to reply
reponer to answer, reply; *refl* to get well
reportaje *m* article
reposado calm
reposarse to rest, relax
represalia reprisal
reprimir to repress
reprobar to reprove, condemn, criticize
repuesto recovered, revived
requerir to require

res *f* beef; steer; beast
resaltar to stand out, be evident
resbalar to slide, slip
rescatar *to* ransom, redeem, recover
rescoldo embers
reseco dry, dried out
resfriarse to catch cold
residir to reside, dwell
resignarse to resign oneself
resistir to resist
resolver to resolve, decide; to solve, find; *refl* to be resolved
resollar to breathe in
resonancia sound
resonar to sound, resound, strike
resoplar to breathe audibly, snort
respetar to respect
respirar to breathe
resplandeciente shining
resplandor *m* gleaming light, bright glow, splendor
responder to respond, answer
resquebrado split, full of cracks
restablecer *to* restore; *refl* to recover
restallar to crack, crackle
restante remaining
restituir to restore
resto rest; *pl* remains
restregado rubbed
resucitado one who has been revived
resueltamente resolutely, definitely
resuello breathing
resultado result
resultar to result, turn out, turn out to be
resumir to resume; to sum up
retacar to shoot; to fill; to hit a billiard ball twice
retahila long line; series of arguments
retardo delay; **con retardo** late
retener to retain, keep, hold; **retenerse la respiración** to hold one's breath
retirado (de) away from
retirarse to withdraw, go away
retobado wild
retomar to retrieve, take up again
retoque *m* retouching
retorcerse to writhe, twist
retozo frisk, gambol
retrasarse to fall behind, be delayed
retrato portrait
retroceder to draw back

reunir to unite; to gather, collect, join; **reunirse (con)** to meet
revelador revealing
revelar to reveal; to develop (photographs)
revenido shriveled, shrunken
revenirse to thicken; to grow sour, ferment
reventar to swell up, burst
reverberar to reverberate; to reflect
revés *m* reverse; **al revés de** contrary to
revisar to examine; to review; to revise
revista magazine; review; **pasándoles revista** going over them in his mind
revivir to relive; to revive
revocar to revoke; to plaster; **ladrillo sin revocar** bare brick
revolcarse to roll on the ground
revolver to stir up, churn; to revolve, turn around
revuelto agitated, stirred up, tousled, mixed up
rezagado latecomer
rezar to pray
rezo prayer
rezongón dissatisfied, grumbling; saucy
rezumar to exude
ribera bank, shore
ribete *m* thin strip
riel *m* rail
rienda rein; **rienda suelta** free rein
riesgo risk
rigidez *f* rigidity
riguroso rigorous, exact, absolute, severe
rincón *m* corner
riñón *m* kidney
río: río abajo down the river; **río arriba** up the river
risueño smiling, friendly
rizado curling, curly
robar to steal
robo theft, robbery
roca: roca viva solid rock
roce *m* light touch, graze
rociado sprinkled
rocío dew
rodar to roll, slide, be tossed about, travel all about
rodear to surround, go around
rodeo turning
rodilla knee

rogar to implore, beg
roído gnawed
rojizo reddish
rollo roll
rombo rhombus, lozenge, diamond
romper: romper a to burst out
roncar to snore
ronco hoarse
rondar to hang around, stay in the vicinity, mill about, wander around
ronquido snoring, snort
ronronear to purr
roñoso niggardly, mean, sparse, meager
ropa: ropa interior underwear
ropero wardrobe; ropero de luna mirrored wardrobe
rosal m rosebush
rosario rosary
rotativo: cine rotativo seedy movie-house having continuous showings
rozar to graze, touch lightly
ruborizarse to blush
rueda wheel; de ruedas on wheels
ruedo circumference
rugido roar
ruidazal m rumbling noise
ruidosamente noisily
ruleta roulette wheel
rumbo bearing, course, way; (con) rumbo a headed for, on the way to
rumboso magnificent; liberal
rumia rumination
rumor m sound
ruptura break

sábana sheet
sabedor knowing
saber to know; to taste; que yo sepa as far as I know; m knowledge
sabiduría skill, knowledge, wisdom
sabino savin, shrub of the cypress family
sabio wise
sabor m taste, flavor
saborear to savor
sabroso delicious, pleasant; se ha de sentir sabroso one must feel contentment
sacar to take out; to get, win; to take (pictures, X-rays, etc.); sacar conclusiones to draw conclusions; sacar las cuentas to tote up the accounts; refl to take off
sacerdote m priest
sacoleva m cutaway

sacrificador m sacrificer
sacrificarse to sacrifice oneself
sacudida jolt, shock; sacudida de viento gust of wind
sacudir to shake, jolt, shock; to wave; refl to tremble, shake
sagaz sagacious
sagrado sacred, holy
sal f salt; pl smelling salts
salida exit, escape, solution, trip
salinero salt-gatherer
salobre brackish, salty
salpicadura spatter
salpicar to splash
salteadora robber
salto jump, leap; dar un salto to jump, leap; de un salto at a jump, in a flash
saludar to greet
salvaje primitive
salvar to save
salvo safe; saved; a salvo de free from; prep except
sanar to heal, get well; refl to improve in health, get well
sangrar to bleed
sangre f blood
sanguijuela leech
sanguinolento bloody
sano well, healthy, sound
santidad sanctity, saintliness
santiguarse to cross oneself
santo saint; saint's day
sapo toad
sartal m string
satisfacer to satisfy
saturar to saturate, fill up
saya skirt
secar to dry
seccionar to section, divide
seco dry; thin; cold
secta sect
secuestrar to kidnap, abduct
secuestro kidnapping, abduction, theft
sede f see, headquarters
sediento athirst; eager
sefardí sephardic, descendant of the Jews expelled from Spain or Portugal
selva forest, jungle
sellar to seal, stamp
sembrado sown field
sembrar to sow, cultivate
semejante similar
semejanza similarity; a semejanza like

sencillo simple
sendero path
seno breast
sensibilidad sensitivity
sensible sensitive
sentido sense, judgment
seña sign; *pl* address; description; por más señas furthermore
señal *f* signal; sign
señalar to indicate, point to; to give away, betray
señor *m* lord
señorío domain; lordship
separarse to leave
septicemia septicemia, blood-poisoning
sequía drought
serpentear to wind
serpentina paper streamer; serpentinas muertas discarded rolls of crepe paper from the carnival
servidumbre *f* attention; attendance; servitude; group of servants
servilismo servility
servilleta napkin
servir to serve; no servir de nada to be of no use; para eso servían misas that was the purpose of masses; servir para to be used for; servirse de to make use of
sestear to rest
seto fence, hedge
severo severe, harsh
sicua a Mexican name for a tree
siempre: estación de siempre usual station; siempre que provided that
sien *f* temple
siervo servant
sigilo secrecy, reserve, stealth
sigiloso stealthy, silent
significar to mean, signify
silbar to whistle, whistle for
silbido whistling sound, hiss
silenciador sound-muffling
silueta silhouette
silvestre wild
silla chair, saddle
simulacro practice, drill; fancy, image
sinagoga synagogue
sinapismo mustard plaster
síncope *m* syncope, swoon resulting from cerebral anemia
sindicato labor union
sinvergüenza shameless
sirena siren

sirvienta servant, maid
sitio place, siege
soberana sovereign
soberanía sovereignty
sobra surplus; de sobra more than enough; only too well
sobrado left over; con tiempo sobrado with time to spare
sobrar to be in excess, be superfluous
sobre *m* envelope; *prep* over, above, about; sobre todo especially
sobreestadía extra lay-days, days beyond those allowed a ship for loading and unloading
sobreimpuesto superimposed; in layers
sobrellevar to endure, withstand, bear up
sobrenatural supernatural
sobrepasar to surpass, go beyond
sobreponerse to overcome
sobresalto upset, disturbance
sobretodo overcoat
sobrevivir to survive
sobrina niece
sobrino nephew
socarronamente slyly
socavón *m* opening, gallery
socorrer to help, aid
sofocadar to stifle, muffle, conceal
sofoquín *m* vexation, upset
soga rope
solapado shady
solar *m* dying area for grain
solariego manorial, ancestral
solas: a solas alone
soldar to solder
soledad solitude; deserted area
soler to be in the habit of, be accustomed to
solfeo sight-singing
solicitar to solicit, beg, request
soltar to loose, let go, release; *refl* to slip away
soltero unmarried
solterón old bachelor
solterona old maid
solucionar to solve, remedy
sollozar to sob
sombreado shaded
sombrilla parasol, sunshade
sombrío melancholy, somber, shadowy
sonaja rattle
sonar to sound

sonido sound
sonoro sounding, sonorous; **palabra sonora** spoken word
sonriente smiling
soñador dreamer
soñar (con) to dream (about)
soñoliento sleepy
soplar to blow
sopor *m* lethargy, sleep
soportable bearable
sorber to sip, drink, suck; **sorbiéndola** sucking it down; **sorberse los mocos** to sniffle, cry
sordo deaf, still, silent, dull
soslayar to look askance
sospecha suspicion
sospechar to suspect
sospechoso suspicious
sostén *m* support, aid
sostener to sustain, bear, support, hold; **sostenerse (de)** to hold on (to)
sotana cassock
sótano cellar, basement
suave soft
suavizar to soften, ease
subdirector *m* assistant director
subida rise, ascent
subido risen; **subidos de color** off-color
subir to go up, rise; to get or put into a vehicle; to take, put, or carry up
súbito sudden
subrayar to underline
subsuelo subsoil
suceder to occur, happen
sucio dirty
sucumbir to succumb
sudado sweating
sudar to sweat
sudor *m* sweat
sudoroso sweaty
suela sole
sueldo salary, pay
suelo floor, ground
suelto loose
sufrir to suffer
sugerir to suggest
sujetar to hold up, support;_ to fasten
suma sum, aggregate, total; **en suma** in short; all in all
sumergirse to submerge
suministrar to supply
sumir to sink

sumo great, supreme; **a lo sumo** at most
superpuesto superposed; in layers
suplementado (por) supplied, provided (with)
suplente *m* replacement
suplir to take the place of
suponer to suppose
supositorio suppository
surco furrow
surgir to arise
suscitar to arouse, provoke, raise
suspirar to sigh
sustancia substance, stuff
sustituir to replace, substitute
susto scare, fright
susurrar to murmur
sutil thin, fine
suturar to suture

taberna tavern
tabla board
tablero board
taburete *m* stool, chair
taco cue
tachuela tack
tafetán *m* taffeta, thin silk
tahur *m* gambler, card sharp
taladrar to drill holes
talón *m* heel
tamaño: dejar las cosas de este tamaño to leave things as they are
tamarindo tamarind, tamarind tree
tambaleante staggering
tambalearse to stagger
tamizar to screen out
tanda game of billiards, round
tanteo feeling out, testing
tanto: mil ochocientos noventa y tantos eighteen ninety-something
tapa cover, top, lid
tapar to cover, hide, block out, close up
taparrabos *m* loincloth
tapete billiard-table cover
tapia wall
tararear to hum
tardar to be delayed, take a long time
tarea obligation, task, chore, school assignment
tarjado tallied, marked off
tarjar to mark off
tarlatán *m* muslin
tarrataplán, plan, plan ratatat tat, imitation of drum beats
tarro can

tatemar to roast
tecata strip
técnico technician
techo ceiling, roof
tejabán *m* roof
tejado roof
tejer to weave, plot, make
tejido mesh; *adj* woven
tejo quoit; shuffleboard counter; **se le está pasando el tejo de exigente** you're going way beyond yourself in demanding so much
telaraña web
telegrama *m* news release from a wire service
teleología teleology, doctrine that organic life and development can be explained by conscious or purposive causes directed to definite ends and not by mechanical causes
tembladeral *m* bog
temblar to tremble
temblor *m* trembling, fit of trembling, tremor
tembloroso quivering
temer to fear
temerario daring, reckless
temeroso fearful, timid
temible frightening, terrible
temor *m* fear
temporada season, period of time
temporal *m* downpour
tempranamente early
tenaza pincer
tender to extend, put out, offer; *refl* to stretch out
tendero shopkeeper
tener to have, hold; **tener algo de** to be somehow reminiscent of, resemble; **tener en cuenta** to keep in mind; **tener hambre** to be hungry; **tener la culpa** to be to blame, be at fault; **tener lugar** to take place; **tener miedo** to fear, be afraid; **tener que** to have to; **tener que ver con** to have to do with; **tener razón** to be right
tentalear to feel, examine by touch
tentar to touch, feel, grope; to tempt
tentativa attempt; **hacer la tentativa** to feel out
tenue tenuous, faint, delicate
teñir to stain, dye, color
teocalli *m* temple
teólogo theologian
tepetate *m* stubble

tercio burden
termas *fpl* hot springs, baths
terminado ended, ending; **terminado en una cola de pez** ending in a fish tail
terminar to finish
término term
terna group of three names presented as candidates
ternura tenderness
terraza terrace
terrenal pertaining to land
terrenito bit of land, small farm
terrón *m* clod of earth
terroso muddy, full of clods of earth
terso pure, smooth
tersura smoothness
tesonero persistent, tenacious
testamento will
testigo witness
teta teat
tez *f* complexion
tibio warm, lukewarm
tiempo: **ahora tiempo** a while ago; **a tiempo** in time, on time; **con tiempo** in time
tienta probe; **a tientas** groping
tierno tender
tierra land, earth, bare ground; dirt; material
tieso stiff, out cold
tigre *m* tiger
tilo linden tea
timbre *m* bell
tímpano eardrum
tinaja jug
tinieblas *fpl* darkness
tintinear to jingle
tinto red (as wine)
tintorerillo shyster lawyer
tipografía typography
tirado stretched out
tirador *m* drawer; (Arg) wide belt worn by gauchos
tirante *m* crossbeam
tirar to throw, throw away; to knock; to pull, draw; **me tiraban a la cara** they threw in my face; **se tiraban manotazos** they cuffed each other, slapped each other on the back
tiritar to shiver
tiro shot; **al tiro** right away
tironear to haul, pull, drag about
tiros *mpl* shooting
tiroteo skirmish
tisana ptisan, medicinal tea

titubear to hesitate
titularse to be entitled
tiza chalk
tizar to apply chalk
toalla towel
tobillo ankle
tocadiscos *m* recordplayer; **tocadiscos automático** jukebox
tocador *m* dressing table
tocar to touch; to play; **tocar a muerto** to toll the death knell; **tocarle a uno** to be one's turn, be one's lot
toditito all
todopoderoso all powerful
toldo awning, tent
toma shot (in photography)
tomar to take; drink; eat; **tomar por** to take or follow (as a road)
tomo volume, tome
tontería foolish trick, foolish act, foolishness
tonto: tratándola de tonta treating her like a child
torax *m* thorax
torcido twisted, winding
tormenta storm; **cabeza de tormenta** thunderhead
tormentoso stormy
tornarse to become
torniquete *m* screw-type handle used to seal the lid of a coffin
torno windlass; **en torno a** (*or* **de**) about, around, concerning; **en torno suyo** around her
torpe dull; ugly; infamous; stupid, slow, clumsy
torpeza clumsiness; familiarity
torre *f* tower
torsión twisting, turning
torturador *m* torturer
torturar to torment
tosco coarse, homely
toser to cough
trabado clasped
trabar to seize, bind
trabilla strap
traductor *m* translator
tragar to swallow, drink
traicionar to betray, fail (someone)
traicionero treacherous
traje *m* suit; gown; **traje de baño** bathing suit
trajeado clothed
trajinar to travel, move about
trama plot
tramar to weave, plot, hatch, scheme

trámite *m* procedure, proceeding, formality
tramo stretch, way
trampa trap-door, trap; **hacer trampa** to cheat
tranquilizarse to become calm
transcurrir to pass, elapse; to take place
transcurso course, lapse, passage
transeúnte *m* passerby
transformarse (**en**) to change (into)
transitar to pass by; to make one's way
translúcido translucent
transmigrado transmigrated
transpirado wet with perspiration
transpirar to give off
transponer to cross over
tranvía *m* streetcar
trapecio swing
trapiche *m* press; **trapiche de caña** sugar-cane press
trapo rag; *pl* clothes
trasero hind end; *adj* back, hind
trasijado thin, lank
traslucir to shine through
trasnochar to go without sleep, stay up all night
traspatio back court, yard
trasto truck, rubbish
trastrocar to rearrange
tratado treatise
tratar to treat; **tratar de** to try; **tratarse de** to be a case (question, matter) of; to deal with
trato deal
través *m* inclination, bias; **a través de** through, across
travesía crossing
travieso mischievous
trayecto rout, trip
traza trace, appearance
trazar to trace, outline
trébol *m* clover; club (playing card)
trecho stretch, space
tregua truce; **sin tregua** continuously
tremolina whistling of the wind
trémulo tremulous, quaking
tren *m* train
trenza braid
trenzado woven; braided
trepar to climb; **con un hombre trepado encima** with a man on top of her
trepidante shaking, trembling
trepidar to vibrate

tres: de a tres in threes
tribu *f* tribe
tribunal *m* court
trigésimo thirtieth
trocito little bit
tronco trunk
tronchar to cut, slash; to cut off, cut short
tropelía outrage, violent act
tropero drover
tropezar to trip, stumble, run into
tropezón *m* stumbling; a tropezones stumbling along
trotar to trot
trote *m* trot; al trote trotting
trozo piece, chunk
trucada game of *truca*, a card game
trueno thunder
tubo receiver; pipe; colgar el tubo to hang up
tulipán *m* tulip
tullir to cripple
tumba grave
tumbo somersault; dar un tumbo to turn a somersault; to roll over in bed
turbado embarrassed
turbar to disturb, confuse, upset
turbio muddy, cloudy, turbid; confusing
turnar to alternate, work by turns
turpial *m* turpial; tropical bird of white, yellow, and black plumage

ubicuo ubiquitous, omnipresent
ultimar to finish, end; exterminate
ultrajar to outrage, offend
umbral *m* doorway, threshold
unánime unanimous
uncir to yoke
unir to unite; *refl* to join
untado spread; untadas a la tierra adhering to the surface of the ground
uña fingernail; toenail; claw
urbe *f* udder
urdir to contrive, scheme, plot
urgir to be urgent
útil *m* tool, piece of equipment; *adj* useful
uva grape

vaciar to empty; *refl* to become empty
vacilar to hesitate
vacío emptiness; empty place; al vacío into space; *adj* empty

vagabundeo aimless trip
vagamente vaguely, roughly
vagar to idle, wander about
vagón *m* railway car
vahaje *m* breath
vahído dizziness, faintness
vaivén *m* unsteady movement
valer to be worth, be of use; más vale it is better; valer la pena to be worthwhile, be admirable
valija valise, suitcase; hacer la valija to pack one's suitcase
valioso valuable
valor *m* courage, value, worth
valorizar to determine the value of light (in a picture)
vanamente vainly, in vain
vanidoso vain
vano opening, arch; *adj* vain
vaquilla heifer
varón *m* male, man
vasija urn
vecinal neighboring
vedado forbidden
vegetal *m* plant, vegetable
vehemencia ardor, fury, vehemence
vejado vexed
vejiga bladder
velación wake
velado shaded, veiled
velador *m* night light, lamp; night stand
velar to keep vigil; to watch over; to have a wake
veleta weathervane
velorio wake, watch (over a dead person)
venado deer
vencer to overcome, conquer; to pierce
vencido tired, spent
vendar to bandage
vendaval *m* strong wind
vendedor *m* seller
vender to sell
venenoso poisonous
vengarse to take revenge
venta sale; stall for selling
ventaja advantage
ventanal *m* large window
ventear to scent, sniff the air
ventosa leech
ver: tener que ver con to have to do with
veranear to summer
veraneo summer outing, summer vacation

verde: los verdes the shades of green
verdín *m* muggy film
verdolaga purslane, a flowering herb
vereda path
vergonzoso shameful
vergüenza shame
verídico true
verificar to verify
verja iron grating, railing
verosímilmente probably, most likely
vértice *m* vertex
vertido spilled, shed
vertiginoso dizzy
veteranía experience
vez: hacían las veces de took the place of
vía: vía férrea railway; **vía muerta** railway siding
viacrusis *m* stations of the cross
viajecito little trip
viajera traveler
viático viaticum, Communion or Eucharist when given to the dying
víbora snake, viper
vibrar to vibrate, quiver
vicario vicarious
viciado vitiated, marred, spoiled
vidrio glass, pane of glass
viento wind, gas; **haber viento** to be windy
vientre *m* stomach; belly; womb
vigilante *m* (Arg) policeman
vigilar to watch, keep watch, watch over
vigilia wakefulness, vigil
vincular to link; **estábamos vinculados** there was a bond between us
vínculo bond, link
vincha scarf
vindicar to vindicate
virar to wind, twist; **viraron a manchas de un azul oscuro** swam about like dark blue spots
virrey *m* viceroy
viscoso viscous; seething
visillo window curtain
visitante *m.* visitor
vislumbrar to glimpse; to envision; to suspect, surmise
víspera eve
vista vision, view; eyesight; **levantar la vista** to raise one's eyes; **perder de vista** to lose sight of
vitrina show window; glass door
vituperado vituperated, blamed
viuda widow

vivac *m* bivouac, night guard
vivero hotbed
vocerío shouting, clamor
vociferar to shout
volante *m* steering-wheel; flounce, ruffle
volar to fly
volcán *m* volcano
volcar to upset, spill out, empty out
volteado completely drunk
voltear to turn, shift
voltereta tumble, somersault; **dar una voltereta** to turn over
voluntad will
volver to return; to turn; **los volvían generosos** made them generous; **volver a decir** to say again; *refl* to become
voto vote; vow
voz: en voz alta aloud; **en voz baja** in a low voice
vuelo flight, sweep
vuelta return, trip, ride, fold; **dar (toda) la vuelta** to go (all the way) around; **dar una vuelta** to take a walk or ride; **dar vueltas y vueltas** to turn over and over

ya already, now; **ya no** no longer; **ya que** since
yacente lying, stretched out
yacer to lie
yedra ivy
yerba grass; weed
yerbajo weed
yeso plaster cast
yo *m* ego, inner self
yuca yucca
yunque *m* anvil
yunta yoke

zacatal *m* grass
zafarse to free oneself
zafiro sapphire
zaguán *m* entrance hall, vestibule, lobby
zambullirse to dive
zanca shank, leg
zancudo mosquito
zangolotear to bounce about
zanja ditch, gully, trench
zarandear, to move about, shake
zoológico zoo
zumbar to hum, buzz
zurdo lefthanded